훈·련·중·심 2판

부모교육

Parent Education

이 숙 · 우희정 · 최진아 · 이춘아 공저

학지사

2 판 서 문

아동은 심리적 · 사회적으로 완전히 독립된 존재가 아니기 때문에 부모에게 의존하게 되고, 부모와의 상호작용을 통해 발달해 나가게 된다. 부모는 아동의 문제를 초래하는 직접적인 원인이 아니더라도 일상생활에서 자녀와 끊임없는 상호작용을 주고받기 때문에 아동의 문제를 해결하는 데 매우 강력한 자원이 될 수 있다. 부모교육은 아동발달에 관한 지식뿐 아니라 부모-자녀 관계의 개선을 통하여 아동의 문제를 근본적이고도 효율적으로 해결할 수 있도록 돕는 분야라 할 수 있다.

이 책은 원래 2002년에 초판이 출간되었는데, 그간 우리 사회에 이혼 및 재혼 가정, 다문화가정 등 다양한 가정 형태가 급속히 증가함에 따라 가족 유형별로 필요한 부모역할에 대한 정보의 요구 및 부모-자녀 관계에 대한 이해의 필요성 등이 강하게 제기되었다. 그와 동시에 다양한 유형의 문제를 나타내는 아동들의 부모에 대한 부모교육 프로그램의 예도 실제적인 상담 현장에서 많이 요구되었다. 2판은 이러한 요구들을 수용하여 정상적이고 발달적인 문제를 다루는 부모교육뿐 아니라 다양한 문제행동을 치료하는 상담 현장에서도 참고할 수 있는 전문적인 내용까지 다루고자 하였고, 초판을 추가 · 보완하는 방향으로 집필되었다.

이 책은 총 3부로 구성되어 있다. 제1부 부모교육의 기초에서는 부모교육의 개념, 역사 및 목적 등 전반적인 부모교육에 대한 내용과 자녀의 연령 및 가족 유형에 따른 부모의 역할, 부모–자녀 관계의 이해 등에 대한 내용을 다루었다. 제2부에서는 부모교육의 대표적인 이론으로 알려져 있는 민주적 이론, 인본주의적 이론, 교류분석이론, 행동수정이론의 원리 및 입장에 대해서 서술하였다. 제3부에서는 부모역할훈련의 실제를 다루었는데, 현장에서 많이 활용되고 있는 부모교육 프로그램과 구체적인 기법의 소개 및 적용, 다양한 사례별 훈련방법, 문제 유형별 부모교육 프로그램 등을 소개하였다.

이 책은 가정이나 상담 현장 등에서 실제적으로 활용할 수 있는 방법을 강조한 특징 때문에, 학부나 대학원의 '부모교육' 교재로서뿐만 아니라 아동상담센터나 일반 가정에서 부모역할훈련의 지침서로 매우 유용하게 사용될 수 있을 것으로 기대된다. 이 책이 출판되기까지 함께 수고해 준 학생들과 한국아동가족상담센터(주)의 직원 여러분께 감사의 마음을 전한다.

2009년 2월
저자 일동

1 판 서 문

좋은 부모가 되는 것은 누구나 원하는 일이지만, 어떻게 그 길에 잘 도달하는가를 아는 것은 매우 어려운 일이다. 한 생명을 잉태하고, 출생에서 시작하여 영아기와 유아기, 아동기와 청소년기를 거쳐 성인으로 성장하는 자녀를 지켜보는 것은 매우 특별한 즐거움인 동시에 일생 중 가장 커다란 수고와 인내를 요구하는 일이기도 하다.

저자들은 대학에서 학생들에게 좋은 부모가 되기 위하여 알아야 하고 익혀야 하는 일들을 '부모교육' 및 관련 강좌에서 오랫동안 가르치면서, 이론에서 끝나는 단편적인 지식이 아니라 실제 부모-자녀 관계에 적용할 수 있는 보다 실용적인 훈련 중심의 부모교육 교재가 필요하다는 데 깊은 공감을 하게 되었다. 사실 '부모교육' 이라는 강좌는 '예비 부모교육' 과 같은 교양과목과는 달리 아동발달 등과 같은 아동학 관련 기초과목들을 수강한 후에 듣게 되는 전공심화 과정으로 개설되는 것이 일반적인데, 그간의 부모교육 교재들은 발달단계별 특징 등과 같은 기초적 지식의 전달에 지나치게 비중을 둔 경향이 있었다. 따라서 이 책은 아동발달에 관한 기본 지식을 가진 학생 및 현장 전문가들을 주요 대상으로 하여, 다양한 사례를 중심으로 효율적인 부모교육의 기법들을 소개하고 훈련해 보도록 하였다.

이 책은 총 3부로 구성되어 있는데, 제1부 부모교육의 기초에서는 부모교육의 개념과 역사 및 목적 등 전반적인 부모교육과 부모의 역할에 대한 내용을 다루었다. 제2부에서는 부모교육의 대표적인 이론으로 알려져 있는 민주적 이론, 인본주의적 이론, 교류분석이론, 행동수정이론의 원리 및 입장에 대해 서술하였다. 제3부에서는 부모역할 훈련의 실제를 다루었는데, 여러 부모교육 프로그램과 구체적인 기법의 소개 및 적용, 다양한 사례별 훈련방법 등이 소개되어 있다.

이 책은 기법 중심, 훈련 중심을 강조한 특징 때문에 대학의 '부모교육' 교재로서뿐만 아니라 아동상담센터나 부모교육 연수 등의 현장에서 부모역할 훈련의 지침서로서 매우 유용하게 사용될 수 있을 것으로 기대된다.

이 책이 출판되기까지 많은 격려를 해 주신 학지사 김진환 사장님 및 관련 직원들께 감사의 마음을 전한다.

2002년 1월

저자 일동

차 | 례

c·o·n·t·e·n·t·s

제1부

부모교육의 기초

| 훈 | 련 | 중 | 심 | 부 | 모 | 교 | 육 | 제1장

부모교육이란

인간은 누구나 부모로 인해 세상에 태어나고, 대부분 어느 시점에서 부모가 되거나 혹은 현재 부모로서의 역할을 하고 있다. 부모는 자녀가 세상에 태어나서 가장 먼저 만나는 사회적 환경으로서 자녀의 성격과 가치관 형성, 태도, 행동에 이르기까지 중요한 영향을 미친다. 이와 같이 부모역할은 인간의 어떤 역할보다도 중요하지만 대부분의 부모들은 체계적인 부모교육을 받지 못하고 부모가 된다.

과거 전통사회에서는 자녀를 양육하는 지침이 한 세대에서 다음 세대로 전달되어 가정생활 속에서 부모역할을 배울 수 있었고, 생활이 단조로웠기 때문에 부모역할도 그다지 어렵지 않았다. 그러나 현대사회에 들어오면서 가족의 구조와 기능에서 급격한 변화가 일어나고 맞벌이 부부가 증가하면서, 젊은 부모들은 자녀를 양육하는 데 어른들의 도움을 받을 수 없게 되었을 뿐만 아니라 더 이상 전통적인 양육방식을 고수할 수 없게 되었다. 최근 우리 사회는 정보화, 세계화의 물결 속에서 급격한 변화를 겪고 있으며, 이에 따른 부모역할의 변화도 부모의 역할 수행을 어렵게 하는 중요한 요인이 되고 있다.

따라서 부모나 예비부모들은 자녀를 양육하는 데 좀 더 효과적인 방법은 무엇인가, 미래에 대비해서 어떻게 자녀를 키울 것인가에 대한 도움이 절실해졌다.

이에 이 장에서는 먼저 부모교육의 개념과 역사, 부모교육의 목적 및 필요성을 살펴보고자 한다.

1. 부모교육의 개념

1) 부모교육의 정의

부모교육을 정의한다는 것은 그리 단순한 문제가 아니다. 교육학 사전에서는 부모교육을 '이미 성인이 된 사람을 위한 일종의 성인교육' 으로 정의하고 있다. 이는 부모교육 프로그램의 주된 대상인 부모가 모두 성인이기 때문에 부모교육을 성인교육의 한 형태로 본 것이다. 그렇지만 부모교육은 성인교육과 같은 의미는 아니다. 성인교육은 부모교육을 포함하는 방대한 교육의 내용을 담고 있으며, 비단 부모가 아니더라도 모든 성인이 그 대상이기 때문이다. 또한 부모교육을 성인교육이라고 하기 힘든 이유 중 하나는 부모교육의 대상이 성인에게만 국한되지 않고, 부모기에 대한 준비가 필요한 청소년들도 포함하며 그 내용의 범주 역시 방대하다는 점이다.

한편 잇할트(Eathart, 1980)는 부모교육을 '부모역할의 지침과 정보를 제공하는 모든 종류의 활동과 경험' 으로 정의하고 있고 '부모로서의 역할과 기능을 원활히 수행할 수 있도록 부모에게 정보나 지식을 전달하고 기술을 가르치는 것' 이라고 설명하고 있다. 또한 이재연과 김경희(1989)는 부모교육이란 '자녀에 대한 부모의 이해와 지식을 증진시켜 사고와 감정 그리고 행동에 있어서 습관적인 방법을 돌이켜 검토해 보도록 함과 동시에 자녀를 양육하는 새로운 방법을 습득하도록 도와주는 다양한 교육적 경험' 이라고 정의하고 있다.

이러한 정의들은 부모교육을 부모로서 필요한 정보와 양육기술들을 가르쳐 주고 습득시키는 것에 초점을 둔 것으로, 부모역할의 수행에 변화를 일으켜 가정에서 부모들의 자녀 양육 및 지도에 필요한 자질을 높이는 데 중점을 둔 것이다. 그러나 단순히 좋은 부모가 되어 자녀를 잘 양육하는 것만을 부모교육의 목적이나 정의로 생각하지 않고, 그 이전에 부모인 '나'를 교육하는 것을 중요한 측면으로 보았다. 즉, 부모 자신의 자아존중감을 키우고, 자기실현을 하도록 만드는 교육이다. 자녀에 대한 부모의 교육은 의도적으로 이루어지는 형식적인 교육과 의도하지 않았지만 생활 속에서 부모의 삶에 대한 태도, 가치관, 자아존중감 등을 보고 배우는 비형식적인 교육에 의해 이루어진다. 따라서 부모가 삶에 대해 어떤 가치관을 가지는지, 부모의 생활양식은 어떠한지, 부모의 사회적 관계는 어떠한지 등이 자녀에게 간접적으로 전달된다고 볼 수 있으므로 부모 자신이 자녀의 중대한 환경으로서 잘 가꾸어질 필요가 있다. 바로 자신을 사랑하고 자기를 실현하는 부모의 모습이 자녀에게 중대한 가르침이 될 수 있으므로, 부모로서의 자신 이전에 개인으로서의 자신을 실현하도록 교육하는 일이 부모교육의 선행 목적 중 하나인 셈이다.

부모교육은 대상이 상당히 다양하다. 일반적으로 이미 부모가 된 사람을 주요 대상으로 삼지만, 자녀를 양육하는 데 직접적인 책임이 있는 성인, 예를 들면 조부모나 교사, 아동전문가 등이 그 대상이 되기도 한다. 또한 자녀를 두지 않았으나 장차 결혼과 부모됨을 전제로 하는 청소년들을 대상으로 하는 예비부모교육도 부모교육의 한 형태다. 이는 장래의 부모역할 수행을 위하여 교육하는 것이다. 이 외에도 부모교육을 지도하기 위해 부모교육 전문가를 교육하는 부모교육과 특수한 상황에 처해 있는 한부모(single parent)나 계부모(step parent)를 위한 부모교육이 있다. 이와 같이 다양한 대상을 포함할 수 있을 뿐만 아니라 대상에 따라 부모교육의 내용과 방법이 달라야 하므로 부모교육은 복잡한 과정이라고 할 수 있겠다.

한편 부모교육의 내용은 실제로 자녀의 성장·발달에 관련된 모든 측면들을 포함한다. 자녀의 성장·발달에 대한 전반적인 측면을 고려해야 하기 때문에 다른 교육적 활동보다 폭이 넓다. 예를 들면, 신체, 인지, 사회, 정서 등의 전체적인 발달과정과 그에 따른 적절한 자녀 지도, 건전한 부모-자녀 관계를 형성하는 데 도움을 주는 태도나 의사소통 기술, 자녀의 문제행동 및 정신건강에 대한 내용, 신체적 건강 및 영양 교육의 내용 등이 모두 부모교육의 내용에 포함될 것이다. 또한 부모교육자를 대상으로 전문적인 지식과 정보를 제공하는 교육과 부모 자신의 자기실현에 관한 내용들이 포함된다.

부모교육과 부모교육 프로그램의 운영방법과 형태 등에는 교육적인 다양한 방법이 대부분 사용된다. 부모교육의 방법으로는 부모 집단에 참여하여 정보와 기술을 배우는 집단교육, 책이나 소책자를 통한 교육, 부모들이 자녀교육과 관련된 영화를 보고 경험을 나누며 서로 지지하는 집단에 참여하는 교육, 강연 듣기, TV나 라디오 같은 대중매체를 통하여 배우기, 역할극 등에 참여함으로써 스스로 배우기 등 여러 활동이 포함된다.

더불어 부모교육을 시행하는 사람이나 단체도 다양하다. 공공기관 또는 사립기관에서 시행하는 부모교육이 있고, 영리적 또는 비영리적 단체에서 시행하는 경우도 있으며, 정부 또는 지역사회 차원에서 시행하는 것 등이 있다. 시행하는 단체가 어디인가에 따라 교육방법이 달라지기도 한다.

교육을 시행하는 교육자도 다양하다. 아동발달 전문가일 수도 있고, 같은 문제를 공유하는 부모일 수도 있으며, 의료관계자나 교사, 종교인, 변호사, 사회사업가 등이 될 수도 있다.

특히, 1960년대 이전의 부모교육 개념은 교사나 전문가들이 '부모를 가르친다' 는 의미를 가지고 있었으므로 부모가 배우는 학습자의 위치에 있었다. 그러나 1960년대 이후의 부모교육은 교사 및 전문가와 가정의 부모가 동등한 입장에서 교육활동에 참여한다는 적극적인 개념으로서의 부모교육이 중요시되고 있다.

이와 같이 부모교육의 정의는 목적, 대상, 내용 그리고 방법의 측면에서 광범위하지만 부모의 행동에 영향을 주기 위한 치료나 상담 등과는 분리되는 개념이다. 요컨대, 부모교육은 '부모교육자의 자질 향상과 부모의 역할 수행에 변화를 일으키기 위하여 부모교육자, 부모와 예비부모 그리고 자녀를 대상으로 부모교육 문제와 자녀교육 문제를 내용으로 모든 교육적인 방법을 동원하여 교육하는 활동' 이라고 정의할 수 있다(한국부모교육학회 편, 1998).

한편 부모교육의 개념을 정의하는 데 부모훈련(parent training), 부모참여(parent participation), 부모개입(parent involvement), 부모 역할하기(parenting) 등의 용어를 특별히 분류하지 않고 혼합하여 사용하고 있는 실정이므로 이에 대한 개념적 정의가 필요하다.

2) 부모참여

부모참여란 교사 중심의 교육 현장 내지는 교육 프로그램에 부모가 참여하는 것을 의미한다. 즉, 부모가 아동의 양육과 교육활동에 관여하고, 교육기관과 동반자로서의 동등한 입장에서 상호 유대관계와 연결을 유지하여 보다 효율적인 교육 및 발달을 위해 적극적으로 노력하는 모든 과정을 의미한다. 부모는 교육기관에서 중요한 자원으로 활동하였고, 여러 다양한 방법으로 교사를 보조해 왔다. 1960년대 미국에서 부모참여는 저소득층의 자녀를 위해 연방정부에서 후원하는 프로그램의 중요 요소가 되었고, 모든 유아교육기관에서 확대 실시되었다.

부모참여는 교육 프로그램의 계획과 실천, 평가, 수정 등 모든 주요 단계에 부모가 참여하는 것으로서 특히 부모의 결정권한이 강조되는 개념이다.

부모참여에 활용되는 실제적인 운영방법은 비형식적인 방법과 형식적인 방법으로 구분할 수 있다.

(1) 비형식적인 방법

비형식적인 방법이란 시간이나 방법을 계획하지 않은 상황에서 부모와 교사가 접촉하거나 의사를 교환하는 것을 일컫는다. 예를 들면, 등·하원 시 교사가 부모와 잠깐씩의 대면을 통해 교육기관에서 아동이 보여 주었던 행동이나 특이한 태도, 사건에 대해 자연스럽게 이야기를 나눌 수 있다. 또 다른 방법으로는 간단한 메모를 부모에게 전해 주거나 전화를 통해 대화를 하는 것이다. 전화를 통한 대화의 경우 부모가 교사와 직접 대면하는 데서 오는 부담이 적으므로 부모에게 보다 쉽게 아동의 생활에 관한 내용이나 교육활동 등을 전달할 수 있다. 또한 부모가 직업을 가지고 있을 경우나 시간적 여유가 없을 경우 부모나 교사 서로에게 편리하다. 그러나 직접 대면하지 않기 때문에 교사의 의도가 부모에게 쉽게 표현되지 못함으로써 오해가 발생될 소지가 있다는 점과 전화만을 통하여 아동의 성격, 행동 등을 지도한다는 것은 심층적인 지도를 어렵게 할 수 있다는 점을 간과해서는 안 된다.

(2) 형식적인 방법

형식적인 방법으로는 계획된 부모와의 만남인 가정방문, 가정통신문 발송, 수업참관, 집단모임(부모회, 강연회, 좌담회, 토론회), 부모면담, 부모-교사회, 워크숍 개최 등의 다양한 방법이 있다(김숙자, 1996).

① 가정방문

가정방문은 여러 가지 긍정적인 측면을 갖고 있다. 가정방문을 통해 교사는 아동을 이해하는 데 필요한 기본적인 자료를 제공받을 수 있다. 부모와 자녀의 상호작용이 가장 편안하게 일어나는 현장이 가정이므로 이들의 상호작용을 관찰함으로써 아동의 행동 패턴을 이해할 수 있다. 또한 가정환경의 특성을 파악하게 되므로 아동의 행동과 학습을 위한 지도자료를 얻을 수도 있다. 특히, 대화의 장소가 친숙한 가정이므로 부모는 긴장감이나 과장됨 없이 편안한 마음으로 교사와 대화할 수 있다. 이에 자신의 문제점이나 양육상의 어려움, 자녀의 문제 등을 부담감 없이 이야기할 수 있다는 장점이 있다.

가정방문 시 교사가 유의해야 할 점을 살펴보면, 첫째 대화의 목적이나 질문의 내용을 미리 선정하는 것이 필요하다. 그래서 정해진 내용에서 특별히 벗어나지 않는 것을 화제로 삼아야 한다. 둘째, 방문 시간을 미리 계획해야 한다. 방문은 되도록 짧게 하고, 교사 위주의 대화보다는 부모의 의견을 청취하며 간단한 반응 정도만 보이는 것이 좋다. 그러나 부모가 자녀의 문제에 대해 토론하고자 원할 때는 응할 필요도 있다. 셋째, 부모와의 대화 시에는 자녀가 대화를 들을 수 없는 정도의 거리를 유지하는 것이 필요하지만, 부모와 자녀 간의 상호작용을 관찰할 수 있는 장소가 좋다. 넷째, 가정방문을 통해 아동과 부모가 교사에 대해 친밀감과 신뢰감을 형성하는 계기가 되어야 한다. 자연스러운 자세로 임하고 부모에게 관심을 보이며 세심하게 배려하는 것이 필요하다.

② 가정통신문

가정통신문은 부모를 위해 작성되고 아동을 통해 가정으로 전달된다. 이는 자녀교육에 있어서 부모참여의 중요성을 일깨워 주며, 교육기관과 가정의 연결매체가 되는 것이다. 또한 기관에서 진행되는 중요한 활동을 부모에게 알리고 주지시킴으로써 아동과 부모의 대화에 상호작용 능력을 촉진시켜 준다.

가정통신문은 입학 초기에는 기관의 교육목적이나 기관에서의 생활에 대한 일반적인 내용들을 주로 설명해 주게 되며, 점차 기관에서의 활동 전개 내용, 특별활동이나 행사에 대한 구체적인 사항을 알리고 참여 및 도움을 요청하는데 사용된다.

가정통신문은 정기적으로 발송하게 되는데, 보통 한 주간 실행되었거나 앞으로 계획한 학습 내용이나 활동을 기술하게 된다. 이때 각 가정에서 부모와 자녀가 함께 할 수 있는 활동이나 교육내용 등을 구체적으로 기술하여 기관에서 학습한 내용에 대한 재학습이나 준비학습을 할 수 있게 함으로써 교육기관과 가정이 연계될 수 있도록 할 수 있다. 또한 이러한 과정을 통하여 부모와 자녀의 대화 및 활동이 적극적으로 전개될 수 있어서, 부모에게는 부모로서의 자신감을 고양시킬 수 있고 자녀에게는 부모와의 친밀감을 증진시키는 계기가 될 것이다.

③ 수업참관

부모참여에 있어서 가장 기본적인 단계이며 가장 효율적인 방법이 수업참관이다. 수업참관은 부모참여의 주목적을 부모의 역할이나 자질 향상에 국한시키지 않고 부모를 교육기관에의 참여자 내지는 정책결정자, 교육과정의 계획자로 생각할 때에 특히 선행된다.

수업참관의 효과를 극대화시키기 위해서는 몇 가지 사항을 유의해야 한다.

첫째, 수업참관일을 결정할 때 기관 위주로 선정하기보다는 각 부모가 편리한 시간에 자유롭게 할 수 있도록 개방하는 것이다. 이때 일주일 전에는 교사가 미리 날짜를 알고 준비하는 것이 중요하다. 일시에 많은 부모가 참관에 임할 경우 아동과 교사의 활동에 지장을 줄 수 있기 때문에 사전에 적절히 배치하여 계속적으로 참관하도록 계획한다. 그러나 대부분의 기관에서 한 학기에 한 번 정도 수업참관을 실시하고 있고 자유로운 개방을 꺼려하는 것이 현 실정이다. 따라서 교사는 수업참관의 효과에 대한 확고한 믿음과 의지가 있어야 할 것이다. 즉, 부모와 교육기관의 일관성 있는 교육이 이루어져야 교육의 효과가 있으며, 교사만으로는 결코 전인교육을 이룰 수 없다는 개방적이고 적극적인 사고가 필요하다는 것이다. 더불어 수업참관이 부모에게 긍정적인 영향을 미친다는 사실도 인지할 필요가 있다. 부모에게는 교육활동에 대한 정보와 지식을 습득하게 해 주고, 자녀가 또래집단에서 어떤 상호작용을 하는지에 대한 관찰의 기회를 줌으로써 자녀에 대한 이해를 증진시킨다. 나아가 교사와 기관의 교육관 및 아동에 대한 관점을 이해하여 그것을 모델링하거나 그에 대한 피드백을 주는 계기가 됨으로써 결국 부모로서의 자신감을 얻을 수 있게 한다.

둘째, 수업참관을 위해 사전교육을 실시해야 한다. 사전교육에서는 부모들이 참관 시에 유의할 점, 무엇을 관찰할 것인지에 대한 지도, 기록할 내용에 대한 지도 등을 한다. 사전교육의 형식으로는 가정통신문이나 집단모임, 개별 면담 등이 있다.

셋째, 교사는 부모들과 참관에 관한 상담의 기회를 갖도록 한다. 이 과정에서 교사는 보조교사로서 부모의 자질이나 그 역할을 수행할 수 있는 부모들을 선별할 수 있다. 그리고 부모 각자는 보조교사로서의 부모참여로까지 그 흥미와 관심도를 확장할 수 있고, 더 나아가 보조교사로 참여하는 계기를 마련할 수 있을 것이다.

④ 집단모임

집단모임은 교육기관의 철학과 운영방법, 자녀의 발달과 성장, 교육에 관한 지식과 정보 등을 부모에게 제공하고 가르치며, 여러 부모들의 생각을 서로 나누고, 서로 간에 집단의식과 소속감을 길러 줄 수 있다. 집단모임의 종류로는 부모회나 강연회, 좌담회, 토론회 등이 있다. 부모회는 학기 초의 집단회의 형태가 일반적이다. 부모회는 부모들의 자발적인 조직으로서 전체 구성원을 참여시키고 부모회 주최로 여러 형태의 집단모임을 개최하면 효과적이다. 그러나 부모회가 주최가 되는 집단모임이 여의치 않을 때는 기관이 주최가 되기도 한다. 집단모임인 강연회나 좌담회, 토론회, 워크숍 등의 활동들은 다양하게 운영하되, 개최 이전에 모임의 주제와 유형, 진행방식, 시간과 장소 등에 대해 부모로부터 의견을 수렴하고 그것을 토대로 부모의 욕구를 파악한 후에 실행하면 효과적이다. 또한 미리 연락을 취하여 되도록 많은 부모가 참여하게 해야 한다. 집단모임은 예정된 시간에 시작하고 끝냄으로써 다른 계획에 차질을 빚지 않도록 하는 것이 필요하다.

⑤ 부모면담

부모면담은 교사와 부모가 서로 대면하여 자녀에 대한 정보를 교환함으로써 자녀에 대한 부모의 이해를 증진시키고 올바른 지도방안을 모색하는 데 도움을 주는 활동이다. 공식적인 면담은 부모와 자녀 모두가 편리한 시간과 장소에서 계획되어야 한다. 면담을 통하여 부모와 교사 간에 친밀감이 증진되고, 교사가 아동을 이해하는 데 도움을 주며, 문제행동에 대한 해결방법을 함께 나눌 수 있다. 부모의 입장에서는 자녀에 대해 알지 못했던 부분들을 발견하게 되고, 기관의 입장 내지는 아동에 대한 지도 방침을 알게 된다.

부모와의 면담 시 교사는 철저한 준비를 해야 한다. 아동에 대한 개별적인 정보와 관찰기록부에 의한 기록을 가지고 면담에 응하며, 인지, 사회, 정서, 언어, 신체 등의 전반적인 발달적 측면에 대한 정보와 지식을 부모와 교환한다. 특히 문제행동에 대해 의견을 나누고 적절한 지도 방침에 대해서도 의견을 나눈다.

부모면담의 종류는 크게 개별면담과 집단면담으로 나누어진다. 개별면담은 한 아동의 부모와 그 아동에 대해서만 의견을 나누는 것이다. 이는 일대일의 관계이므로 친밀하고 여유 있게 응할 수 있지만 많은 시간과 노력이 요구된다. 집단면담은 10여 명의 부모들과 교사가 함께 만나는 것이다. 보통 학기 초나 학기 말 또는 연말에 이루어진다. 집단면담은 각 가정에서 부모가 느끼는 자녀의 행동 및 친구관계, 놀이, 습관, 문제점 등을 차례로 이야기하며, 자녀에 대해 바라는 점이나 교육기관에 바라는 점을 이야기하는 것으로 진행된다. 교사는 부모에게 교육기관의 교육이념과 교육과정, 지도방법 등을 이해시키고, 1년 동안의 행사 및 활동을 개관하며, 프로그램의 주된 진행에 관하여 부모에게 알릴 수 있다(유효순, 정원식, 1994).

⑥ 보조교사로서의 참여

부모가 교육 현장에서 교사의 보조자로서 참여하는 경우다. 예를 들면, 간식 준비와 소집단 지도 현장에서, 자유놀이 시간에, 소집단 학습의 보조자로서, 환경 정리와 교재 제작의 현장에서, 현장견학이나 소풍 등의 특별한 행사의 보조자로서 참여할 수 있다.

3) 부모개입

부모개입이란 부모참여와 유사하게 사용되기도 하는데, 부모가 자녀의 교육기관과 긴밀한 유대를 유지하면서 자녀를 바르게 이해하고, 교육의 질을 높이기 위하여 자녀의 학습 현장에 직접 개입하는 것을 의미한다. 부모개입은 교육기관에서 중요한 자원으로 활용되며, 다양한 방법으로 보조적인 역할을 하게 된다. 부모개입의 유형은 프로그램 정책 수립자로서의 개입, 교사로서의 개입, 학교나 유아 관련 시설의 지원자로서의 개입 등으로 분류된다.

4) 부모 역할하기

부모 역할하기는 최근에 나온 용어로 널리 사용되고 있는데, 개념적으로 부모역할을 하는 상태나 과정으로 정의된다. 부모 역할하기는 자녀를 양육하고 보호하며 지도하는 과정이다. 이 과정은 부모와 자녀 사이의 계속적인 상호작용이자 부모와 자녀를 변화시키는 것이기도 하다. 부모 역할하기는 어머니 역할하기(mothering)와 아버지 역할하기(fathering)로 세분되기도 한다(유안진, 김연진, 2000).

2. 부모교육의 역사

본격적인 부모교육의 역사는 20세기를 기점으로 시작되었다고 볼 수 있다. 이 절에서는 서구와 우리나라 부모교육의 역사를 중심으로 살펴보고자 한다.

1) 서구의 부모교육

(1) 고대 및 중세의 부모교육

부모역할에 대한 관심이나 필요성의 인식은 고대 그리스시대에도 그 흔적을 찾아볼 수 있다. 로마시대에도 어머니의 무릎에서 이루어지는 가정교육이 자녀에게 매우 큰 영향을 미친다고 생각하였다. 중세사회는 기독교적 사고가 지배한 시기로서 성서에 기초한 부모역할을 강조하였다.

① 플라톤

플라톤(Platon)은 『국가론』에서 이성을 가진 소수 지도계급을 어떻게 양성할 것인가에 관심을 가졌으며, 교육은 그들을 양성하고 이상사회를 건설하기 위해 반드시 필요하다고 생각하였다. 플라톤은 이상사회의 건설을 위해 아동은 태어나는 순간부터 국가가 지정한 보모가 있는 공동탁아소에서 양육되어야 한다는 주장을 폈다.

② 아리스토텔레스

아리스토텔레스(Aristoteles)는 인간발달을 3단계로 나누어 0~7세를 유년기, 7세~사춘기를 소년기, 사춘기~21세를 청년기로 구분하였다. 그는 유아와 동물은 모두 쾌락을 추구한다는 점에서 유사하나, 유아는 동물보다 높은 수준의 발달로 이어지는 잠재력을 가지고 있다고 하였다. 부모의 역할은 아동의 잠재력을 최대한으로 발휘하게 할 수 있는 환경을 제공해 주는 것이다. 아리스토텔레스는 플라톤과는 달리 아동은 개인차가 있으므로 가족에 의해 양육되어야 잠재력을 최대한도로 발휘할 수 있다고 생각하였다.

③ 로마의 부모교육

로마의 번영기에 자녀양육은 모친의 중대한 임무로 받아들여졌다. 올바른 성격의 함양과 생활 태도를 키우도록 노력하였고, 어머니의 무릎에서 이루어지는 가정교육을 로마 교육의 정도로 인정하였다. 아버지 역시 자식에 대한 생사권을 갖고 있으며 자녀교육의 주요 담당자였다. 즉, 가정 내외에서 조상에게 제사를 지낼 때 아동은 아버지의 보조자가 되었고, 농사에도 참여하였으며, 아버지로부터 승마, 수영, 권투, 검술 등을 배웠다. 그러나 공화시대 말경에는 이와 같은 부모의 교육을 가정교사나 동복이 대신하게 되었다. 어머니들은 육아를 보모나 노예에게 위임하고 사치와 향락을 즐겼다.

④ 중세의 부모교육

중세에는 약 1,000년간 종교적인 철학과 입장이 모든 사회를 지배하였으며 자녀양육에 있어서도 모든 논의가 성경을 바탕으로 이루어졌다. 성경에서 인간을 보는 입장은 성악설적인 입장이었는데 이것이 아동에게 적용되었다. 이에 아동의 타고난 성품인 악한 성질을 선한 성품으로 교화하는 데 부모의 책임이 막중하다고 생각하였다. 부모는 이러한 사고를 토대로 자녀를 독단적이고 부당하고 심하게 다루었다. 예를 들면, 어른들은 규칙적으로 도깨비 형상이나 흡혈귀로 분장하고 잠자는 아동을 놀래 주곤 하였다. 이와 같이 공포를 심어 주는 것은 '나쁜 짓을 하면 안 된다' 는 뜻을 깨닫게 해 주려는 의도였다고 한다. 또한 아동을 바른 길로 인도하기 위해 체벌은 필수적인 것이라고 믿었고, 체벌이 규칙적으로 실행되는 경우도 있었다.

(2) 근대사회의 부모교육

근대사회에 들어서서는 아동기를 하나의 발달단계로 인식하였다. 대표적으로 코메니우스, 루소를 거쳐 페스탈로치, 프뢰벨 등의 이론을 바탕으로 구체적이고 실제적으로 아동을 이해하고 아동의 자발성을 존중하는 방향으로 서서히 변화하였다. 이는 미국의 자녀양육 및 부모교육에 큰 영향을 미쳤다. 이에 부모교육에 관심을 가진 단체가 결성되어 다양한 프로그램이 제안되기 시작하였다.

1888년 뉴욕에서 최초로 미국아동보육협회(Society for the Study of Child Nurture)가 결성되었다. 이 협회는 1924년에 미국부모교육협회(National Council on Parent Education)를 창립하고서 일반 부모와 전문가들을 위해 일하였고, 1942년에 그 명칭을 미국아동연구협회(Child Study Association of America)로 바꾸었다.

한편 1897년에는 미국어머니회(National Congress of Mothers)가 설립되었다.

① 코메니우스

코메니우스(Comenius)는 교회의 주교로 봉사하면서 학생들을 가르치고 교육적인 교과서를 쓰면서 일생을 보냈다. 그는 중세의 부모들이 아동에 대해 갖는 신념, 즉 인간의 본질적인 성품은 악하다는 것에 반대되는 인간의 본성은 선하다는 입장을 갖고 있었다. 그는 아동의 능력과 개성을 중시하였고, 교육은 감각교육과 자연의 질서와 섭리에 따라 이루어져야 한다는 점을 역설하였다. 특히 그는 '어머니 학교(Mother's school)'라는 개념을 제시하면서 모든 아동은 출생해서 6세까지는 가정에서 어머니로부터 교육받아야 한다고 주장하였다. 그에 따르면 교육은 조기에 시작해야 하는데, 바로 어머니의 무릎이 가장 중요한 최초의 학교라는 것이다. 어머니의 무릎 학교에서 어머니라는 교사에 의해 초보적인 지적, 도덕적, 종교적 교육이 이루어져야 한다고 하였다. 따라서 아동에 대한 어머니 역할의 중요성과 어머니를 위한 부모교육을 역설하였다.

② 로크

17세기의 또 다른 부모교육학자는 로크(Locke)다. 로크는 어머니들에 대한 충고를 담은 『교육에 대한 고찰(Some Thoughts Concerning Education)』을 출판하였다. 그는 인간은 백지와 같은 상태로 태어나므로 교육에 의하여 좌우된다고 주장하였다. 그리고 학교교육보다 가정교육을 중시했다. 부친이나 가정교사에 의해 이루어지는 가정교육을 통해 의지와 신체를 단련하여 좋은 습관을 기를 것을 강조하였다. 이를 위하여 가정에서는 최적의 환경을 조성해 주어야 한다고 강조하였다. 로크는 부모가 아동을 훈육할 때 벌보다는 칭찬이 바람직하며 좋은 모델을 보여 주는 것이 중요하다고 하였다.

③ 루소

1762년 루소(Rousseau)는 『에밀(Emile)』을 펴냄으로써 부모들의 아동양육관을 변화시키는 데 큰 영향을 미쳤다. 그는 인간은 본래 선하게 태어났으므로 아동양육은 자연적인 방법으로 실시해야 한다고 주장했다. 즉, 아동은 모유로 키워야 하고, 아동의 타고난 좋은 천성이 자연스럽게 자라 나갈 수 있도록 간섭이나 강요를 하지 않아야 하며, 관찰을 통해 아동에게 적합한 교육을 실시해야 한다고 하였다. 그리고 책으로 공부시키기보다는 동기를 유발시킬 수 있도록 자연에서 뛰어놀게 할 것을 제안하였다. 또한 아동의 내부에 잠재해 있는 자연적 발달을 조장하기 위해서 아동을 존중하고 외부에서 구속하지 말며 아동 스스로 보고 느끼고 생각하도록 도와주어야 한다고 주장하였다. 따라서 아동에게 주입식, 암기식으로 가르치지 말고 자연을 통해 배우도록 내버려 두라고 권고하였다.

루소는 부모가 아동에게 연령이나 능력에 맞는 적절한 과제를 제시해 주되 개인차를 고려하고, 스스로 하고자 하는 동기가 자연스럽게 표현될 수 있도록 지나친 간섭은 피하는 것이 바람직하다고 하였다.

④ 페스탈로치

19세기는 현대적인 부모교육이 시작된 시기로, 1801년 페스탈로치(Pestalozzi)가 『게르트루트는 어떻게 자녀를 가르쳤는가(How Gerturde Teaches Children)』라는 책을 펴낸 것을 그 출발점으로 삼을 수 있다. 그는 아동이 어머니의 무릎에 앉는 순간부터 가르쳐야 한다고 주장하였다. 그는 이 책을 통해 부모는 자녀에게 도덕교육과 종교교육을 제공해야 함을 강조하였으며, 그 방법은 교리나 문답에 관한 것이 아니라 어머니와 자녀의 상호관계 속에서 가르치는 것이라고 하였다.

페스탈로치는 아이들의 최초의 교사는 어머니이며 모성애야말로 아동발달의 원동력이 된다고 역설하면서 어머니와의 감각적 상호작용을 강조하였다.

⑤ 프뢰벨

프뢰벨(Fröbel)은 학령 전기의 유아들에게 보다 많은 관심을 기울여 유치원을 창시하였을 뿐만 아니라 부모교육의 발전에 큰 영향을 미쳤다. 1843년 어머니를 위한 지침서인 『어머니의 노래와 놀이, 이야기(Mother' s Songs, Games, Card Stories)』를 출판하였다. 이 책에서는 부모들이 가정에서 가르쳐야 할 내용을 밝히고 있는데, 어머니가 자녀에게 이야기를 해 주고 놀이를 가르칠 때 몸동작과 노래를 함께 해 주면 더욱 효과적으로 배울 수 있다고 하였다. "우리는 진정으로 어린 자녀들과 함께 살아야 하고 그들은 우리들과 살아야 한다."라고 강력하게 주장한 프뢰벨은 작업을 창안하여 부모들에게 직접 가르치기도 하였다.

(3) 20세기 이후의 부모교육

20세기는 아동의 세기라고 할 만큼 아동에 대한 연구활동이 활발히 이루어졌다. 부모-자녀 관계에 대한 연구활동도 활발하였는데, 부모교육 및 부모의 양육태도를 변화시키는 데 크게 영향을 미친 것은 심리학의 발달이다. 20세기 초반에 정신분석이론, 사회심리 성격이론, 행동주의이론 등이 발달하면서 이러한 이론들의 영향을 받은 전문가들이 부모들을 위한 잡지와 책 등 인쇄물을 발간하여 실생활에서의 부모-자녀 관계에 적용시키려는 운동이 일어났다.

20세기 초반의 부모교육에 영향을 준 심리학 이론으로는 프로이트(Freud)와 왓슨(Watson), 아들러(Adler)와 에릭슨(Erikson)의 이론을 살펴볼 수 있다.

프로이트는 빅토리아 시대에 가장 이상적인 것으로 여겼던 부모의 자녀에 대한 엄격한 훈육에 대해 이의를 제기하였다. 그는 부모들이 자녀의 본능적인 욕구를 거부하게 되면 자녀가 심리적인 손상을 받게 되고, 그 손상은 이후의 삶을 지배한다고 하였다. 이는 많은 부모들에게 시사하는 바가 컸다. 이를 바탕으로 부모들이 그동안 가지고 있었던 훈육방식을 버리고, 아동이 자기의 생각을 보다 자유롭게 표현하게끔 허용하는 시발점이 되었다. 또한 유아기의 모자관계가 중요하다는 점을 알려 주는 계기가 되었다. 프로이트의 이론은 1950년대에 그 영향력이 절정에 달했다가, 무의식이 인간의 행동을 지배한다는 주장에 반론이 일기 시작하면서 1960년대에는 재고되기 시작하였다.

한편 왓슨은 행동주의이론에 입각하여 부모의 양육이론을 명확하고 구체적으로 제시하였다. 그는 부모들은 아이의 응석을 받아주지 말고 아이를 작은 성인으로 취급해야 한다고 주장하였다. 또한 어머니는 아이를 안아 주거나 키스하지 말고, 객관적인 태도를 지녀야 하고, 아동이 스스로 사물을 발견하도록 내버려 두어야 하며, 성에 대해서는 아이가 이해할 수 있는 수준의 언어로 사실적으로 설명해 주어야 한다는 등의 구체적인 양육 지침을 설명하였다. 그의 주장은 미국 및 유럽의 많은 부모들에게 영향을 끼쳤다. 그러나 왓슨이 극단적인 환경론자의 입장을 취하게 되면서 이론이 지나치게 기계적이라는 비판을 받게 되었다.

아들러는 부모, 교사 그리고 성인들이 협력하여 아동을 용기 있고 책임감 있는 사람으로 양육해야 한다고 주장하였다. 이러한 생각은 유럽의 여러 곳에서 아동상담소가 설립되는 계기를 마련하였다. 그러나 유럽의 정치적인 변화로 인해 아들러가 미국으로 건너오게 되었고, 그의 이론은 드라이커스(Dreikurs)에 의해 실제적인 양육이론으로 발전되었다.

에릭슨은 인간의 성격발달에 있어서 중요한 것은 사회적 관계, 즉 사회적 변인이라는 점을 제시하였다. 그의 이론과 저서는 많은 부모들에게 영향을 끼쳤다.

① 초기(1900~1920년대)

20세기 초반 프로이트의 견해로 많은 부모들은 자신의 양육방식과 태도를 변화시켜야 할 필요성을 갖게 되었다. 이는 자녀양육에 대한 지식과 정보에 대한 요구로 이어졌으며, 그에 따라 전문가의 저서나 잡지 등 양육에 대한 지침서가 출판되었다. 이러한 경향은 특히 다문화, 다인종으로 이루어진 미국의 경우에 더욱 두드러지게 나타났는데, 많은 대학에서 아동 상담소나 연구소가 개설되었고, 미국 정부가 적극적으로 부모교육에 개입하게 되었다.

미국 정부는 1909년 루스벨트 대통령이 주도한 백악관 회의를 필두로 10년마다 회의를 개최하여 세계 각국의 전문가를 초빙하였으며 아동 발달과 양육, 가정의 문제 등을 심도 있게 다루었다. 이를 계기로 1912년 미국아동국이 설립되었고, 그 결과 1914년 『유아양육(Infant Care)』이라는 자녀교육 지침서가

출판되었다. 이는 미국 정부가 부모교육을 공식적으로 시작한 것으로서 정부 차원의 부모교육 참여로는 최초의 것이었다. 이러한 영향으로 『유아양육』은 미국의 많은 부모들에게 읽혔고 세계적으로 영향을 미쳤다. 특히 이 책은 저소득층의 부모들에게 배부됨으로써 저소득층에 대한 관심을 표명하였다.

한편 심리학의 발달에 힘입어 대학교에 아동연구소(아들러식 아동상담소, 아이오와 주립대학 부설 아이오와 아동복지연구소, 게젤의 예일 클리닉, 메릴 팔머 연구소, 왓슨의 존 홉킨스 아동연구소 등)가 설치되었고, 아동 및 부모에 대한 연구가 활발히 이루어지기 시작했다.

1920년대에는 이러한 관심이 더욱 높아졌다. 중류계층의 부모들이 적극적으로 자녀양육에 관심을 표명하였고, 많은 대학교가 아동연구소를 부설하였다. 대학에서는 아동발달 과목을 개설하고 부모-자녀 관계를 연구하였다. 또한 교육기관들이 부모회 조직을 활발하게 주도했다.

이러한 변화로 인해 이 시대의 부모들은 다음과 같은 사항들을 공통적으로 인식하게 되었다(이원영, 1996). 첫째, 자녀양육은 저절로 이루어지는 것이 아니라 의도적인 노력과 시간을 투자해야 한다는 것이다. 그러므로 좋은 부모는 자녀양육에 대한 지식을 갖고 있어야 하고 통찰력이 있어야 하며 일관성과 객관성이 있어야 한다는 점을 생각하게 하였다. 둘째, 유아기의 경험이 중요하다는 것이다. 즉, 어린 시기에 자녀를 잘 기르면 성장한 후에 바람직한 인성을 갖게 될 것이라는 점에 공감하였다. 특히 유아기를 중시하는 이론과 사회적 분위기는 부모교육 이론 및 프로그램을 다양화시키는 밑거름이 되었다. 셋째, 유아기가 중요하므로 유아원이나 유치원 교육 기회가 확대되어야 할 필요가 있다는 것이다. 특히 환경론자인 왓슨은 그의 저서에서 가정의 무용론을 언급하면서 유아교육기관이 주도하는 적절한 교육을 강조할 정도였다. 넷째, 부모교육의 강화가 필요하다는 것이다. 이 시기에는 유아기의 경험이 강조되고 부모-자녀 관계가 중시됨으로써 부모교육의 강화가 이루어졌다. 또한 당시 미국의 교사, 교육철학자, 사회학자, 가정학자들이 직접 부모를 교육하는 것이 사회를 변혁하는 데 효과적이라는 주장들이 부모교육의 강화에 영향을 주었다.

② 중기(1930년대~1950년대)

1930년대 세계경제의 불황은 부모교육의 필요성을 더욱 확대시켰다. 경제적으로 곤란할수록 가정, 가족관계, 아동의 개인적 발달이 잘 이루어져야 한다는 생각이 주를 이루었던 것이다. 그 예로 1935년 미국 전역에서 실시된 부모 연구모임에서 교육을 받는 부모들이 70만 명이었고, 『유아양육』은 800만 부가 배부되었다. 이 시기에 왓슨의 이론이 강세를 띠고 있었으나 1940년대로 들어서면서 프로이트의 이론이 각광받기 시작했다.

특히 1940년대에 일어난 제2차세계대전은 아버지의 부재 현상을 가져왔고, 아버지의 부재 현상이 아동의 발달에 어떤 영향을 미치는가에 관심을 기울이게 되었다. 이때 스포크(Spock) 박사는 1946년 『아동양육전서(Baby and Child Care)』를 출판하여 자녀양육에 많은 영향을 주었다. 그는 이 책에서 부모들이 자녀양육을 즐겁게 하고 보다 많은 융통성과 자율성을 부여할 것을 강조하면서, 수유, 이유, 취침, 의복, 대소변 가리기, 소아질병, 그 외의 일과 등 부모가 알아야 할 모든 것을 다루었다. 이 책은 한동안 부모들의 양육 지침서로 널리 읽혔다. 또한 이 시기에 게젤(Gesell)은 아동발달의 기준표를 제시하였고, 아동은 자연히 성장하는 것이라고 주장하였다.

1950년대 이후 부모교육의 특징은 부모들을 교육기능의 조력자 또는 후원자로 보았다는 점이다. 또 PTA(Parent Teacher Association)가 조직되고 이에 참여하는 부모의 수도 증가하게 되었다. 1950년대 미국에서는 학군마다 부모교육, 학령전 교육 프로그램, 성인교육이 활발하게 진행되었는데, 이는 자녀양육에 대한 정보를 얻을 수 있는 중요한 근원이었다. 또한 인쇄물 등이 중류계층의 부모들을 교육시키기 위해 사용되었다. 이 시기에는 애정적 양육방식이나 아동의 자율성이 강조되었고 아동의 개별성, 사회 · 정서적 발달, 아동의 발달 속도에 맞는 교육, 좋은 영양, 체벌 금지 등을 강조하는 방향으로 변화되었다. 특히 1957년 미국은 스푸트니크(Sputnik) 쇼크로 인해 부모교육을 비롯한 가정, 경제, 정치 등 모든 분야에서 자극을 받았고, 정부의 기능 및 역할에 대해서도 의문과 비판이 제기되었다. 이에 학교교육이 제대로 이루어지고 있는지, 가정에서의 초기 경험에 문제가 있는 것은 아닌지에 대한 자각과 비난이 뒤따랐다. 이것은 부모교육을 다시 한 번 중요하게 생각하게 만든 계기가 되었다.

③ 후기(1960년대 이후)

1960년대는 부모교육의 전환기를 맞은 시기라고 볼 수 있다. 중류계층과 하류계층의 부모 모두를 교육의 대상으로 삼았다는 점이 중요한 변화다.

1964년 빈곤퇴치 전쟁(War on Poverty)을 선포한 존슨(Johnson) 대통령은 저소득층이 가난의 악순환으로부터 벗어나게 하는 방법의 하나로, 그들에 대한 교육을 중시하였다. 그 방법의 하나로 가정환경이 열악한 아동에게도 균등한 교육의 기회를 마련해 주어, 가난하기 때문에 지적으로 열등해지고 이로 인해 다시 가난해지는 악순환을 막아야 한다는 보상교육의 개념이 생겨났다.

보상교육의 차원에서 만들어진 대표적인 프로그램이 헤드스타트(Head Start) 프로그램인데, 이는 부모교육을 중요한 요소로서 포함하고 있다. 이 프로그램은 빈곤가정의 아동, 영양실조 아동, 교육환경의 결손 아동들을 대상으로 그들의 지적 발달과 정서적 발달에 주력하였다. 프로그램의 연구 결과, 부모의 참여가 아동의 학업성취와 밀접한 상관이 있음이 밝혀지자 자녀교육에 부모의 참여가 정착되기 시작하였다.

1970년대에 들어서면서 다양한 프로그램들이 개발되었다. 예를 들면, 고든(Gordon)의 '효율적인 부모역할훈련', 로저스(Rogers)의 '내담자중심 치료', 스키너(Skinner)의 '행동수정' 등의 부모교육 프로그램이 있었다. 또한 홀(Hall)의 '책임 있는 부모역할'(1976)과 같은 시청각자료를 포함한 부모훈련 프로그램 등도 출시되었다. 더불어 포괄적인 프로그램으로 드라이커스와 고든의 생각을 조합하여 8~10회에 걸친 강의와 시청각자료를 활용하여 부모교육 프로그램 지도자를 훈련하는 '효율적 부모역할 수행을 위한 체계적 훈련(STEP)' (1976)도 있다. 그리고 교류분석과 현실치료이론에 초점을 맞추어 여러 중요한 접근들의 생각을 포함하여 만든 '적극적 부모역할 프로그램(Positive Parenting Program)'(1979) 등 절충적 프로그램이 YMCA 가족의사소통 기술센터에 의해 개발되었다(한국부모교육학회 편, 1998).

이 시기에 부모교육에 있어서 중요한 시사점을 제시한 연구자는 피아제(Piaget)다. 피아제는 아동을 자신의 경험에 맞추어 생각을 적응시켜 나가는 호기심 많은 꼬마 과학자로 파악하였다. 그는 아동의 개인차를 고려해야 하며, 발달은 개인과 환경 간 상호작용의 결과이므로 부모가 자녀에게 다양한 경험과 기회를 제공해 주어야 한다고 주장하였다.

한편으로는 브론펜브레너(Bronfenbrenner)의 생태학적 관점이 영향력을 행사하였다. 생태학자들은 아동이 막대한 잠재력을 지니고 있으므로 그들에게 자극적인 환경을 제공해 주어야 한다고 믿었다. 여기에서의 환경은 단순히 부모에게만 국한된 것이 아니라 가족, 친구, 지역사회, 더 나아가 전체 국민이라고 볼 수 있다. 즉, 아동과 가족을 둘러싼 다양한 환경으로 가족의 상황이나 생활에 영향을 주는 동료, 이웃, 친구, 단체나 위원회 등이 교육을 통해 변화되어야 한다는 점을 강조한다.

1980년대~1990년대는 십대의 임신, 약물중독, 아동학대 등이 부각된 시기로, 부모뿐 아니라 젊은이들을 위한 부모교육의 필요성이 더욱 강조되었고 이들을 위한 프로그램이 개발 · 실시되기 시작하였다. 이 시기에 팝킨(Popkin)은 교육공학적인 방법을 부모교육 분야에 적용하여 적극적 부모역할훈련(AP, 1983) 프로그램과 청소년 자녀를 둔 부모를 위한 프로그램(Active Parenting of Teens)을 제시하였다. 20세기 후반의 부모교육의 특징은 국가의 개입이 보편적으로 이루어졌고, 조기교육의 시작 연령이 하향되었으며, 어머니뿐만 아니라 아버지도 부모교육에 참여시켜야 한다는 주장이 제기되었다는 점이다.

2) 우리나라의 부모교육

우리나라의 부모교육 역사는 한국 사회의 역사적인 변화를 그대로 반영하고 있다. 전통사회에서는 효와 예의 유교적인 윤리를 바탕으로 가족관계를 중시한 부모교육이 이루어졌고, 가계를 중시함으로써 가계의 계승과 관련된 내용이 주를 이루었다. 이러한 내용은 조선시대의 문헌을 통해 전해 오고 있다. 1960년대 이후에는 서구의 부모교육 이론이나 프로그램이 소개되었다. 1990년대에 접어들어 우리 사회에 맞는 부모교육 프로그램을 개발하여 보급하려는 시도가 활발히 이루어지고 있다.

(1) 전통사회의 부모교육

근대화가 이루어지기 전의 전통사회에서의 부모교육 내용은 효와 예, 그리고 가계의 계승과 관련되어 실시되었다.

먼저 효사상은 유교와 유학이 도입됨과 동시에 뿌리 내리기 시작하여 우리나라 문화의 일부로 정착되었고, 효와 관련된 문헌을 공부하고 실천하도록 하는 것이 부모교육의 내용이었다. 예컨대, 서기 372년에 설립된 고구려의 태학이나 신라의 국학, 백제의 오경박사들의 교육에서 모두 중국의 5경 등 유학서적을 본격적으로 교육하기 시작함으로써 효의 개념과 문화가 정착하기 시작하였다. 신라의 국학에서도 『논어(論語)』와 『효경(孝經)』이 필수 과목이었고 화랑도의 『세속 5계(世俗 五計)』에서도 효가 중심적 가치의 하나였다. 고려시대에 편찬한 『명심보감(明心寶鑑)』은 유교적 '효'의 사상과 행동규범을 기술하였는데, 이는 조선조 말기까지 한국 아동들의 필수 교과서였다. 조선시대에도 역시 『삼강행실도(三綱行實圖)』, 『이륜행실도(二倫行實圖)』 등에서 효가 강조되었다(신용하, 유안진, 1990). 이러한 효의 강조는 자녀에 대한 부모의 도리는 제시하지 않고 자녀의 지나친 희생을 기대하고 찬양하는 모습을 담고 있다는 점에서 성인 중심적이고 가부장적인 가치관을 볼 수 있다.

가계의 계승과 관련하여 살펴보면, 여성의 도리란 가계를 이을 아들을 출산하는 것이라 여겼으므로 집안 어른들이 혼인한 자녀의 부부관계나 며느리의 임신, 태교에 세심한 간섭을 하고 태교에 대한 책을 읽도록 지도하였다. 고려시대에 정몽주의 어머니 이 씨가 쓴 『태중훈문(胎中訓文)』은 태교를 목적으로 하는 부모교육 책이며, 조선시대에 사주당(師朱堂) 이 씨의 『태교신기(胎教新記)』는 사주당 자신이 자녀를 성공적으로 태교하여 양육한 경험을 바탕으로 한 내용이다. 또한 빙허각(憑虛閣) 이 씨의 『규합총서(閨閤叢書)』, 『계녀서(戒女書)』 그리고 『규범(閨範)』 등의 서적들은 태교와 자녀양육 관련 지침을 일부 포함하고 있다. 또한 의학대전인 『동의보감(東醫寶鑑)』도 자녀양육에 관한 방법들을 소개하고 있다. 이와 같이 여성과 아동에 대한 교육은 주로 책을 통한 안방교육이었고, '엄부자모(嚴父慈母)' 의 형태로 부모의 훈육이 실시되었다.

(2) 20세기의 부모교육

근대화 이전의 안방교육 중심의 부모교육은 개화와 더불어 사회교육의 형태를 띠게 되었다. 그 예로 1914년 미국의 선교사 브라운리(Brownlee)가 이화정동유치원을 설립하고 자모회를 조직하여 본격적인 부모교육을 시작한 것이다. 이 시기에 초등학교에서는 어머니들을 교육기능의 조력자, 후원자로 보고 사친회를 조직하여 아동교육에 참여시켰다. 1920년대는 일제 침략하에 있었으므로 부모교육이 보편화될 수 없는 시기였다. 따라서 여성교육은 소수의 양반계층과 일본인 자녀들을 대상으로 실시되었으며, 그 부모들을 대상으로 자녀양육에 관한 교육이 실시되었다. 한편 1941년에 이화여자대학교 보육과에 부모교육 과목이 개설되었다.

1950년대에는 부모교육에 대한 사회 전반적인 인식 및 호응이 부족하였고, 각 유치원에서만 어머니를 대상으로 한 자모회가 조직되어 운영되었다. 1960년대에 들어서면서부터 부모역할의 중요성에 대한 인식이 부각되어 부모교육에 변화가 있게 되었다. 부모가 수동적인 입장에서 적극적으로 자녀교육에 참여할 것을 권장하였고 아버지를 대상으로 한 교육도 시도되었다. 그 예로 연세대학교 어린이 생활지도 연구원에서는 아버지 교육 프로그램을 최초로 시도하였고, 그 외 몇 개의 유치원에서 부모교육에 아버지의 참여를 권장하였으나 부진하였다(유안진, 1990).

1970년대에 들어서면서부터 정부 차원에서도 자녀교육의 향상을 위해 부모교육 심포지엄을 개최하였고, 1980년대에는 '유아교육진흥법'이 제정되어 유아교육기관이 그 기틀을 다져가면서 부모교육 프로그램의 개발과 실시가 본격화되기 시작하였다. 이 시기에 사회단체에서의 부모교육이 확산되었는데, 이는 자녀가 있는 가정에서 부모의 역할이 중요하다는 점에 공감하고 사회 각 기관과 정부가 관심을 갖게 된 것이다. 예를 들면 YWCA, 가정법률상담소 등의 여성단체나 아동 상담소 및 연구소에서 교육이 이루어졌다. 1980년대 후반에는 각 지역의 복지관, 아동상담소 및 청소년사업관, 방송국, 병원, 보육원, 탁아소, 종교기관, 기업 등에서 부모교육에 적극적인 관심을 보였다. 그 대상도 영아기 부모, 학령기 부모, 미래의 부모, 장애아동 부모로 확대되었다. 이 외에도 상업적인 의도이기는 하지만 아기식품이나 아기용품 회사, 제약회사 등이 어머니를 대상으로 어머니 교실을 개최하고, 방송국 프로그램의 하나로 부모교육을 실시하는 등 활발하게 부모교육이 전개되었다(한국부모교육학회 편, 1998). 1990년대에 들어서면서 여성의 사회참여 증가와 가족구조의 변화로 자녀양육 문제가 중요하게 부각되었고 이러한 문제를 사회적, 국가적 차원에서 해결하고자 '영유아보육법'이 제정되었다. 더불어 부모교육에 대한 사회적 관심이 고조되면서 여러 프로그램들이 시행되고 있다. 비교적 잘 알려진 것으로는 한국심리상담연구소의 PET, 한국심리교육센터의 AP, 현재는 청소년상담원으로 개칭되었으나 청소년대화의 광장의 EPT(Empowering Parent Training), 한국 사회교육연구소의 부모교육 프로그램 등이 있다.

한편 부모교육 운동은 1996년 4월 19일에 좋은부모 운동본부 발대식을 갖고, 바른 가정교육 캠페인과 46개항의 자녀교육 행동수칙을 발표하여 사회적인 참여를 하였다.

이와 같이 교육기관, 상담기관, 사회단체, 신문과 여성잡지, TV 등에서 다양한 형태의 부모교육이 실시되고 있다.

3. 부모교육의 목적 및 필요성

1) 부모교육의 목적

부모교육은 부모가 자녀에게 중요한 영향을 미친다는 점과 부모를 교육하면 아동에게 그 효과가 미친다는 전제하에서 출발하고 있다. 따라서 부모교육의 궁극적 목적은 부모가 자녀를 이해하고 돕고 지도하는 데 필요한 지식, 능력, 태도 등을 익히도록 부모를 도와주는 데 있다. 즉, 부모는 자녀의 성장과 발달에 영향을 미치는 중요한 요인임을 인식하여, 보호자 및 교육자로서의 역할을 효과적으로 수행할 수 있도록 자녀의 성장과 발달, 교육에 대해 올바르게 이해하고 적절한 지식과 기술을 습득하며 부모 자신의 자아존중감을 증진하게 하여 부모와 자녀에게 변화를 주는 것이다.

유아교육에 부모교육 및 부모참여를 새로운 과제로 등장시키는 데 직접적으로 영향을 준 헤드스타트 프로그램에서는 부모교육의 목적을 다음과 같이 크게 세 가지로 설명하고 있다.

- 부모역할을 지지하고 촉진시킬 수 있는 프로그램을 제공한다.
- 부모 자신이 유아의 책임 있는 보호자이자 첫 번째 교육자이며, 헤드스타트 프로그램과 지역사회의 공헌자임을 인식하도록 한다.
- 부모는 프로그램의 계획과 운영에 직접 참여할 뿐 아니라 관찰자, 지원자로서 수업과 그 밖의 다른 프로그램에 참여하여 그들의 자녀와 함께 일할 수 있는 활동의 기회를 제공한다.

또한 부모교육 프로그램 중 대표적인 플로리다(Florida) 프로그램은 부모교육의 목적을 아동과 부모를 위한 목적으로 나누고 있다.

아동을 위한 목적은, 첫째 인지적 발달을 향상시키고 보다 높은 수준의 지적 수행을 이루도록 하며 둘째, 유아의 언어를 증진시키는 것으로서 풍부한 언어 자극을 줄 수 있는 환경을 제공하는 것이다. 그리고 부모를 위한 목적은 부모들의 자아존중감과 내적 통제감각을 증진시키는 것이라고 하였다.

한국행동과학연구소(1983)에서는 부모교육의 목적을 다음과 같이 설명하고 있다.

- 자녀의 발달을 촉진시키기 위한 부모의 역할을 인식하도록 부모를 돕는다.
- 자녀의 사회적, 정서적, 인지적, 언어적, 신체적 발달과 이러한 발달을 촉진하는 환경 조성에 관한 지식을 갖도록 돕는다.
- 유아교육상 부모로서 당면하는 문제들을 해결하는 데 필요한 정보와 기술을 습득하도록 부모를 돕는다.
- 유아교육에 적극 참여하도록 부모를 돕는다.
- 일상생활에 필요한 일반 상식을 갖도록 돕는다.

이상의 내용을 종합해 볼 때, 부모교육의 목적은 부모가 자녀의 모든 성장과 발달에 영향을 미치는 중요한 요인임을 인식하여 보호자, 교육자로서의 역할을 효과적으로 수행할 수 있도록 자녀의 성장과 발달, 교육에 대해 올바르게 이해하고 적절한 지식과 기술을 습득하며 부모 자신의 자아존중감을 증진하게 하여 부모와 자녀에게 변화를 주는 것이다.

2) 부모교육의 필요성

일반적으로 부모는 자녀의 성장과 발달에 가장 큰 책임을 지고 있는 존재다. 일단 부모가 되면 부모의 역할을 장기간 하게 되는데, 자녀의 성장에 따라 자녀와 부모의 관계는 다양한 형태로 상호작용하며 변화의 위기를 거친다. 부모가 자녀에게 무심코 던지는 말이나 행동 하나하나가 자녀에게 상처를 주기도 하고 자신감을 북돋아 주기도 한다. 대부분의 부모들이 자녀를 사랑하고 자녀의 건강한 발달과 적응을 바라는 것이 사실이지만, 실제로는 많은 자녀들이 부모가 기대하는 만큼 잘 적응하지 못하거나 대인관계에서 어려움을 겪기도 하며 부모로부터 받은 상처로 고통을 받기도 한다. 특별한 문제가 없는 자녀라 할지라도 성장과정에서 부모와 자녀 서로 간에 많은 위기를 겪는다고 볼 수 있다.

이러한 이유 때문에 부모역할이 더 이상 본능적인 행위이거나 타고나는 것이라고만 볼 수 없다. 즉, 사회화 과정을 통해 그 세대와 사회의 요구에 맞는 인물을 길러내야 하는 책임이 부모에게 주어졌기 때문에, 부모 자신이 발달하는 존재임과 동시에 자녀도 발달하는 존재라는 역동적 관점을 이해하면서 양육에 관한 유익한 지식들을 배우고 훈련받아야 할 필요성이 있는 것이다. 게다가 현대에 접어들어 급격한 사회변화가 이루어지면서 새로운 사회에 대한 적응 능력을 절실히 요구하게 되었고, 사회화의 기초가 가정 내에서 형성된다는 점은 부모의 중요성을 더욱 강조하게 되었다.

햄너와 터너(Hamner & Turner, 1985)는 부모교육의 필요성을 다음과 같이 요약하고 있다.

- 대부분의 사람들이 현재 부모이거나 미래에 부모가 된다. 그러므로 중요 역할인 부모기에 대한 훈련이 필요하다.
- 부모기에 대한 교육이 가정에서는 거의 제공되지 않을 뿐만 아니라 대부분의 교육체계에서도 등한시되고 있다.
- 부모기를 성공적으로 수행하기 위한 지침이 충분하지 않아서 부모들을 혼란스럽게 하고 있다.
- 효과적인 부모역할은 아동기 초기에 특히 전반적인 발달에 걸쳐 중요하다. 가정은 한 사람의 생애에 있어서 가장 중요한 최초의 장소이며 가장

지속적인 영향을 주기 때문이다.

- 부모역할을 잘하기는 어렵다. 자녀양육에는 상당한 스트레스가 따르고 부모는 원하는 만큼 자녀에게 모두 해 줄 수 없기 때문에 죄책감을 갖게 된다. 이 때문에 부모는 그에 대처하기 위한 지식이 필요하다.
- 대부분의 부모들은 도움받기를 원한다. 부모들은 그들의 역할을 제대로 수행하는 데 필요한 지식이나 정보를 찾는다.
- 부모들은 실제적인 도움이 필요하다. 급속한 사회변화는 가족에게 스트레스를 주고 가정생활을 침해하고 있다.
- 어머니가 취업을 하게 됨에 따라 부모가 자녀를 돌보는 시간이 줄어들고 있다. 그러므로 질 높은 부모-자녀 상호작용에 대한 도움을 필요로 한다.
- 자녀양육에 아버지가 좀 더 적극적으로 참여할 필요가 있다. 남자도 부모역할을 효과적으로 할 수 있다고 밝혀지고 있다.
- 부모기에 대한 여러 신화(myth)들을 근절할 필요가 있다.

또한 우리나라의 한국부모교육학회(1998)에서는 현대사회의 특징에 비추어 부모교육의 필요성을 설명하고 있다.

- 현대사회의 부모는 자녀를 양육할 때 참고로 할 적절한 모델이 적기 때문에 부모교육이 필요하다. 현대는 민주사회로서 과거의 양육방식이나 가치관으로는 자녀를 현대에 적응하는 인간으로 양육하기가 어려운 시대다. 또한 부모세대로부터 전수받은 방식대로 자녀를 양육하기에 어려움이 있다. 따라서 부모들에게 사회와 문화적으로 의미 있는 부모역할에 대한 모델과 이미지를 정립할 수 있도록 하기 위해 부모교육이 필요하다.
- 가정과 교육기관 간의 연계성을 확립하기 위하여 부모교육이 필요하다. 현대는 아동에 대한 교육을 가정에서만 담당하는 것이 아니라 교육기관과 함께 담당하고 있으므로 교육이 효과적이려면 이 두 주체가 연계하는 것이 필요하다.

- 바람직한 부모역할에 대한 상충적인 정보가 공존하기 때문에 부모교육이 필요하다. 현대사회는 많은 정보가 범람하고 있으며, 자녀양육에 대해서도 예외는 아니다. 그러나 이러한 정보가 때로 상충되기도 하고 반대되기도 한다. 따라서 많은 정보 가운데 자신에게 적절하고 수용 가능하며 효율적인 정보를 찾아 활용할 수 있도록 도와주는 것이 필요하다.
- 미래사회에 적응할 수 있는 사람으로 자녀를 키우기 위해 부모교육이 필요하다. 급속히 변화하는 사회에서 살고 있는 자녀에게 필요한 것이 무엇이고 그것을 어떻게 준비시켜야 할지에 관한 도움을 주기 위해 부모교육이 필요한 것이다.
- 현대의 부모들은 만능부모가 되어 만능자녀를 양육해야 하는 중압감을 느끼기 때문에 부모교육이 필요하다. 과거보다 현대의 부모에게 부모로서의 역할에 대한 요구와 기준이 높게 나타난다. 이에 부모들은 자신을 다른 부모와 끊임없이 비교하고 경쟁하게 된다. 이는 부모의 역할에 대한 스트레스를 가져오기도 한다. 그러므로 이러한 부모들에게 신념을 가지고 실천할 수 있는 힘과 스트레스를 적절하게 해소할 수 있는 힘을 주기 위해 부모교육이 필요하다.
- 현대의 문화와 대중매체가 비현실적인 부모상과 부모역할에 대한 허상을 심는 경우가 많기 때문에 부모교육이 필요하다.
- 부모의 역할은 인간으로서 사회에서 맡는 역할 중의 하나이기 때문에 준비가 필요하고, 그 준비로서 부모교육이 필요하다.
- 부모교육을 통해 부모들이 인간으로서 성장할 기회를 얻기 때문에 부모교육이 필요하다.
- 현대사회에는 다양한 형태의 가족이 존재하고 각 가족 형태에서 요구하는 부모의 역할이 다르기 때문에 부모교육이 필요하다.
- 부모의 역할은 자녀의 성장과 발달에 많은 영향을 주기 때문에 부모교육이 필요하다.
- 정부나 국가에서 투자의 효율성을 고려해 볼 때 부모교육이 필요하다.

부모교육의 필요성을 유안진과 김연진(2000), 김현주, 손은경, 신혜영(2001)의 견해에 기초하여 아동, 부모, 사회적 측면에서 설명하면 다음과 같다.

(1) 아동의 측면

아동의 성장과 발달에 영향을 미치는 요인을 밝혀 내고자 많은 연구자들이 심혈을 기울여 왔다. 그 결과 부모가 유아의 신체, 인지, 언어, 사회, 정서 등 발달의 모든 영역에 영향을 미치고 그 영향이 오래 지속된다는 것이 과학적으로 입증되었다. 개인의 모든 성장과 발달에 부모의 양육태도와 가치관이 절대적인 영향을 미치기 때문에 부모교육의 필요성은 더욱 강조되고 있다. 따라서 아동의 성장과 발달을 돕기 위해 부모교육을 통해 효율적으로 자녀를 양육할 수 있도록 도움을 주는 것이 필요하다.

(2) 부모의 측면

부모교육의 필요성을 부모의 측면에서는 다음과 같이 설명할 수 있다.

- 부모 자신의 성숙을 위하여 부모교육이 필요하다. 아기를 낳고 기르는 동안 부모의 인성이 성숙되어 갈 수도 있지만 반대로 좌절, 갈등의 상태로 빠질 수도 있다. 따라서 부모교육을 통해 건전한 가치관과 인격을 형성하고 자녀교육에 대하여 올바른 지식을 습득하는 것은 부모 자신의 성숙을 위해 바람직하다.
- 대가족제도가 붕괴되고 핵가족제도로 변화함에 따라 젊은 부모들은 어른들의 도움을 받을 수 없게 되었고 자신들이 자녀양육의 책임을 수행해야 할 상황에 부딪히게 되었다. 따라서 부모교육을 통해 자녀를 보다 잘 양육할 수 있는 지식과 각 단계에서 나타나는 심리적 특성들을 배우게 됨으로써 부모들은 자신감을 가질 수 있을 뿐 아니라 효과적으로 대처할 수 있

게 될 것이다.

- 성역할 개념의 변화에 따라 많은 여성들이 어머니, 아내의 역할 이외에 자신만의 생활 영역을 요구하기 시작했으며 전문지식을 활용하려는 여성의 사회참여가 두드러지게 되었다. 따라서 부모교육을 통해 아버지도 자녀양육에 책임을 져야 하고 가사를 분담해야 한다는 것을 인식하게 함으로써 적극적으로 아버지의 역할을 하도록 해야 한다.
- 현대의 문화와 대중매체가 비현실적인 부모상과 부모역할에 대한 허상을 심는 경우가 많기 때문에 부모교육이 필요하다. 광고, TV, 영화, 잡지 같은 대중문화나 대중매체에서 묘사하는 부모의 모습, 자녀의 모습, 부모의 역할은 비현실적이고 지나치게 이상적이거나 극단적으로 묘사되는 경우가 많다. 그러나 실제로 자녀가 생기고 부모의 역할을 수행할 때 자신이 기대했던 것이 실현되지 않을 경우 심한 혼란과 좌절을 느끼고, 자신이나 자녀를 예외적인 존재로 생각하여 열등감을 느끼게 된다. 그러므로 부모가 된다는 것이 어떤 것이고 자녀는 부모에게 어떤 존재이며 부모의 역할에는 어떤 희생과 준비가 있어야 하는지에 대한 올바른 기대가 있어야 한다. 예비부모들에 대한 교육을 통해 이를 도와줄 수 있기 때문에 부모교육이 필요하다.

(3) 사회적 측면

사회적 측면에서는 부모교육의 필요성을 다음과 같이 설명하고 있다.

- 정부나 국가에서 투자의 효율성을 고려해 볼 때 부모교육이 필요하다. 경제적인 측면에서 살펴보면 국가나 정부는 사회의 구성원이 어릴 때 적은 비용을 들여 부모교육을 함으로써 효율적인 부모역할을 통해 아동이 성장하고 발전하는 것을 도울 수 있다. 그 결과 국가는 질 높은 인적자원을 확보하고 사회발전의 원동력을 얻을 수 있다. 또한 아동이 사회에 기여할

수 있는 성인으로 성장하게 되면 비정상적으로 성장한 청소년, 성인을 교화하고 치료하는 데 드는 비용을 절감할 수 있으며, 사회보장제도에 의존해서 살게 되었을 때 드는 비용을 절감할 수 있다는 측면에서도 투자 가치가 있다.

- 미래사회에 적응할 수 있는 자녀로 키우기 위해 부모교육이 필요하다. 현대사회는 급속히 변하고 있고, 변화의 속도는 앞으로 더욱 가속될 전망이다. 사회화를 담당하는 부모들이 해야 할 일은 자녀들이 미래사회의 사회질서를 따르고 사회발전에 기여할 수 있도록 준비시키는 일이다. 급속히 변화하는 사회에서 자녀가 살아갈 사회가 어떠한지, 자녀에게 어떤 가치, 태도, 기술, 능력을 갖추어 주어야 할지를 예측하는 일은 쉽지 않다. 그러므로 부모들에게 미래사회를 살아갈 자녀들에게 필요한 것이 무엇이고 어떻게 준비시켜야 할 것인지에 관한 도움을 주기 위해서 부모교육이 필요하다.
- 현대사회에는 다양한 형태의 가족이 존재하고 각 가족 형태에서 요구하는 부모의 역할이 다르기 때문에 부모교육이 필요하다. 현대사회가 다양해짐에 따라 가족의 형태도 점차 다양해져 가고 있는 추세이며, 다양한 형태의 가족이 생기는 이유도 이혼, 부모의 사망, 가족 구성원의 폭력, 가출, 유기 등으로 다양해졌다. 이런 다양한 가족 형태를 비정상적이라고 보던 시각도 많이 바뀌어, 현재는 정상적인 범주로 받아들여지고 있다. 따라서 다양한 형태의 가정에서 부모의 역할을 하고 있는 사람들이 가진 문제가 다양해졌고 그들이 긍정적으로 수행해야 할 역할도 달라졌기 때문에 부모교육이 필요하다.

3) 부모교육의 유형

부모교육은 일반적으로 특별한 문제가 없는 자녀를 둔 부모를 대상으로 하는 집단교육 프로그램, 문제를 가진 아동을 상담하고 치료하는 과정에서 부모를 개입시켜 실시하는 개별교육 프로그램의 두 유형으로 크게 분류할 수 있다. 집단교육 프로그램은 교육기관 등에서 부모에게 제공하는 통신문 형식의 프로그램과 발달적 문제를 해결하도록 돕는 프로그램으로 나눌 수 있는데, 우리가 흔히 부모교육 프로그램을 언급할 때는 집단교육 프로그램을 지칭한다. 일반적으로 비슷한 연령대에서 발달적 어려움을 겪는 자녀를 둔 어머니들을 모아 부모교육을 실시한다. 그 기간은 주로 8회에서 15회 사이이고, 15명 내외의 규모로 실시된다. 예를 들어, 발달단계별로 청소년기 자녀를 둔 집단 또는 유아기 자녀를 둔 집단 등으로 나누거나 자녀 문제별로 자신감이 없거나 따돌림 당하는 자녀를 둔 집단, 공격적이고 반항적인 자녀를 둔 집단 등으로 나누는 식이다. 이 경우에는 체계적인 교육을 실시할 수 있고, 부모들은 교육을 받은 후에 대체로 자신들의 의사소통 기술이나 자녀훈육 기술이 향상되었다고 느낄 것이다.

한편 아동상담 현장에서의 부모교육은 비슷한 연령이나 문제를 가진 자녀를 둔 부모를 대상으로 하는 집단부모교육 프로그램과 개별 아동을 상담하고 치료하는 과정에서 부모를 개입시켜 실시하는 개별부모교육 프로그램의 두 유형으로 크게 분류할 수 있다. 예를 들어, 주의력결핍과잉행동장애(ADHD)나 자폐증 부모를 위해 실시하는 집단부모교육이나 학대 부모 등을 대상으로 실시되는 집단부모교육은 장애나 학대의 원인과 증상, 대처방안 및 약물에 대한 이해, 기본적인 대화기법 등을 포함하여 구조화된 프로그램을 실시하는 경우가 많다. 이 경우 부모들은 자녀의 문제에 대한 이해가 증진되고 대체로 자신들의 의사소통 기술이나 자녀훈육 기술이 향상되었다고 느끼게 된다. 집단부모교육은 다수의 부모를 대상으로 실시하기 때문에 경제적이고, 부모들이 지지집단으로서 서로의 경험과 감정을 공유할 수 있다는 점에서 효과적이다.

또한 같은 문제(예를 들어, 자폐증)라 해도 개개인의 상황이 다르고 부모의 기술이나 민감성에 차이가 있기 때문에, 부모는 반드시 자신들의 양육행동이나 성격 등에 관한 진단을 받고 개별적인 교육과 치료를 받아야 한다. 이러한 경우에 부모 자신의 정신적 어려움이나 자녀에 대한 죄책감 등에 대한 상담 및 치료까지 부모교육과 함께 제공되어야 하는 경우도 있다. 즉, 부모교육과 치료는 결국 아동의 문제를 해결하기 위하여 실시되는 것이며, 부모로서의 적절한 훈육기술을 지도하고 훈련하는 동시에 부모 자신이 안정된 정신건강을 어느 정도 유지하고 회복하도록 돕는 데 그 목적이 있다. 부모가 교육을 통하여 단순히 테크닉을 훈련했다 하더라도 안정된 관점에서 자녀에 대한 마음과 생각을 바꾸기 전에는 자녀와의 관계 개선이 어렵기 때문이다. 이렇듯 개별 또는 집단 부모교육 프로그램은 아동의 특성에 따라 구성되는 것이 바람직하다.

아동상담 현장에서의 부모교육은 크게 다음과 같은 내용들로 구성해 볼 수 있다.

- 아동의 행동 또는 문제의 원인을 이해시킨다.
- 구체적인 양육기술을 훈련시킨다.
- 아동에 대한 긍정적 시각을 갖도록 한다.
- 치료적 변화에 따른 실제적인 피드백을 제공한다.

부모 상담 및 치료는 다음과 같은 내용으로 구성될 수 있으며, 부모역할을 수행하는 데 걸림돌이 되는 부분이 치료의 주목표가 될 수 있다.

- 자신에 대한 이해, 아동기 경험, 애착, 기질 등
- 부정적 감정의 해결과 상처의 극복
- 심리적 성장을 통한 가족관계의 개선

제2장

현대사회의 부모역할

1. 현대의 부모역할

현대사회의 가족들은 여러 가지 급격한 변화들을 겪고 있다. 결혼 기피와 이혼 증가로 인해 가족의 형성과 해체에 관련된 새로운 문제들의 등장, 한부모가족 및 재혼가족의 증가에 따른 가족관계와 적응상의 문제 발생, 맞벌이의 보편화로 야기되는 자녀양육 역할 수행의 어려움, 잦은 이사나 주변의 협조와 보살핌 감소에 따른 전통적 지원체계와 유대감의 약화, 사회 내 지원체계 구축 및 기능상의 미흡함 등이 오늘날 우리 부모들이 자녀를 양육하고 있는 환경의 특성이다. 이처럼 자녀의 양육환경과 아동의 성장환경이 점점 복잡해지고 힘들어지면서 성인들은 부모역할을 점점 어려워하고 있다(박영애 외, 2005).

그러나 우리 사회의 부모들은 과거보다 어려워진 자녀양육에 필요한 구체적인 정보와 효과적인 기술을 적절한 시기에 제공받을 수 없는 실정이다. 다시 말하면, 바람직한 부모역할 수행에 관한 체계적이고 지속적인 이론 및 실기 교육과 훈련이 크게 부족하거나 거의 부재한다고 볼 수 있다. 따라서 부모들이 좋은 부모가 될 수 있는 방법을 사전에 익혀 불안과 위험요인에 대처하고, 자녀는 물론 가족 전체의 건강과 행복을 지키고 가꾸어 나갈 수 있도록 지원해 주는 적절한 부모교육이 절실히 필요한 상황이다.

현대사회의 부모들은 부모역할 수행에 있어 과거의 부모와는 다른 어려움을 겪고 있으며, 자녀양육에는 많은 교육비 투자가 필요하게 되었다. 그리고 전통적 자녀양육 방식과는 달리 부모됨에 대한 요구가 더욱 증대되고 있다. 이에 현대사회의 변화에 따른 부모의 역할과 부모-자녀 관계를 살펴보기로 한다.

예전에는 부모가 된다는 것이 결혼한 부부에게만 주어지는 특권이자 필연적인 결과였으나, 현대에 와서 부모됨은 여러 형태로 나타날 수 있는 선택적인 결정이 되고 있다. 가족의 형태가 다양해지고, 의료적 기술의 증진으로 인한 인공수정과 시험관 아기, 동성애부부 가정의 입양, 심지어는 대리모를 통해서라도 부모가 되고자 노력하는 경우도 있지만, 무자녀 가정이 차츰 늘고 있는 것도 사실이다. 자녀(특히, 아들)가 많다는 것이 풍부한 노동력을 의미하면서 선망의 대상이 되었던 전통사회와는 달리, 현대사회에서 자녀는 경제적인 부담을 주는 존재라고 할 수 있다.

그렇다면 부모-자녀 관계는 부모와 자녀에게 어떤 의미가 있는 것일까? 먼저 부모가 된다는 것의 의미를 살펴보자.

첫째, 자기 확장의 의미다. 부모는 자녀를 통하여 자기 연장감 내지는 자기 지속감을 느낄 수 있다. 부모는 자녀가 가문을 계승하고, 자신의 행동이나 태도를 배워서 자신과 유사한 특성을 소유하는 것을 보면서 자녀를 통해 자기의 일부가 연장된다는 감정을 갖게 되고 만족감을 얻게 된다. 그러나 지나치게 자녀와 자신을 동일시하거나 자신의 연장 또는 분신으로 생각하고 부모의 생각이나 견해만을 자녀에게 강요할 때, 자녀가 독립된 한 개체로서 기능하기 어렵게 되고 결국 부모-자녀 관계를 위협하는 요인이 될 수 있다. 따라서 부모는 자녀를 통하여 자신이 확장된다는 점에 지나치게 몰두하는 것을 피해야 할 것이다.

둘째, 부모가 된다는 것은 부모 자신의 인지적, 정서적 발달을 촉진시켜 준다. 부모가 됨으로써 개인의 성장과 발달 기회를 갖는 것이다. 부모는 자녀를 양육하면서 새로운 분야에 대한 흥미와 관심을 확대시켜 나갈 수 있다. 예를 들면, 자녀의 성장과 발달에 관련된 지식이나 인간발달에 대한 관심, 자녀교육에 관련된 경제적 · 사회적 · 정책적 문제에까지 관심을 갖게 된다. 또한 인간은 정서적 욕구를 채우고자 하는데, 애정과 관심을 가지고 자녀를 양육하고 위험으로부터 보호하며 감정적인 교류를 갖게 됨으로써 서로 간에 애정과 정서적 지지의 욕구, 성취감을 맛볼 수 있다. 더불어 부모가 된다는 것은 개인에게 성장의 기회가 된다. 자녀를 키우면서 부모는 자녀의 모델로서 기능하기 때문에, 부모는 항상 자신을 돌아보고 생활을 반성하며 좀 더 성숙한 성인으로서의 태도와 행동을 보여야 할 필요가 있다. 이에 끊임없는 자기 성찰과 발전의 기회를 갖게 되는 것이다.

셋째, 부모가 됨으로써 사회적 지위를 획득할 수 있다(유영주 외, 1996). 부모가 됨으로써 여러 가지 어려운 경제적, 교육적 책임과 의무가 생김에도 불구하고 부모가 되기를 원하는 것은 부모가 됨으로써 사회적으로 인정받는 새로운 지위를 얻게 되기 때문이다. 특히 우리나라의 경우 결혼을 하고 부모가 되어야 비로소 한 성인으로 인정해 주며 정상적인 가족으로 보는 경향이 강하다. 이는 사회적 인정과 지위를 획득하는 데 도움을 준다. 반면 부모가 되는 것은 사회적으로 중대한 책임과 의무를 수반한다는 사실을 잊어서는 안 될 것이다. 자녀는 내가 낳은 내 자손이기도 하지만 장차 자라서 한 나라의 구성원으로서 적절히 기능하고 기여하는 인간으로 성장해야 한다. 이러한 성장에 중요한 요인이 바로 부모의 교육과 태도라고 볼 때, 부모가 수행해야 할 임무는 막중하다고 하겠다.

넷째, 부모는 자녀를 키우면서 궁극적으로는 '생' 의 의미를 경험하게 된다. 자녀를 양육함으로써 인간의 생활주기를 경험하고 생활의 의미를 이해하게 된다. 즉, 개인의 역할, 봉사, 책임 등을 수행함으로써 인생의 진리를 체득할 수 있다(유영주 외, 1996).

한편 자녀의 입장에서 부모-자녀 관계는 어떤 의미인가?

첫째, 자녀는 출생 초기부터 부모로부터 성격과 인성의 측면에서 지대한 영향을 받는다. 어떤 어머니를 만나고 어떤 가족 분위기에서 성장하는가는 개인의 인생을 좌우하고 삶을 지배하게 되는 중요한 요인이다. 자녀는 자신이 자율성을 나타내는 시기에 자율성을 부여하는 부모를 만날 수도 있고, 자율성과 독립심을 가지려고 아무리 노력해도 과잉보호하며 부모의 의도대로만 자녀를 양육하는 부모를 만날 수도 있다. 자율성을 인정해 주는 부모 밑에서 자란 아이는 스스로를 존중하는 아이가 되고 스스로 성장할 만한 힘을 가지고 성장하여, 사회적 관심을 가지고 사회 구성원으로서 사회에 공헌하는 성인이 된다. 반면 자녀의 자아를 인정하지 않고 모든 것을 자기 마음대로 하며 과잉보호하는 부모를 만나면, 아이는 자기 생의 주인이 되지 못하고 어떤 상황에서도 선택과 결정을 제대로 하지 못하는 힘없는 인간으로 자라게 된다. 따라서 인생 초기의 부모-자녀 관계는 개인의 발달에 중요하고 핵심적인 역할을 한다.

둘째, 부모-자녀 관계는 다른 어떤 관계보다도 오래 지속되는 관계로, 이 관계는 평생 지속된다. 생의 초기에는 부모로부터 전적으로 도움과 양육을 받는 관계로 지내다가, 점차 성장하여 심리적 · 경제적 · 사회적으로 독립하게 되면서 서로 간에 정서적 지지를 주고받는 협력자로서의 관계를 맺게 되고 성숙한 성인으로서의 대등한 관계를 유지해 간다. 따라서 부모-자녀 관계는 여러 형태로 진행되지만 평생토록 지속되는 관계다.

셋째, 자녀는 부모로부터 사회적 지위를 부여받는다. 부모의 사회경제적 신분과 지위는 자녀가 태어나자마자 자녀의 객관적 신분이 된다. 물론 현대는 귀속적 지위보다는 성취적 지위가 중요시되고 있기는 하지만, 독립된 성인이 되기까지는 부모로부터 부여받은 귀속적 지위가 자녀에게 중요한 요인으로 작용한다.

넷째, 부모와 자녀는 다양한 삶의 경험을 함께 나누는 관계다. 생의 초기에는 어머니와 자녀가 대부분의 시간과 활동을 함께 나누고 서로에게 영향을 준다. 성장해서도 역시 가족은 하나의 체계로서 움직이며, 부부관계나 가족관계의 특성은 개인의 사회 · 정서적 발달에 영향을 준다. 따라서 부모와 자녀의 관계는 떼려야 뗄 수 없는 밀접하고도 중요한 관계로서 자녀의 모든 성장의 영역에 영향을 준다. 이렇듯 부모는 자녀에게 중요한 환경적 요소다.

2. 양육태도

부모의 양육태도는 부모-자녀 관계 연구에서 가장 오래된 주제다. 부모역할을 수행하는 데는 다양한 형태의 양육태도가 개입된다. 부모가 지닌 양육태도는 부모 자신이 성장하면서 겪었던 과거의 경험, 그가 속한 사회의 문화적 배경, 그 가정의 사회경제적 지위 등에 따라 달라질 수 있다. 부모의 양육태도는 부모가 자녀를 양육할 때 보편적으로 나타나는 태도로서, 자녀의 인지적 · 사회적 발달, 자아개념, 도덕성, 정서적 안정감 및 성격 등 광범위한 영역에 중요한 영향을 미친다.

양육태도는 학자마다 다양하게 분류하고 있다. 바움린드(Baumrind, 1967)는 부모의 양육태도를 권위주의적 태도(authoritarian styles), 민주적 태도(authoritative styles), 허용적 태도(permissive styles)로 분류하고 있다. 권위주의적 부모의 경우, 자녀를 거부하고 자녀와 대화하지 않으며, 절대적 기준에 따라 자녀의 행동을 통제하고 권위 지향적인 훈육을 사용한다. 민주적 부모는 자녀에게 애정을 가지고 대하고 자녀의 의견을 존중하며 그 의견에 따라 부모 자신의 행동을 바꾸기도 하는 반면, 자녀에게 성숙한 행동을 요구하며 엄격한 통제방식을 사용한다. 허용적 부모의 경우 자녀의 충동과 행동에 대해 수용적이고 긍정적으로 반응하는 반면, 통제나 처벌을 거의 사용하지 않아 성숙한 행동을 요구하지 않는다.

쉐퍼 등(Schaefer et al., 1959)은 양육태도를 애정-적대(love-hostility)와 자율-통제(autonomy-control)의 두 차원으로 분류하였다. 애정-적대 차원에서 애정적인 부모는 유아에 대한 긍정적, 수용적, 애정적, 평등주의적 태도를 지녔고 이해를 잘하며 유아 중심적이다. 또한 설명을 자주 해 주고 이유를 이야기해 줄 뿐 아니라 칭찬을 적절하게 하며 체벌을 가하지 않는다. 그러나 적대적인 부모는 유아를 무시하고 거부하거나 벌을 주며, 애정적인 부모의 특징과 반대되는 성향을 보인다. 자율-통제 차원에서 자율은 허용적인 태도를 말하며, 통제적인 부모는 개별성 및 자율성 발달을 저해한다.

또한 블록 등(Block et al., 1984)은 영유아기 자녀를 둔 부모의 양육태도를 알아보기 위해 CRPR(Child Rearing Practices Report)을 개발하였고, 그 구성 내용으로 독립성의 격려, 통제, 자녀에 대한 몰입, 자녀에 대한 염려, 공격성 금지, 자녀로 인한 즐거움, 초기 훈련 강조, 불안감 조성을 통한 통제, 죄의식 유발을 통한 통제, 부정적인 감정 표현, 부모의 독립성, 성취 강조, 애정 표현, 건강 강조, 경험에 대한 개방성, 과보호, 비일관성, 합리적 지도, 비신체적 처벌 등을 제시하였다.

우리나라의 경우, 한국청소년상담원(1996)은 자애로움과 엄격함의 두 차원을 기초로 자애롭기만 한 부모, 엄격하면서 자애로운 부모, 엄격하지도 못하고 자애롭지도 못한 부모, 엄격하기만 한 부모의 네 가지 유형으로 분류하고 있다.

자애롭기만 한 부모는 요즈음 가장 많은 유형으로, 자녀의 모든 요구를 다 들어주고, 단호하게 자녀들을 압도하기보다는 양보하며, 때로는 극단적으로 벌을 주거나 분노를 폭발하여 스스로 죄책감을 느낀다. 이러한 부모를 둔 자녀의 특성은 책임을 회피하고 쉽게 좌절하고 자신감이 부족하며 버릇없고 유아적인 특성을 보이지만 인정이 많고 따뜻하다.

엄격하면서 자애로운 부모는 가장 바람직한 유형으로, 자녀가 일으키는 문제를 정상적인 삶의 한 부분으로 생각하고 자녀에게 적절한 좌절을 경험하게 하여 자기 훈련의 기회를 제공한다. 또한 자녀의 장점을 발견하여 키워 주고, 자녀의 잘못을 벌할 때도 자녀의 잠재력은 인정해 주는 부모다. 이러한 부모를 둔 자녀의 특성은 자신감 있고 성취 동기가 높고 사리분별력이 있으며 원만한 인간관계를 유지한다.

한편 엄격하지도 못하고 자애롭지도 못한 부모는 무관심하고 무기력한 부모로, 칭찬도 벌도 주지 않고 비난만 하면서 자식을 믿지 못한다. 이러한 부모를 둔 자녀의 특성은 반사회적인 적대감이 많고, 혼란스러워하고 좌절감을 많이 느끼며, 타인에 대한 불신이 많은 경향을 보인다.

엄격하기만 한 부모는 칭찬을 잘 하지 않으면서 자녀가 잘못한 것은 곧바로 지적하고 잘못한 일에는 반드시 처벌이 따라야 한다고 생각한다. 이러한 부모를 둔 자녀의 특성은 지나치게 순종적이며, 걱정이 많고 항상 긴장하고 불안해하며, 우울하고 자살을 생각하기도 한다.

이숙(1988)은 실제로 우리나라 어머니들이 보이고 있는 양육행동을 조사한 결과, 합리적 지도, 애정, 권위주의적 통제, 적극적인 참여, 과보호, 성취, 일관성 있는 규제의 일곱 가지 요인으로 분류하였다. 합리적 지도는 자녀의 행동을 지도하는 데 있어 합리적인 기준을 갖고 있으며, 그 행동이 용납되거나 용납되지 않은 이유에 대하여 분명하게 설명해 주는 양육태도다. 애정은 자녀에게 따뜻하고 친밀하게 대하고 자녀 중심적이면서 자녀를 존중 · 수용해 주고 자녀의 요구에 민감한 태도를 말한다. 권위주의적 통제는 자녀에 대해 무시하거나 불만과 비난을 표시하고, 자녀의 흥미나 능력에 관계없이 어른의 기준에 맞추도록 요구하며, 협박이나 벌로 강요하는 태도를 의미한다. 적극적인 참여는 아동과 적극적이고 활동적으로 시간을 보내며, 자녀가 부모에게 하던 일이나 문제 해결에 대해 요청하면 실제적인 도움을 주는 태도다. 과보호는 자녀의 독립적인 행동을 막고 의존성을 보상해 주는 행동으로 자녀에 대해 지나친 관심을 갖거나 뒷바라지를 하는 태도다. 성취는 자녀가 학업이나 다른 분야에서 성공하기를 기대하는 태도다. 그리고 일관성 있는 규제는 매일의 일과를 정해 놓고 자녀에게 정해진 규칙을 지키고 따르게 함으로써 자녀가 부모의 행동을 예측할 수 있게 하는 태도다.

일반적으로 사용되고 있는 바움린드의 세 가지 양육태도와 현재 우리나라에서 많이 나타나고 있는 과잉보호적 태도(박아청, 1998)를 살펴보면 다음과 같다.

1) 권위주의적 태도

권위주의적 태도(authoritarian styles)를 지닌 부모는 자녀에게 무조건 복종하도록 요구하며, 요구는 많이 하면서도 자녀에 대한 반응은 거의 하지 않는다. 자녀가 복종하도록 하기 위하여 신체적 처벌도 사용하는데, 부모가 정한 규칙이나 규율에 대한 설명은 거의 하지 않고 그 규칙을 절대적으로 지켜야 한다고 강요한다.

권위주의적 부모들은 다음과 같은 특성을 갖는다.

- 절대적 기준을 정해 놓고 그에 따라 자녀의 행동과 태도를 통제하고 평가하려 한다.
- 전통이나 일, 질서 유지와 복종에 중요한 가치를 둔다. 자녀가 무조건 복종하기를 원하고 부모가 정한 규칙이나 규율에 대한 설명은 거의 하지 않으며 그것을 지킬 것을 강요한다.
- 자녀가 부모에 대해 말대꾸하거나 자기 의견을 표현하는 것을 허용하지 않는다.
- 자녀의 개별성, 자립성, 자율성을 인정하지 않는다.

권위주의적 부모의 자녀는 사회성과 인지적 발달이 뒤떨어지고, 특히 남아의 발달에 부정적인 영향을 미친다. 또한 이들은 위축되고, 낮은 자아존중감을 가지고, 또래관계에서 주도적 역할을 하지 못하고, 두려워하고 불안해하며 염려하는 경향을 보인다. 이 외에도 높은 공격성 수준을 보이는 경우도 있다.

2) 민주적 태도

민주적 태도(authoritative styles)를 지닌 부모는 자녀에 대한 요구와 반응성이 모두 높은 경향이 있다. 아동의 발달을 이해하고 아동의 관점에서 사물을 보며 아동의 신호에 적절하게 빨리 반응한다. 권위가 있으면서도 애정적으로 자녀를 대하며 합리적인 방법으로 한계 내지는 규칙을 설정한다.

민주적인 부모는 다음과 같은 특성을 갖는다.

- 분명한 기준을 세워 놓았으며 자녀에게 성숙한 행동을 기대한다.
- 규칙을 강조하고 필요할 때는 벌을 주기도 한다.
- 자녀가 독립성을 갖도록 격려하고 자녀의 개성을 존중한다.
- 자녀의 견해를 잘 들어주고 부모 자신의 견해를 표현한다. 서로 대화를 주고받기 때문에 개방적인 의사소통이 이루어진다.
- 부모와 자녀의 권리가 모두 인정된다.

민주적인 부모의 자녀는 책임감이 강하고 유능하며 독립적이고 자아존중감이 높다.

3) 허용적 태도

허용적 태도(permissive styles)를 지닌 부모는 자녀를 하나의 인격체로 대해야 한다고 믿으며, 부모란 권위를 지닌 존재가 아니기 때문에 자녀의 자율성을 전적으로 존중해야 한다고 생각한다.

허용적 부모는 다음과 같은 특성을 갖는다.

- 자녀가 스스로 행동을 통제하고 스스로 결정하게끔 허용한다.
- 자녀가 식사를 하고 TV를 보고 잠자는 시간 등에 대해 거의 정해진 규칙이 없다.
- 좋은 태도를 보이거나 해야 할 일을 하는 것과 같은 성숙한 행동을 거의 요구하지 않는다.
- 가능한 한 통제나 제한을 피하고 거의 벌을 주지 않는 편이다.

- 충동적이거나 공격적 행동조차도 관대하게 받아들인다.

허용적 태도에는 두 가지 유형이 있다. 첫 번째 유형은 자녀에게 거의 요구를 하지 않는 반면 따뜻하고 반응적이다. 두 번째 유형은 자녀의 행동에 대해 효과적으로 대처할 수 없기 때문에 자녀에게 무심하고 주의를 기울이지 않는다. 두 번째 유형에 비해 첫 번째 유형의 자녀가 성인이 되었을 때 더 잘 적응해 나가는 경향이 있으나, 기본적으로 허용적 부모의 자녀는 충동을 통제하지 못하거나 책임감과 독립심이 결여되는 편이다.

4) 과잉보호적 태도

현재 우리나라는 가정경제의 윤택함과 자녀 수의 감소 및 잘못된 자녀교육 개념으로 인하여 과잉보호적 양육태도가 늘고 있다. 과잉보호적 태도(overprotective styles)는 부모가 자녀에게 익애, 과잉 간섭, 밀어붙이기, 어리광 받아주기 등과 같이 자녀의 연령이나 발달 정도에 맞지 않게 보호하거나 도와주는 태도를 말한다.

과잉보호하는 부모의 자녀는 인내심이 없고 자기중심적이며, 항상 사람들의 주목을 얻으려고 하고 열등감을 갖게 되는 경향이 있다.

부모의 양육태도 유형과 자녀의 특성을 정리하면 〈표 2-1〉과 같고, 부모 양육행동 척도 사례의 문항을 제시하면 〈표 2-2〉와 같다.

〈표 2-1〉 부모의 양육태도 유형과 자녀의 특성

부모의 양육태도 유형	자녀의 특성
권위주의적 태도	갈등을 일으키고 화를 잘 냄 수동적으로 공격함 스트레스에 약함 낮은 자아존중감 우울하고 불행해함

민주적 태도	활기차고 붙임성 있음 자립적임 호기심이 많음 스트레스에 잘 대처함 성취 지향적임
허용적 태도	충동적이고 공격적임 반항적임 자립심과 자제력이 낮음 성취 지향성이 낮음
과잉보호적 태도	인내심이 없고 화를 잘 냄 자기중심적임 항상 사람들의 주목을 얻으려고 함 열등감과 과도한 의존심, 욕구불만을 가짐

〈표 2-2〉 부모 양육행동 척도 사례 문항

양육행동	문항
합리적 지도	1. 자녀가 잘못된 행동을 하면 어떻게 하는 것이 옳은 방법인지 가르쳐 준다. 2. 자녀가 무리한 요구를 했을 때 왜 들어줄 수 없는지 설명해 준다. 3. 자녀가 다른 사람의 입장을 생각해 볼 수 있도록 설명해 준다. 4. 자녀가 고민이 생겼을 때 적극적으로 도와준다.
애정	1. 자녀에게 칭찬을 잘 해 준다. 2. 자녀와 다정하게 이야기한다. 3. 자녀가 어려운 일을 당했을 때 따뜻하게 위로해 준다. 4. 자녀와 많은 시간을 보내려고 노력한다.
권위주의적 통제	1. 자녀가 잘못하면 매를 때린다. 2. 자녀에게 자주 화를 낸다. 3. 자녀가 집에서 시끄럽게 떠들면 화를 낸다. 4. 자녀의 나쁜 성격에 대해 비난한다.
과보호	1. 자녀가 혼자 할 수 있는 일도 도와주어야 마음이 편하다. 2. 자녀의 친구관계나 학교생활에 대해 지나치게 염려한다. 3. 자녀가 해 달라고 하는 것은 무엇이든 들어준다. 4. 자녀가 준비물을 빼먹고 갈까 봐 챙겨 준다.

3. 아동발달과 부모의 역할

1) 영아기의 발달과 부모의 역할

(1) 영아기의 발달적 특징

영아기(infancy)는 출생 후 24개월까지를 일컫는데, 출생 후 처음 1개월 동안은 신생아기로 분류되기도 한다. 무력한 존재였던 영아는 하나의 독립된 개체로서 성장할 준비를 하게 되며, 특히 신생아기는 태내 환경과 상이한 새로운 환경에 적응해야 하는 생존적 의미가 있다. 영아기는 일생 중 가장 많은 변화가 일어나는 시기로 인간발달 단계에 있어 결정적이라고 볼 수 있다. 이 시기의 변화는 순서가 정해져 있고 비교적 단기간에 일어나며, 기본적인 원리를 바탕으로 질서정연하게 일어난다. 정상적인 영아는 깨어 있는 동안 왕성한 활동력을 보인다.

① 신체발달

영아기는 일생에서 신체적 성장이 가장 빠른 속도로 이루어지는 시기로서, 출생 초기의 반사행동들이 점차 대뇌피질에 의해 조절되는 자발적이고 조정된 동작으로 발달하게 된다. 영아기 동안의 가장 놀라운 변화는 자신의 몸을 조절하지 못하는 무기력한 존재에서 스스로 이동하거나 움직일 수 있는 독립적인 존재로 발달해 나가는 것이다.

신체발달은 신체성장과 운동발달의 두 측면 모두에서 두 가지 원칙을 따른다. 첫 번째 원칙은 발달이 머리에서 신체 하부로 진행된다는 것이다. 따라서 영아의 머리 부분이 신체 하부보다 먼저 발달하고 다른 부분에 비해 불균형적으로 큰 모습을 하게 된다. 두 번째 원칙은 발달이 신체의 중심 부분에서 말초 부분으로 진행된다는 것이다.

영아기에는 키와 몸무게의 증가뿐만 아니라 골격과 근육이 발달하고 치아가 나기 시작한다. 갓 태어난 아기의 평균체중은 남아 3.40kg, 여아 3.24kg으로 남아가 약간 더 무겁다. 신장은 남아가 51.4cm 정도이고, 여아가 50.4cm 정도인데, 생후 1년이 지나면 거의 1.5배로 커지고 몸무게도 출생 시의 3배에 해당한다. 그리고 생후 2년이 되면 성인 키의 1/2, 성인 체중의 1/5에 해당한다. 출생 시의 머리둘레는 가슴둘레보다 약간 큰데, 생후 6개월이 되면 비슷해진다. 그러다가 생후 1년이 되면 비로소 가슴둘레가 머리둘레보다 커지기 때문에 신체의 발육평가를 머리와 가슴둘레의 비율로 산출하기도 한다. 머리통의 크기는 출생 시에는 전체 신장의 1/4을 차지하던 것이 만 1세경에는 1/5이 된다. 얼굴도 처음에는 눈 윗부분이 눈 아랫부분보다 크다가, 점차 턱 부분이 발달되어 균형을 이루게 된다. 이처럼 신체의 모든 부분이 급속한 성장을 보이는 가운데 영아의 뇌는 다른 부분보다 더 빨리 발달하게 된다. 출생 시 신생아의 뇌 무게는 성인의 25%에 해당되며, 6개월에는 50%, 1년에는 60%, 2년이 넘으면 75%, 10세가 넘으면 90%에 달한다고 한다.

대개 젖니는 생후 6~7개월이 되면 아래 앞니부터 나기 시작한다. 개인에 따라 이가 나는 시기는 차이가 있는데, 태어날 때부터 이를 갖고 태어나는 영아가 있는가 하면, 돌이 지나도록 이가 안 나는 영아도 있다. 생후 2~2년 6개월이 되면 20개의 젖니가 모두 난다([그림 2-1] 참조). 이가 나는 시기는 개인의 영양 상태나 지적 발달과는 관계가 없다. 신체발달은 여러 요인에 영향을 받는다. 선천적인 요인으로는 종족, 기후, 유전, 임신 중 어머니의 영양 상태, 출생순위, 성별 등이 있고, 후천적인 요인으로는 질병, 영양 상태 등이 있다.

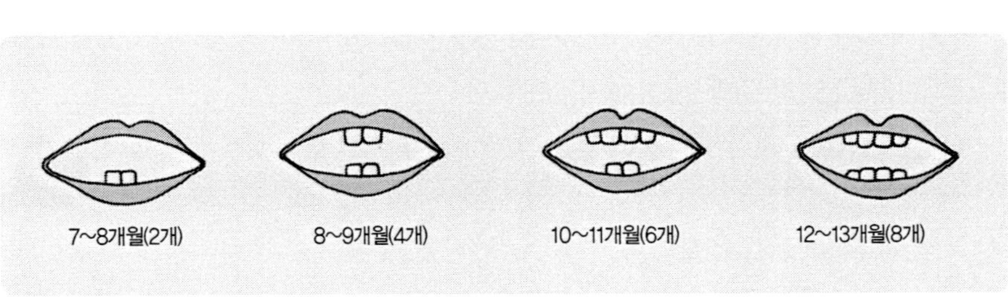

그림 2-1 치아 발생 순서

② 운동기능 발달

영아기의 운동발달은 영아가 자기의 움직임을 자발적으로 통제하는 것에서부터 시작된다. 신체의 운동발달은 머리에서 다리 방향을 따라 이루어진다. 따라서 영아는 목을 먼저 가누게 되고, 가슴과 등의 근육을 통제하게 되며, 다리의 움직임을 가장 늦게 조절하게 된다. 신체조직이 성숙하고 감각기능이 발달하게 되면서 단순한 반사운동이 사라지고 머리와 몸통의 통제, 손의 조절능력, 보행운동 능력 등이 발달하게 된다.

생후 1년 동안의 아기는 외부로부터의 자극에 대해 타고난 본능 같은 다양한 반사능력을 가지고 있는데, 이러한 반사는 모체 밖의 새롭고 다양한 환경에 빨리 적응하도록 돕는 역할을 한다. 반사행동은 후에 감각기관의 발달에 영향을 미치게 된다. 이에 손과 입의 협응, 손과 눈의 협응 등이 발달됨에 따라 점차적으로 중추신경과 골격 및 근육의 성장과정에 의존하면서 운동기능이 발달하게 된다.

영아가 신체를 움직일 수 있다는 것은 그만큼 행동반경이 넓어지고 호기심을 만족시킬 수 있는 기회가 많아졌다는 것을 의미한다. 생후 1년간의 특징적인 운동기능은 길 수 있다는 것이고, 2년째부터는 걸을 수 있다는 것이다. 영아는 걸을 수 있게 되면서 보행시간이 더 길어지고 걷는 모양이 자연스러워진다. 약 21개월 전후에는 달리기 시작한다. 또한 영아는 6개월경부터 눈과 손의 협응이 활발해지면서 물건을 잡고, 입으로 가져가고, 때리고 흔드는 활동을 하게 된다. 이것은 신체기관의 분화와 통합이라는 발달과정을 보여 주는 것으로 지적 능력의 발달을 의미하기도 한다.

운동기능의 발달은 신체의 성숙도에 따라 개인차가 크다. 영아의 운동기능의 발달은 [그림 2-2]에 제시되어 있다.

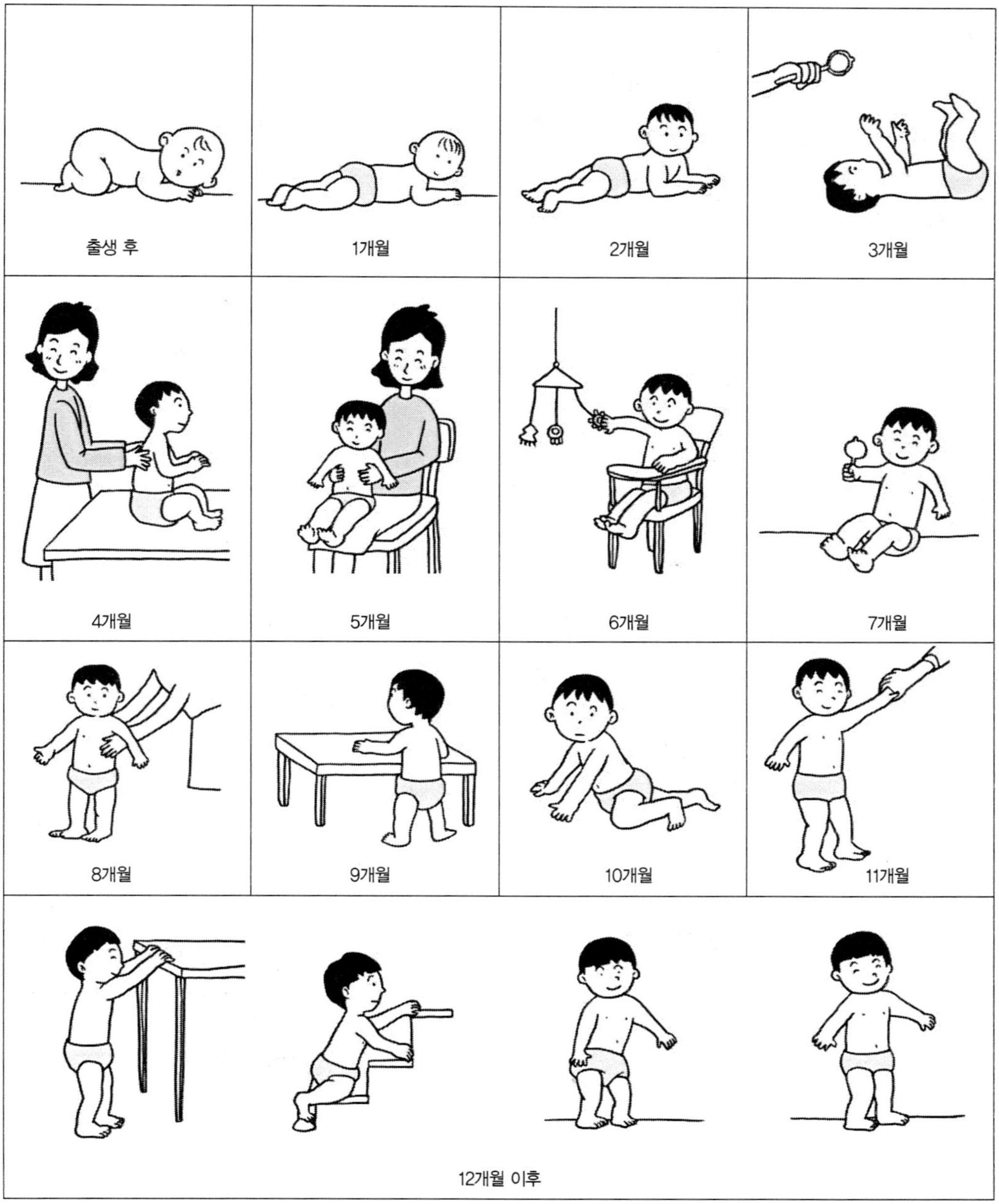

그림 2-2 운동기능의 발달

구체적으로 살펴보면, 영아는 3개월이 되면 머리를 더 높이 들 수 있으며 주먹을 쥐고 사물을 향해 손을 뻗기도 한다. 4개월에는 딸랑이 같은 물체를 어설프게 잡을 수 있고, 5개월이 되면 빛을 따라 눈을 돌리고 뒤집을 수 있게 된다. 7~11개월에는 두 손가락만을 이용하여 작은 물건을 집게 되며, 12개월에는 양말이나 모자를 벗기도 한다. 18개월경에는 컵을 들고 물을 마시고 2~3개의 작은 블록을 쌓는다. 24개월에는 숟가락을 사용하게 되며 옷을 벗을 수도 있다.

보행발달의 순서는 다음과 같다. 1개월에는 턱을 들고, 2개월에는 가슴을 든다. 4개월에는 받쳐 주면 앉고, 5개월에는 무릎에 앉아서 물건을 잡는다. 6개월에는 의자에 앉아서 물건을 잡고, 7개월에는 혼자 앉을 수 있으며, 9개월에는 의자를 잡고 설 수 있다. 10개월에는 기어 다니고, 11개월에는 붙잡아 주면 걷는다. 13개월에는 계단을 기어오르고, 14개월에는 혼자 서며, 15개월에는 걸을 수 있다. 그러나 이러한 운동기능의 발달에는 개인차가 있다는 점을 고려해야 한다.

한편 영아는 독립적인 생존을 위해 스스로 생리적 기능을 조절하기 시작한다. 신생아는 하루 중 18~20시간을 수면으로 보내는데, 2세가 되면 12~14시간으로 수면시간이 줄어들게 된다. 신생아는 보통 2~3시간마다 깨어나지만, 6개월 정도가 되면 밤에 6~7시간을 계속 자게 된다. 또한 영아는 일반적으로 잠에서 깨어났을 때 또는 수유를 시작하기 직전이나 수유 도중에 배설을 한다. 대변은 생후 8주경에는 하루 두 번 배설하고, 6개월 이후부터는 하루 한 번 배설한다. 소변의 경우, 생후 12개월까지 보통 2시간 간격으로 배설하나, 연령이 증가할수록 소변의 배설 간격이 늘어난다. 수의적으로 괄약근이 통제되는 시기에 배변훈련을 시작할 수 있는데, 보통 대변은 13개월, 소변은 20개월경부터 가능하다.

③ 인지발달

영아는 감각기관을 통해 주변 환경의 정보를 지각하고, 선택적으로 획득한 정보를 조직하며, 환경적 자극에 반응하는 도식을 형성함으로써 인지발달을 이루게 된다. 지각이란 외부 자극에 대한 반응과정에서 자극을 인지하는 작용이다. 외부 자극을 인지하기 위해서는 감각기관의 발달이 우선되어야 한다. 영아의 시지각 발달에 결정적 역할을 하는 것은 지각적 항상성, 시각적 주의 그리고 깊이 지각능력이다. 영아의 시지각 발달을 살펴보면, 4개월 이전에는 얼굴을 전체적으로 보는 것이 아니라 눈을 중심으로 한 대강의 얼굴을 보게 된다. 그러다 5개월이 되면 이목구비를 포함한 얼굴을 인식하게 된다. 이때 영아는 인간의 얼굴을 다른 도형보다 오랫동안 주시한다.

영아의 청지각 발달의 경우, 2개월 된 영아는 다른 목소리에 다르게 반응하고 같은 사람이 내는 다른 음조의 목소리를 구분하기도 한다. 이러한 청지각은 생후 1년 동안 더 예민해지고 서로 다른 높낮이의 소리를 구별할 수 있을 만큼 더 정확해진다. 신생아 시기부터 소리 나는 방향으로 고개를 돌릴 수 있을 만큼 소리와 위치를 확인하는 능력은 일찍 발달한다. 영아는 생후 6개월이 되면 소리의 위치를 능숙하게 지각할 수 있다. 피아제(Piaget)에 따르면 영아기는 감각운동기에 속하는데, 감각을 통해 획득된 정보를 조직하는 도식들과 환경적인 자극에 반응하는 도식들을 형성한다. 감각운동기는 다시 여섯 개의 하위 단계로 구분될 수 있다.

- 반사기(0~1개월): 신생아기로, 학습되지 않은 선천적 반사로 주위 환경에 적응하려는 시기다. 반사운동을 통해 여러 도식을 만들어 가는 시기로 반사운동기라고도 한다. 이 시기에 가장 우세한 반사로는 빨기반사가 있는데, 영아는 입에 닿는 모든 것을 빨려고 한다.
- 일차 순환반응기(1~4개월): 자신의 신체를 중심으로 흥미를 끄는 단순한 행동이 반복적으로 나타난다. 반사활동에서 형성된 도식은 습관으로 나타나기도 한다. 일차 순환반응은 유아 스스로 발견한 자신의 신체에 대한 탐색과정이며 이해과정이다.
- 이차 순환반응기(4~8개월): 이차 순환반응은 주변 물체를 인식한 의도적이고 목적을 지닌 행위라고 할 수 있지만, 목표를 갖고 미리 행동을 계획

하는 단계는 아니다. 순환반응은 유아 자신의 신체뿐 아니라 주위에 존재하는 물체에까지 확대되어 나타난다.

- 이차 반응의 협응기(8~12개월): 영아는 의도적으로 기존의 도식을 목표 성취를 위해 협응시킬 수 있다.
- 삼차 순환반응기(12~18개월): 삼차 순환반응은 단순한 목적을 지닌 반복이 아니라 새로운 행동이 어떤 결과를 가져올 것인가를 알아보기 위해 다양하게 시도해 보는 것이다. 즉, 외부세계를 이해하기 위해 시행착오적 학습을 시도하는 형태로 나타난다.
- 사고의 시작(18~24개월): 영아는 문제를 해결하기 위해 실재의 물체뿐 아니라 상징이나 이미지를 인지적으로 조합하고 조정하기도 한다. 따라서 초보적 수준이기는 하나 머릿속으로 어떻게 할 것인지를 생각한 후에 행동하게 된다.

한편 감각운동기에 획득하는 중요한 개념의 하나가 대상영속성이다. 대상영속성은 자신과 주변 세계에 대한 두 가지 논리적인 사고를 할 수 있어야 획득된다. 첫째, 자아는 주변 세계와 분리된 독립적인 존재다. 둘째, 주변의 물체는 시야에 있지 않다 하더라도 계속 존재한다. 영아는 감각운동기 말에 이러한 대상영속성 개념을 획득한다.

④ 언어발달

보통 언어발달은 1~4세 사이에 가장 빨리 일어나지만 1세 동안의 경험이 유아의 언어습득 기술을 지속하는 데 결정적 역할을 한다. 신생아는 엄마에게 배고픔과 고통을 울음을 통해서 표현하게 되며, 그 기술이 점차 발달한다. 2개월 정도가 되면 배가 부를 때나 기분이 좋을 때 목을 울려 내는 쿠잉(cooing)을 한다. 3개월이 되면 울음과 쿠잉은 빈번한 의사소통 방법이 된다. 4~5개월이 되면 옹알이(babbling)를 시작한다. 의미 있는 첫 단어는 흔히 12~14개월 사이에 말하게 된다. 이때 한 단어는 한 문장의 역할을 하는데, 때로는 한 단어의 의미가 과잉축소되거나 과잉확대되기도 한다. 12개월이 되면 평균 10개의 낱말을 말하고, 20개월이 되면 평균 50개의 낱말을 표현한다. 24개월 된 영아는 약 200단어 정도의 어휘를 갖고 있는데, 3세가 되면 900단어로 폭발적으로 증가한다. 보통 두 돌경에 50단어를 말할 수 있게 되면 두 단어를 결합시켜 자기 의사를 표현하기 시작하는 이어문 시기가 시작된다. 이 시기의 언어는 전보에서와 같이 전치사나 동사의 어미는 빼고 중요한 단어만 나열하므로 전보식 언어라고도 한다. 생후 2년 동안 영아의 언어 수행능력은 부모와 가정의 특성에 따라 영향을 받는데, 부모와 신생아가 함께 보내는 시간의 양이나 질에 따라서 영아의 언어능력은 증가한다. 특히 언어기술을 촉진하기 위해 부모는 주위 환경을 탐구할 수 있는 기회와 언어적인 자극을 주기 위해 다양한 분위기를 제공할 수 있다. 적절한 언어 본보기, 빈번한 대화, 다양한 경험, 동화책 읽어 주기 등이 영아의 언어발달에 도움이 된다.

⑤ 사회성 및 정서 발달

출생하면서부터 신생아는 다른 사람과 사회적 관계를 맺으면서 사회성을 발달시킨다. 사회적 관계에는 사회적 표현행동이 필수적인데, 영아는 부모와의 상호작용을 통해 신뢰감과 애착, 자기 인식의 시작을 느끼는 미소, 울음, 또래에 대한 반응 등의 사회적 표현을 하게 된다. 생후 1년이 되면 자신과 타인에 대한 기초 개념을 획득하게 되며, 2세 전후가 되면 자아개념이 뚜렷해지게 된다. 에릭슨(Erikson)은 어머니가 영아를 돌봐 주는 과정에서 영아가 발달시키는 신뢰감이 생애 첫해 동안에 발달되며, 이는 평생 동안 자신과 타인 및 세상에 대한 신뢰감의 기초가 된다고 하였다. 또 영아는 운동기능의 발달과 더불어 주변을 활발하게 탐색하게 되는데, 이때 자신의 행동에 대해 주위의 격려를 받게 되면 자율성이 성취된다. 그러나 아동에게 허용할 수 없는 행동을 제한함으로써 욕구를 유예시키게 되고, 이것은 자기통제 능력을 형성하게끔 한다.

또한 영아의 기질과 어머니의 양육행동 간 상호작용에 의해 애착이 형성된다. 이러한 애착관계가 다른 사람과의 대인관계 형성에 기초를 이루며 또래관계, 이성관계, 부부관계 등에 영향을 미치게 된다고 밝혀지고 있다.

한편 출생 후 울음과 웃음만으로 자신의 정서적 반응들을 표현하던 것에 비해, 생후 1년 동안에 표현하게 되는 정서의 범위는 무척 넓어지게 된다. 출생 시의 정서는 흥분 상태였다가 2~3개월이 되면 쾌 · 불쾌의 감정으로 구분된다. 5~6개월이 되면 불쾌는 분노, 혐오, 공포의 감정으로 나뉘나, 쾌의 정서는 1년간 분화되지 않는다. 만 3세경에는 성인에게서 볼 수 있는 대부분의 정서가 모두 나타난다.

(2) 영아기의 부모역할

영아기에는 어머니와 영아의 상호작용의 질이 매우 중요하다. 부모는 일관성 있는 태도로 안아 주고 이야기를 걸고 웃어 주면서 영아에게 사랑을 표현해야 한다.

영아기의 부모역할은 다음의 다섯 가지로 요약해 볼 수 있다.

① 보육자 · 보호자로서의 역할을 한다

영아는 출생 후 1년간은 다른 사람의 보살핌 없이는 생존이 불가능하기 때문에 영아기의 부모역할 중 가장 중요한 것은 보육자 · 보호자로서의 역할이다. 영아는 아직 독립적으로 자신의 욕구를 만족시킬 수 없기 때문에, 부모는 영아의 생존과 건강을 위해 쉴 새 없이 영아에게 관심을 쏟으면서 많은 시간을 보내게 된다. 영아가 이동능력을 갖게 되고 활발하게 움직이게 되면 부모는 영아를 돌보고 보호하기가 매우 힘들다고 느끼게 된다. 이때 부모의 주된 역할은 자녀가 다치거나 아프지 않도록 보호하고 보육하는 역할이다.

② 기본적 신뢰감 형성을 돕는다

에릭슨은 영아기를 기본적 신뢰감 대 불신감의 형성기라고 제시하였다. 영아기에 부모가 일관성 있고 민감하게 영아의 욕구를 충족시켜 주면 영아는 부모에 대해 안정된 애착과 기본적 신뢰감을 형성하게 된다. 이것은 모든 인간관계의 기초가 된다. 반대로 부모가 일관성 없고 무관심하게 영아를 돌보는 경우에는 타인에 대해 불신감을 발달시키게 된다. 영아기에 불신감보다는 신뢰감을 더 많이 형성함으로써 자신과 세상에 대해 기본적 신뢰감을 확고하게 갖는 것은 영아의 발달에 매우 중요한 일이다.

③ 자극을 제공한다

피아제는 영아기를 감각운동기라고 분류하면서, 영아기에 풍부한 감각적 경험이 필요함을 강조하였다. 영아는 주위의 모든 사물에 대해 호기심을 나타내고 탐색하고자 하는데, 이러한 활동을 통해 학습이 이루어진다. 영아는 새로운 방법에 의해 연습하고 실험하는 것을 즐기므로, 스스로 주변 환경을 탐색하게 하고 호기심과 흥미를 끌 만한 놀이 환경과 자료를 준비해 줌으로써 마음껏 만지고 느끼고 움직일 수 있는 기회를 다양하게 제공해 주는 것이 필요하다. 따라서 부모는 영아에게 흥미 있고 매력적인 환경을 조성해 주는 것과 동시에 감각적으로 풍부한 자극을 제공해 줌으로써 인지발달이 촉진되도록 해야 한다.

④ 자율성 발달을 돕는다

두 돌을 전후하여 영아는 언어로 자신의 의사표현을 간단하게 할 수 있으며, 이동능력이 발달하고 부모나 타인에게 영향을 미칠 수 있다는 사실을 알기 시작한다. 영아는 활발하게 주위를 탐색하고자 하며 이를 저지하려는 부모와의 사이에서 갈등을 경험할 수 있다. 이 시기의 영아의 자기주장은 '제1반항기'라는 특징에서 드러난다. 이때 부모가 지나치게 영아의 요구를 제한하지 않으면서 주위를 탐색하도록 적당하게 인정하고 격려해 주면 영아는 자율성을 발달시키게 된다. 그러나 부모가 영아의 탐색을 막고 지나치게 행동을 제한하면 수치심이 생기고 자신의 능력에 대해 회의가 생긴다. 따라서 부모는 영아가 수치심보다는 자율성을 더 많이 형성할 수 있도록 도와주어야 한다.

⑤ 학습 경험을 제공한다

영아기에 필요한 학습 경험으로는 자조기술의 발달과 사회적, 언어적, 인지적 발달에 관련된 것을 들 수 있다. 자조기술에 속하는 것은 배변훈련, 숟가락과 젓가락 사용, 혼자 바지를 입는 일 등이다.

배변훈련은 영아가 발달상 모든 준비가 되어 있을 때까지 기다려 주고 부드러운 분위기에서 이루어져야 하며, 성공했을 때에는 많은 칭찬을 해 주고 실패에 대해서는 격려해 주는 것이 좋다. 또한 영아의 배설물에 대해 너무 민감하게 반응하거나 부정적인 감정은 피해야 하며, 배변훈련을 실시하는 중에도 영아로 하여금 배설이 자연스러운 과정임을 느끼게 하는 것이 중요하다.

사회적 발달과 관련해서는 부모와의 관계뿐 아니라 또래와도 잘 어울릴 수 있도록 상호작용의 경험을 제공해 주는 것이 필요하다. 언어발달과 관련해서는 풍부하고 발달수준에 맞는 언어적 상호작용을 제공해 주어야 한다. 부모는 기본 개념 형성을 위하여 영아와 언어적 상호작용을 통해 사물의 이름을 반복해서 말해 주어야 한다. 또한 사물의 이름과 그 사물이 가진 기능과 특성들에 대해 관심과 흥미를 갖도록 하기 위하여, 영아가 말할 때 강화해 주고 올바른 언어 모델자로서의 역할을 다해야 한다.

2) 유아기의 발달과 부모의 역할

어느 정도 신체적 성장이 이루어지고 기초적인 운동능력을 지니게 된 유아들은 주변 환경을 탐색해 보고 자신의 운동능력을 시험해 보고자 바쁘게 움직인다. 이러한 행동은 호기심을 충족시킬 뿐 아니라 신체조절 능력을 더욱 발달시키게 된다.

(1) 유아기의 발달적 특징

유아기(early childhood)는 2세부터 6세까지를 말하며 전조작기에 해당된다. 이 시기에 통통하게 살찐 귀여운 아기의 모습은 사라지게 된다.

① 신체발달

유아기는 영아기에 비해 속도는 완만하지만 꾸준한 신체적 성장이 이루어진다. 유아기에는 팔, 다리가 자라면서 균형 있는 자세가 된다. 즉, 영아기의 신체발달이 수평적이라면, 유아기의 신체발달은 수직적이라고 할 수 있다. 유아는 1년에 5~8cm 정도씩 키가 자라고 성장이 빠르게 일어난다. 또 활동수준이 매우 높아서 많은 영양 섭취가 필요한 반면에 피로도가 매우 크다. 아직 어깨의 근육은 발달하지 않으므로 외견상 성차는 나타나지 않는다. 2세 이후부터 연골은 더욱 빠르게 경화된다. 뼈가 단단해짐에 따라 외관도 튼튼해지고 내부기관도 보호된다. 골격의 발달은 운동발달과 몸의 균형에도 중요하게 작용하는데, 연령이 증가하면서 안쪽으로 굽은 유아의 다리는 곧게 펴지고 무릎과 팔의 자세가 바르게 된다.

신체발달은 유전적 요인에 의해 많은 영향을 받지만 영양 섭취, 운동, 수면, 사고로부터의 보호 등도 중요한 요인이 된다. 유아기는 질병에 대한 감수성이 높고 모체로부터 전해 받은 선천적인 면역기능이 거의 소실되어 질병에 자주 걸리기 쉽다. 또한 위험한 상황을 잘 인식하지 못하고 신체조절 능력이 미숙하기 때문에 우발적인 사고로 다치기 쉽다.

② 운동기능 발달

유아기는 대·소근육이 발달하고, 신체의 균형 유지 및 각 부분의 협응력 등 기초적인 운동능력이 발달하는 시기다. 이러한 운동능력의 발달은 유아의 자아 인식을 발달시키는 데 결정적인 역할을 한다. 유아는 몸 움직임을 통해 자신의 신체 이미지를 형성하게 된다.

활동 범위가 상당히 넓어지는 3~4세가 되면 유아는 걸어다니기보다 달리거나 뛰어다니기를 좋아한다. 이동운동에 있어서 2세가 지나면 계단을 혼자 오르내릴 수 있으며, 3세에는 발뒤꿈치를 들고 걸을 수 있고 세발자전거를 탈 수 있다. 4세에는 깨금발을 할 수 있고, 5세가 되면 한 발로 10회 이상 뛰어갈 수 있다.

유아는 눈과 손의 협응도 잘 이루어져 일상생활에 필요한 여러 행동을 할 수 있다. 유아는 손으로 사물을 조작하는 소근육이 발달하게 되는데, 주로 놀이를 통해 이러한 동작을 연습하게 된다. 2세가 지나면 유리잔을 혼자 잡을 수 있고 크레용으로 선을 그릴 수 있다. 3세가 지나면 던지는 공을 받거나 혼자서 옷을 벗을 수 있고 크레용으로 도화지에 원을 그릴 수 있다. 4세 이후에는 옷을 입을 수 있게 되고 가위를 갖고 종이에 그려진 선을 따라 자를 수 있다. 또한 혼자서 신을 신고 현관의 신을 짝지어 나란히 올려놓기도 한다. 5세가 되면 불완전한 형태의 사람을 그리고 찰흙이나 밀가루 반죽으로 형태를 만들어 문지르고 논다. 유아는 5세까지 전반적인 운동능력을 습득하게 되는데, 대근육과 소근육이 잘 발달할 수 있도록 유아가 스스로 할 수 있는 기회를 많이 제공해 주는 것이 필요하다. 이러한 과정을 거쳐 5~6세가 되면 혼자서 옷을 입고 벗으며 단추를 채우고 지퍼를 열고 닫을 수 있을 정도의 수준에 도달한다. 또한 소근육 협응력이 증가하여 그림 그리기, 가위질하기, 색칠하기 등 다양한 놀이를 할 수 있다.

유아기 이전부터 손의 선호가 나타나지만 유아기에 숟가락을 사용하거나 글쓰기, 가위질을 하기 시작하면서 왼손잡이나 오른손잡이에 대한 선호가 뚜렷하게 나타난다. 만일 왼손잡이를 교정하려면 취학 전인 유아기에 시도하는 것이 좋다.

③ 인지발달

유아기로 접어들면서 유아들의 인지 영역에는 많은 변화가 일어난다. 지능, 기억, 창의성과 상상력 등 각 인지 영역의 발달로 인해 다양한 지식이 획득될 뿐 아니라 사고력이 증진된다. 피아제에 따르면 유아기는 전조작기에 속하는데, 이 시기에는 사고의 논리적인 조작이 불가능하다.

전조작기는 다시 전개념기(2~4세)와 직관기(4~7세)로 나누어진다. 전개념기에는 환경에서 보고 관찰하고 느낀 것을 정신적으로 표현할 수 있다. 전조작기적 특징을 갖는 이 시기는 눈에 보이는 지각에 의해 사물을 판단하나, 연령이 증가하면서 지각이 분화되어 자극이 전체적인 구성을 지각할 수 있게 된다. 상징놀이, 자기중심적 사고, 물활론적 사고 등이 전개념기의 특징이다. 이 시기의 유아들은 가능한 한 그들의 세계에 대해 더 많이 알기 위해 지적인 호기심을 가지고 활동적으로 탐구해 나가며, 사물을 상징적으로 지각하고 꿈이나 악몽이 많아지고 상징놀이에도 관심이 많아진다. 또한 이 시기의 유아들은 삶과 죽음의 근원에 대해서 호기심을 갖는다.

직관기에는 많은 호기심과 흥미를 가지고 있으나, 소수의 특성과 감각적인 현상에만 관심을 가지고 있으므로 개념이 한정되어 있고 조작의 논리적인 연속을 잘 이해하지 못한다. 이에 유아는 사물을 직관적으로 판단한다. 이것은 사물의 여러 속성 중에 가장 현저한 지각적 속성 하나로 그 사물을 판단한다는 것을 의미한다. 따라서 이 시기에는 보존개념을 형성하지 못한다.

기억은 경험한 내용을 머릿속에 저장했다가 그것이 필요할 때 인출해서 사용하는 인지과정이다. 기억과정 중 인출, 즉 재인과 회상 능력은 유아기 동안 현저히 발달한다. 유아에게 친숙한 물건을 보여 주고 재인하게 하면, 2세 유아는 80% 이상 재인할 수 있고 4세 유아는 90% 이상 재인할 수 있다. 한편 회상은 재인보다 복잡한 능력으로 유아의 회상능력은 재인보다 뒤떨어진다. 이 시기 유아의 회상은 놀이와 같은 자연스러운 상황에서 우연히 일어나며, 주로 반복되는 리듬이나 친숙한 물건들을 기억하고 회상한다.

5세가 되면 기억과 회상을 하기 위하여 특별한 방법들을 사용하기 시작하여 기억과 회상 능력이 현저히 발달한다.

④ 언어발달

3세가 되면 900개 정도의 단어를 사용하고 3~4개 단어로 된 문장을 사용한다. 그러므로 유아기는 미묘하고 복잡한 문법적 기술을 획득하는 데 가장 중요한 시기다. 3~4세가 되면 대명사, 조사, 형용사, 부사를 포함하는 복합문장을 사용하게 되고, 4~5세가 되면 4~5개의 단어로 문장을 만들어 사용하기 시작한다. 또래들과의 관계에 많은 관심을 갖고 또래들과 불일치하는 의견으로 인한 갈등을 해결하고자 많은 이야기를 주고받기도 한다. 놀라울 정도로 많은 정보를 기억하고 있으나 주로 암기력에 의존한다. 5~6세가 된 아동은 꽤 문법에 맞는 언어를 사용하며, 6~7개의 단어로 이루어진 문장을 사용하고 반대말을 터득한다. 6세가 되면 2,000~2,500단어를 알고 사용하며, 비록 제한되고 초보적이지만 보다 효과적인 기억전략을 사용할 수 있게 된다. 유아기에는 이러한 구어발달 외에 읽기, 쓰기 등의 문어발달도 이루어진다.

유아의 언어적 특징은 자기중심적 언어다. 자기중심적 언어는 듣는 사람이 자신이 하는 말을 이해할 수 있는가의 여부를 고려하지 않은 채 자신의 생각만을 전달하는 것이다. 자기중심적 언어는 조망수용 능력이 아직 발달하지 않아서 나타나는 의사소통 능력의 한계다.

최근에는 조기 외국어교육이 선풍적인 인기를 끌고 있으나, 모국어를 획득하기 전에 외국어를 일찍 가르치는 것에 대한 효과는 아직 검증되지 않고 있으므로 신중하게 검토해야 할 것이다.

⑤ 사회성 및 정서 발달

유아기가 되면 영아기의 사회적 표현행동과 애착관계, 자아 인식을 토대로 사회적 관계를 넓혀 나간다. 유아들은 다양한 사회적 관계 속에서 사회적 행동, 성역할, 도덕성 등 사회화에 관련된 요소들을 발달시킨다. 유아는 성장해 감에 따라 점점 주위 세계와 그 안의 사람들에게 더 많은 관심을 갖게 되고, '나'를 중심으로 생각하고 느끼고 행동하는 자아개념을 형성하기 시작한다.

유아기는 에릭슨의 심리사회적 발달 중 제3단계로 주도성 대 죄의식을 경험하게 된다. 이 단계에서 유아가 주도성을 발달시켜 나간다는 것은 세상에 더욱 잘 적응하고 상호관계를 맺으며 목적과 행동을 성취하는 자신의 능력에 대해 확신을 갖게 된다는 것을 의미한다. 유아는 자율적으로 행동하고, 다른 사람의 행동에 반응만 하는 것이 아니라 자신의 여러 활동을 시도한다. 또한 유아는 3~5세가 되면 자신의 성을 알고 인형이나 친구의 성을 구분할 수 있게 된다. 6~7세가 되면 남녀의 구분이 생물학적 성에 의해 결정된다는 것을 알 수 있다.

3세가 되면 유아는 다른 사람의 감정을 이해하고 명명까지 할 수 있다. 피아제에 따르면 4세 이전에는 전도덕 단계로서 규칙에 대한 관심이 전혀 나타나지 않는다. 한편 유아는 영아기 때보다 훨씬 다양한 상황에서 기쁨을 느낀다. 새로운 것을 발견한 상황, 게임에서 이겼을 때, 만화영화 등을 보면서 기쁨을 느끼는데, 기쁨의 감정을 영아기보다 세련되게 표현하여 미소, 웃음, 언어로 뿐 아니라 소리를 지르거나 깡충깡충 뛰는 등 다양하게 표현한다. 유아의 분노 감정은 떼쓰기로 표현되기도 하는데, 3~4세경에 심하게 나타난다. 이런 분노 감정은 때로 다른 사람에 대한 공격성으로 나타나기도 한다. 유아기에는 인지적 발달과 더불어 이전에 알지 못했던 것들을 많이 알게 되면서 영아기보다 무서워하는 것이 더 많아진다. 3세 유아는 시각적인 것에 대해 두려워하여 어두움, 동물 등을 무서워한다. 4세 유아는 청각적인 것에 대한 두려움이 많아져 사이렌 소리 등을 두려워하게 된다. 더불어 애정표현과 호기심도 많아진다.

(2) 유아기의 부모역할

유아기의 부모역할은 다음의 다섯 가지로 요약해 볼 수 있다.

① 양육자로서의 역할을 한다

부모는 유아의 생리적 욕구를 충족시키고 보호하는 차원을 넘어서 건강하게 적응하고 발달해 나갈 수 있도록 양육해야 한다. 유아는 자조능력이 발달하면서 자기주장이 강해지고 반항과 거부를 하게 된다. 이때 부모는 지나친 간섭을 피하고 적절한 제한을 가하여 일관성 있고 긍정적으로 양육해야 한다. 일반적으로 훈육은 구체적인 행동으로 나타나며 실제적인 상황에서 유아를 다루는 방법에 관한 개념을 의미하는 반면, 양육은 훈육뿐만 아니라 유아를 대하는 추상적인 가치관이나 태도까지 포함하는 보다 광범위한 개념을 의미한다.

② 훈육자로서의 역할을 한다

부모는 자녀에게 기본적인 규칙과 제한을 두며, 이를 잘 지키도록 하기 위해 훈육을 하게 된다. 훈육이란 유아를 지도하는 구체적인 행동으로, 부모는 어떤 형태로든 자녀의 행동을 통제하게 된다. 상과 벌은 가장 흔한 훈육방법으로, 부모는 자녀를 바르게 훈육하기 위하여 상과 벌을 사용하게 된다. 그러나 지나친 벌은 자녀에게 거부감을 주거나 마음에 상처를 남기기 쉽다. 따라서 부모는 유아가 바람직한 행동을 수행하도록 여러 가지 긍정적인 훈육방법을 사용해야 한다.

③ 자아개념의 발달을 촉진한다

자아개념은 유아가 성장하면서 경험을 통하여 습득한 자기 자신에 대한 개념으로서, 자기가 속한 환경에서 의미 있는 사람들과의 상호작용을 통하여 발달하게 된다. 일단 자아개념이 형성되면, 유아는 그것을 통하여 자신을 이해하고 평가하기 때문에 자아개념은 유아 행동의 중요한 기초가 된다. 따라서 부모는 유아가 긍정적인 자아개념을 형성하도록 자녀의 의견을 수용하고 존중함으로써 긍정적인 경험을 풍부하게 제공해 주어야 한다.

④ 주도성 발달을 돕는다

유아는 이동능력이 발달함에 따라 자신의 환경을 능동적으로 탐색하고자 하는 욕구가 나타나게 된다. 이때 유아가 새로운 일을 시도하여 성공하게 되면 주도성이 발달되어 새로운 시도를 계속 확대하게 된다. 그러나 이 시기에 자주 금지를 당하거나 실패를 맛보게 되면 유아는 수치심과 자신의 능력에 대한 회의를 갖게 된다. 부모는 유아가 새로운 환경을 주도적으로 탐색해 보도록 다양한 경험을 제공해 주며, 유아의 시도에 대해 관심을 보이는 것은 물론 도움이 필요한 경우에는 지원해 줌으로써 유아가 주도성을 발달시키도록 협조해야 한다.

⑤ 학습 경험을 제공한다

유아는 환경과의 경험을 통해 많은 것을 학습할 수 있다. 부모는 유아의 흥미와 능력에 적합한 학습 경험을 풍부하게 제공해 줌으로써 유아의 발달을 촉진시켜야 한다.

우선 신체적인 측면에서 유아는 매우 활발한 활동을 하기 시작하므로 부모가 신체를 움직이는 경험을 충분히 제공해 주어야 하며, 신체발달을 저해하는 요인들을 제거해야 함은 물론 보다 나은 생활환경을 마련해 주어야 한다. 유아는 운동력과 활동력이 매우 왕성하기 때문에 놀이터와 같이 마음껏 뛰어놀 수 있는 공간에서 노는 충분한 기회를 제공하는 것도 바람직하다. 그러나 재미있는 활동의 경우 자신의 신체적 한계를 넘어서까지 계속하려는 경향이 있으므로 피곤을 느끼지 않을 정도로 적절한 시간에 쉬도록 조절해 주어야 한다.

유아기는 인지적인 측면에서 전조작기에 해당되므로 부모는 유아가 사물과 사건을 어떻게 보는지 그 특성을 고려해 세심한 환경 조성과 적절한 자극을 주어야 한다. 언어적인 측면에서 유아의 언어에 대해 민감하게 반응해 주고 잘못을 수정해 줌으로써, 부모는 유아의 언어발달을 위한 촉진자로서의 역할을 수행해야 한다. 대체로 사회경제적 조건이 좋은 가정의 유아가 언어발달 과정에서 앞서는 경향을 보이는데, 이는 유아의 언어 놀이나 활동에 참여하는 부모의 상호작용이 보다 적극적이기 때문으로 밝혀지고 있다.

사회 · 정서적 측면에서 부모는 유아기에 인사하는 방법, 성인과 대화할 때의 태도, 자신의 의사를 정확하게 표현하는 방법 등을 학습할 수 있도록 해야 한다. 이때 주입식 교육이 아니라 유아와 지내는 일상생활 가운데 자연스럽게 학습할 수 있도록 하거나, 역할놀이나 소꿉놀이를 함께 하는 놀이과정 등에서 학습할 수 있도록 경험을 제공해 주어야 한다.

3) 아동기의 발달과 부모의 역할

(1) 아동기의 발달적 특징

아동기는 만 6세부터 12세까지를 말하며 일반적으로 초등학교에 입학하여 졸업할 때까지의 시기에 해당된다. 따라서 이 시기는 학동기라고도 한다. 최근에는 초등학교 고학년 시기인 만 10세경부터 12세까지를 사춘기 또는 초기

청소년기로 따로 분류하기도 한다.

아동기는 생활의 중심이 가정에서 학교로 옮겨지기 때문에 인간관계도 부모, 형제와 같은 가족으로부터 또래, 교사 등과 같은 외부 인물로 확대된다. 학교생활을 통해 아동은 많은 사회적 관계를 형성하게 되며 또래집단의 비중이 점차 커지게 되므로 이 시기를 도당기(gang age)라고도 한다. 이때에 부모의 영향력은 영아기나 유아기에 비해 감소하는 것으로 알려져 있으나, 부모와의 관계는 아동기 이전에 이미 그 기초가 형성되어 있기 때문에 일생을 통해 자녀에게 가장 큰 영향을 미친다고 할 수 있다. 또한 성적 욕구가 일시적으로 잠재해 있다는 점에서 잠복기라고도 한다. 같은 아동기라고 하더라도 초기에 해당되는 1학년 아동과 후기에 해당되는 6학년 아동은 심리적, 신체적 발달에서 현저한 차이가 있다. 따라서 그들을 다루는 부모의 행동에도 변화가 있어야 할 것이다.

① 신체발달

아동기의 신체발달은 그 속도가 비교적 완만하고, 대근육과 소근육의 발달이 더욱 강하고 정교해지며, 신체 비율이 성인과 거의 유사해진다. 몸통이나 팔다리가 가늘어지고 가슴은 넓어지며, 머리 크기는 신장의 1/7~1/8 정도로 성인의 모습과 점점 비슷해진다. 아동기에는 1년에 평균 5.5cm씩 키가 자라며 체중은 2.7kg씩 늘어나게 된다. 5, 6세경부터 유치가 빠지기 시작하여 영구치로 대치되는데, 12세경에 어금니가 나면서 얼굴 모습도 성인과 비슷해진다. 신체적 특징은 또래관계에 중요한 요인으로 작용할 수 있다.

② 운동기능 발달

아동기는 이전과 같은 급격한 변화가 일어나지는 않지만 이미 획득한 지각 및 운동 능력들이 더 세분화되고 정교해진다. 던지기나 뛰어오르기, 달리기와 같은 대근육을 사용하는 기본적인 운동능력은 아동기에 더욱 발달하며, 이런 운동을 기반으로 게임을 즐기게 된다. 협응능력의 발달을 잘 나타내 주는 공놀이도 연령이 증가함에 따라 공을 보다 멀리 던지고 보다 잘 받을 수 있게 된다. 줄넘기가 가능한 연령은 6세 정도이고, 작은 네모 안으로 정확하게 뛸 수 있는 연령은 7세 정도다. 이러한 협응능력의 발달로 자전거나 롤러블레이드를 잘 탈 수 있게 되고, 수영이나 단체놀이, 그림 그리기, 악기 연주 등을 잘할 수 있게 된다.

운동능력의 발달은 사춘기까지 성별 차이를 보이지 않다가, 사춘기가 시작되면서 남아가 여아보다 앞서게 된다. 남아는 야외놀이 활동을 선호하여 운동능력의 발달에 필요한 대근육활동을 더 많이 하고 17세까지 운동능력이 계속적으로 발달한다. 반면 여아는 13세경에 최고조에 달하며 13세경 후부터는 운동능력의 발달이 쇠퇴하거나 기존의 능력을 유지하게 된다.

요즈음 대부분의 아동은 운동량이 부족하다고 볼 수 있다. 초등학교도 근거리에 위치하고, 방과 후 시간도 신체적 놀이 대신에 조용한 학습활동으로 이루어지기 때문이다. 그러나 규칙적인 운동은 아동에게 많은 장점을 가져다준다. 규칙적인 운동으로 인하여 인내심이 길러지고 수면습관이 좋아지며 비만 방지에도 도움이 된다. 또한 심장질환을 예방해 주는 효과뿐 아니라 집중력 향상으로 학습능력도 증진시켜 준다.

③ 인지발달

아동기에 가장 뚜렷하게 나타나는 변화는 지적 발달이라고 할 수 있다. 아동기에는 지식의 양이 늘어나고 자기중심성을 극복할 뿐 아니라 논리적 조작을 할 수 있게 된다. 동시에 타인의 관점을 이해하게 된다. 유아기의 직관적 사고가 논리적 사고로, 중심화에서 벗어나 탈중심화로, 비가역적 사고에서 가역적 사고로 변하게 된다. 그러나 아동의 사고는 구체적인 것, 자신이 경험한 것에 한정되어 있고 추상적 · 가설적 세계는 이해하지 못하므로 구체적 조작기라고도 한다. 구체적 조작기에는 보존개념, 조망수용, 유목화, 서열화 개념을 획득한다.

보존개념이란 물체의 외형적인 변화에도 불구하고 더하거나 빼지 않는 한 그 물체의 질량은 그대로 보존된다고 판단할 수 있는 능력이다. 이러한 보존개념은 가역성, 보상성, 동일성이라는 세 가지 개념이 미리 획득되어야만 가능하다. 가역성이란 어떠한 상태 변화가 그 변화의 과정을 역으로 밟아 가면 다시 원상으로 복귀될 수 있다는 것이다. 그리고 보상성은 한 측면의 감소가 다른 측면의 차원으로 보상된다는 것이고, 동일성은 어떤 방법으로든 더하거나 빼지 않았으므로 양은 동일하다는 것이다. 보존개념이 획득되는 연령은 과제의 종류에 따라 다른 것으로 보인다. 수에 대한 보존개념은 5~6세, 길이에 대한 보존개념은 6~7세, 무게, 액체, 질량, 면적에 대한 보존개념은 7~8세, 그리고 부피에 대한 보존개념은 11~12세에 획득되는 것으로 보인다.

조망수용은 다른 사람의 입장, 감정, 인지 등을 추론하여 이해할 수 있는 능력을 의미한다. 아동들에게 어떤 이야기의 줄거리를 말해 주고 상황을 설명해 주었을 때, 아동은 그 이야기의 주인공이 느끼는 감정을 이해할 수 있게 된다. 또한 타인의 사고과정이나 행동의 원인을 추론하고 이해하는 인지적 조망능력도 획득하게 된다. 이러한 조망수용 능력은 아동의 학년이 높아질수록 더 높아진다. 조망수용 능력은 성차를 보이는데, 전반적으로 여아의 감정조망 수용능력이 남아보다 더 높게 나타나는 것으로 보인다.

유목화는 물체의 공통속성에 따라 분류하고 한 대상이 하나의 유목에 속하는 것으로 분류할 수 있는 능력이다. 유목화 개념이 획득되지 않았던 유아기에는 색깔과 크기가 다른 여러 모양의 물건을 주고 이를 일정한 속성에 따라 분류하라고 지시하면 정확하게 분류하지 못한다. 그러나 아동기에는 물체를 공통속성에 따라 분류한다. 만약 8세의 아동에게 10개의 빨간 유리구슬과 5개의 파란 유리구슬을 보여 주고 빨간 유리구슬과 파란 유리구슬 가운데 어떤 것이 더 많은지 물어보면, 아동은 대부분 빨간 유리구슬이 더 많다고 대답한다.

서열화는 아동기인 구체적 조작기의 또 다른 특성으로 사물을 영역별로 차례대로 배열할 수 있는 능력을 의미한다. 유아기에는 길이가 다른 여러 개의 막대기를 놓고 순서대로 나열하라고 말하면 많은 오류를 보인다. 그러나 아동기에는 특정한 속성에 따라 유목으로 나누면서 동시에 거의 시행착오 없이 상호관계에 따라 막대를 순서대로 배열하는 것이 가능하다. 서열화 개념은 수들 간의 관계를 이해하는 데 결정적인 역할을 하므로 수학을 배우는 데 필수적이다.

④ 언어발달

아동은 언어를 능숙하게 사용하게 됨에 따라 자신의 의사를 잘 표현하고 자신의 문제를 스스로 해결해 나갈 수 있는 능력이 생기게 된다. 가끔씩 문법적 오류를 범하기도 하지만 유아기 때의 특이한 어법은 거의 사용하지 않는다. 또 말의 길이가 길어지고 문장도 복잡해진다. 6세경에 이미 언어의 기본적 구문이 이해되고, 7세경에는 수동형 문장을 사용할 수 있게 된다.

아동기에는 읽기능력이 발달하는데, 아동 개개인마다 발달 시기와 능력에 차이가 있을 수 있다. 쓰기능력은 읽기능력이 어느 정도 발달된 후에 나타난다. 아동들은 처음 글쓰기를 할 때 글씨를 틀리게 쓰는 경우가 많다. 예를 들어, 글자를 거꾸로 쓰거나 종종 소리 나는 대로 글을 쓴다. 이는 아동들이 글자를 쓸 때 일반적으로 단어의 소리를 이용하여 글자의 기본 형태를 생각해내기 때문인 것으로 보인다. 하지만 초등학교 시기에 이러한 경향은 사라지고 글씨를 바르게 쓸 수 있게 될 뿐 아니라 더 나아가 자신들의 생각을 글로써 표현하는 능력이 점차 발달하게 된다.

아동기에는 어휘력이 급속히 발달함에 따라 언어의 사용량도 풍부해지고 동의어에 대한 이해도 가능해진다. 특히 대화하는 상대방의 연령, 성별, 이해정도, 사고방식 등을 어렴풋이나마 알게 되고, 이런 여건에 맞도록 자신의 언어를 선택해서 조절할 수 있는 의사소통 능력을 발달시킨다. 아동기에는 언어발달의 중요한 시기이므로 정확하고 다양한 언어 경험을 하도록 주의 깊은 지도가 필요하다.

⑤ 도덕성 발달

도덕성 발달은 아동이 그들이 속한 사회의 도덕적 가치에 따라 행동하도록 배울 뿐 아니라 그것을 내재화시켜 자신의 가치로 만드는 과정이다. 피아제는 도덕성 발달을 도덕적 실재론(4~7세)과 자율적 도덕성(7~12세)으로 구분하여 설명하였다. 도덕적 실재론은 모든 규칙은 바꿀 수 없으며 절대적이라고 믿는 것으로 타율적 도덕성이라고도 한다. 자율적 도덕성은 사회적 규칙은 바꿀 수 있고 구성원 간의 협약에 의한 것이라는 쌍방적 상호관계를 이해하는 것으로 도덕적 상대론이라고도 한다.

프로이트는 도덕성의 발달은 부모와의 동일시를 통해 이루어진다고 설명하였다. 성기기의 오이디푸스 콤플렉스(Oedipus complex)를 해결하기 위해 부모의 행동을 동일시하는 과정에서 아동은 부모의 도덕적 수준을 내면화하게 된다. 이렇게 내면화된 부모의 가치기준이나 외적 규범에 위배되는 행동을 하게 되면 죄책감을 느끼게 되는데, 이것이 바로 아동의 양심이 된다고 한다.

⑥ 사회성 발달

아동은 초등학교에 입학하면서부터 가정 밖에서 보내는 시간이 매우 많아진다. 또한 또래와의 관계가 활발해짐에 따라 부모에 대한 의존에서 탈피하여 심리적·사회적 독립을 추구하게 되기도 한다.

아동들은 학교생활이 시작되면서 연령이나 능력이 비슷한 또래들과 직접적 혹은 간접적 상호작용을 하면서 자기 자신에 대하여 새롭게 지각하고, 타인과 상호 소통하는 방식을 획득하게 되며, 집단에 대한 소속감을 발달시키게 된다.

아동은 보통 8~9세 정도에는 또래집단에 참여하여 그 집단의 가치와 행동유형을 배우게 되는데, 또래들은 자신을 비춰 주는 거울의 역할을 하기 때문에 그들의 의견이나 반응에 매우 민감하게 된다. 또래집단 내에서는 일반적으로 사교적이고 우호적이며 활동적인 아동이 인기가 있다. 때로는 용모나 힘, 유머감각이 뛰어난 아동이 인기가 있고 지도력을 발휘하기도 한다.

따라서 아동에게 또래집단은 매우 중요하다 하겠다. 이러한 또래집단의 역할은 크게 네 가지로 요약해 볼 수 있다. 첫째, 또래는 서로 간에 교사의 역할을 한다. 또래들은 서로가 공동의 문제, 흥미, 욕구, 규준들을 갖고 있고, 수직적 관계가 아닌 자발적으로 동조하는 수평적 관계에 있기 때문에 어떤 행동이나 결정을 내려야 할 때 부모나 교사의 말보다 또래들의 말을 더 쉽게 받아들이려는 경향이 있다. 이것은 아동기 동안 꾸준히 증가하는 현상이기도 하다. 둘째, 또래집단은 아동에게 소속감의 원천이 된다. 아동들은 어른의 지배를 벗어나서 또래와의 관계를 결속하며, 가족 이외의 집단에 속해 있다는 소속감을 느끼게 된다. 따라서 또래들에게 받아들여지지 않는 아동은 소외감을 느끼게 된다. 셋째, 또래는 공격성의 모델이 된다. 아동은 자신과 발달수준이 비슷한 또래들과의 접촉을 통해서만 적절한 공격반응을 나타내는 방식을 배울 수 있다. 또래를 통해 아동은 효과적인 공격기술이나 통제방법, 그리고 공격적 행동에 대한 대응방법 등을 배운다. 넷째, 또래는 자아개념 발달에 영향을 미친다. 아동은 자신이 무엇을 하느냐보다 또래들과 비교해서 자신이 얼마나 잘 하느냐를 평가하는데, 자신의 능력에 자신감을 갖게 되면 긍정적인 자아개념을 발달시키게 된다.

한편 아동기 후기는 생리적, 성적 성장이 시작되는 시기로서 자의식이 발달하고 이성에 대한 일시적인 혐오기를 거치게 된다. 이 시기에 아동은 자기주장을 강하게 하고 부모에 대한 반항을 시작하는 등 부모를 당황하게 만들곤 한다. 아동은 유아기와는 달리 가치관이나 사고, 정서 상황 등의 추상적인 차원에서 자아개념을 획득하기 시작한다. 또한 초등학교에 입학하면서 성에 따라 기대되는 역할이 다르다는 사실을 인식하게 된다. 성역할 고정관념은 초등학교에 들어가면서 뚜렷이 증가하여 6학년 때는 성인과 비슷한 고정관념을 갖는다고 보고되고 있다. 최근에는 양성적인 성역할에 대한 관심이 커지면서 지나친 성역할 구분이 사회적 적응을 저해한다는 의견이 대두되고 있다.

(2) 아동기의 부모역할

아동기의 부모역할은 다음의 다섯 가지로 요약해 볼 수 있다

① 격려자로서의 역할을 한다

학교에 입학하면서 아동은 새로운 생활에 적응하고 또래관계를 형성할 때 많은 스트레스를 받게 된다. 이 시기부터 부모는 신체적인 양육보다 심리적인

측면의 양육을 제공해야 하는데, 규칙과 책임이 따르는 학교생활에 적응하고 또래로부터 긍정적인 평가를 받도록 아동을 적극적으로 격려하고 지원해야 한다. 이를 통하여 아동은 자신감을 갖게 된다. 이러한 격려자로서의 부모 역할은 아동기를 넘어 청년기에 이르기까지 계속되어야 한다.

한편 또래들로부터 거부되거나 또래관계를 형성하지 못한 아동에게는 그 원인을 파악하고 그것을 해결할 수 있도록 돕거나 또래관계를 형성할 수 있는 기회를 적극적으로 제공해 줌으로써 자녀의 건강한 적응을 도와야 한다.

② 훈육자로서의 역할을 한다

아동은 초등학교에 입학하면서 취침과 기상, 준비물 챙기기, 숙제하기, 공부하기 등 새로운 생활습관에 적응하고 건전한 가치관을 형성하도록 훈육을 받아야 한다. 뿐만 아니라 부모에 대해 무조건 순종하며 신뢰했던 유아기의 태도에서 벗어나 객관적이고 비판적인 관점을 취하기 시작하고, 부모의 훈계나 권고에 반발하고 반항하는 태도를 나타내기 시작하여 사실상 부모와 갈등이 새롭게 시작되는 시기라고 할 수 있다. 따라서 부모는 아동의 자존심을 무시하거나 권위주의적인 방법으로 훈육하기보다는 긍정적이고 민주적인 훈육 방법을 사용해야 한다.

③ 근면성 발달을 돕는다

아동은 학교생활에 적응하면서 여러 가지 필요한 기술을 배우기 시작한다. 열심히 기술을 쌓아 가정이나 학교에서 주어지는 과제를 성공적으로 끝마치고 주위로부터 인정을 받게 되면 매사에 더 열심히 하려는 근면성을 발달시키게 된다. 그러나 주어진 과제를 잘 끝내지 못하고 실패를 거듭하게 되면 열등감을 형성하게 되고 부정적인 자아개념을 발달시키게 된다.

근면성의 발달은 구체적인 일에서뿐만 아니라 다른 사람들과의 사회적인 관계에서도 나타난다. 학교, 가정에서 친구들이나 형제들과의 비교과정에서 자신의 능력에 대해 어떤 평가를 받느냐에 따라 근면성 또는 열등감을 발달시키게 된다. 때로 아동은 친구들보다 더 우수하지 못할 것을 두려워하여 새로운 활동을 시도하는 것을 거부하기도 한다.

아동이 열등감 대신 근면성을 발달시키도록 하기 위해서, 부모는 아동에게 지나친 기대를 하지 않고 아동의 수준에 맞는 적절한 과제를 부여하여 다양한 작업에서 성공하는 경험을 축적하도록 해야 한다. 이때 지나치게 간섭하거나 야단을 치면 열등감이 생기기 쉬우므로, 부모는 아동의 수행을 지켜보면서 격려해 주어야 한다.

④ 긍정적인 자아개념 형성을 돕는다

긍정적인 자아개념을 형성한 아동은 정서적으로 안정되어 있고 적응을 잘하며 친구관계가 원만하다. 또한 자신을 역량 있는 존재로 지각하고 건강한 발달을 하는 것으로 평가한다. 반면 부정적인 자아개념을 형성한 아동은 친구관계가 원만하지 못하고 학교 성적이 나쁘며 불안 및 우울 수준이 높고 적응능력이 떨어지는 것으로 밝혀지고 있다.

부모나 교사, 또래 등과 같이 중요한 사람들이 아동을 존중하고 인정해 주면, 아동은 자신이 소중하고 가치 있는 존재라는 긍정적인 자아개념을 형성하게 된다. 자아개념은 타인과의 관계에서 타인이 자신을 어떻게 생각하고 대하는가에 따라 결정되는 것이다. 그러므로 부모는 아동의 장점을 발견하도록 노력하고 그것을 인정해 주고 격려해 주어야 하며, 성공 경험을 많이 할 수 있는 환경을 조성해 주어야 한다.

⑤ 학습 경험을 제공해 준다

아동은 학교에 입학하여 새로운 학습 경험을 많이 함으로써 활동 영역을 넓혀 나간다. 부모는 아동의 학습 내용에서 어려움을 겪는 부분을 설명해 주고 자료를 제공해 주는 학습 조력자로서의 역할을 수행해야 한다. 뿐만 아니라 부모는 아동이 학교 이외의 상황에서 종교활동, 봉사활동, 문화활동, 책 읽기, 캠프, 수련단, 운동이나 예능활동 등을 통하여 학습 경험을 풍부하게 함으로써 건강한 발달을 이루도록 돕는 것이 바람직하다. 최근에 아동의 학습활동 중 많은 부분이 TV나 인터넷을 통하여 이루어지고 있는데, 부모는 아동의 생활을 감독하여 아동이 유해한 내용에 노출되지 않도록 예방하고 지도하는 것이 필요하다.

4) 청소년기의 발달과 부모의 역할

(1) 청소년기의 발달적 특징

청소년기는 아동기에서 성인기로 이행하는 과도기적 단계로서, 급격한 신체발달로 인한 불안정과 불균형에 직면하게 되며 그로 인해 일시적인 긴장과 혼란을 경험하는 시기로 알려져 왔다. 청소년기는 '질풍노도의 시기' '제2의 탄생' 등으로 불리어 왔으며, 그 명칭이 시사하는 것처럼 신체적 · 사회적으로 새로운 변화를 맞아 크든 작든 누구나 다양한 갈등과 스트레스를 경험하게 된다.

청소년기는 일반적으로 중학교 입학 이후부터 고등학교 시기까지라고 알려져 왔으나, 최근에는 성숙의 가속화 현상으로 초등학교 4, 5학년부터 시작되는 것으로 보기도 한다. 아동기와 청소년기의 가장 큰 차이는 성적 성숙이라고 볼 수 있다. 이로 인해 청소년은 생리적 욕구의 조절, 새로운 존재로서의 자아정체감 수립 등의 발달과제를 해결해야만 한다.

① 신체발달

아동기와 청소년기의 명확한 차이는 신체적 발달상의 변화다. 생리적으로 청소년기는 뇌 속에 있는 성장조절 내분비선인 뇌하수체의 활동이 증가하면서 시작된다. 신체의 외형적 발달은 물론 내면적 발달이나 운동기능, 그리고 생식기능에 있어서도 급격한 변화를 보인다.

청소년기는 성장 속도가 급등하는 시기로, 여자가 남자보다 성장 속도가 빠르다. 여자는 여성다운 체형으로, 남자는 남성다운 체형으로 바뀌어 성차가 뚜렷이 나타난다. 따라서 태어나서 처음으로 9~13세까지는 여자가 남자보다 키가 더 크고 무거운 역전현상이 나타난다. 평균적으로 청소년의 신장 증가는 98%가 16~17세에 이루어지며 남자는 21세경에, 여자는 좀 더 일찍 신장 증가가 멈춘다. 남자는 어깨가 넓어지고 근육이 발달하여 남성다운 체형으로 변모하고, 여자는 골반이 넓어지고 피하지방이 축적되어 여성다운 체형으로 변모한다. 또한 머리 크기가 신체에서 차지하는 비중이 작아지고, 얼굴 모양은 둥근 형에서 길쭉한 형으로 변화하며, 코와 입이 크고 넓어져 전체적인 윤곽이 달라진다.

외적인 신체 변화와 더불어 청소년기에 일어나는 내분비선의 변화는 청소년의 신체적 · 심리적 발달에 큰 영향을 미친다. 특히 사춘기에 일어나는 여러 가지 변화는 청소년들을 당황하게 만든다. 사춘기는 주로 청소년 초기에 일어나는 호르몬의 변화로 인해 급격한 신체적 · 성적 성숙이 이루어지는 기간을 의미한다.

사춘기의 결정요인은 영양, 건강, 유전 그리고 체중이다. 사춘기가 되면 난소와 고환이 발달함에 따라 성 호르몬 분비가 증가된다. 성 호르몬은 주로 생식선에서 분비되어 생식기관을 성장 · 발달시킴으로써 2차 성징을 발현시키고 생식행동을 유발하는 호르몬을 말한다(양영기 외, 2005). 남성 호르몬인 테스토스테론은 정자의 생산 촉진, 발모, 변성 등 2차 성징의 발달과 성생활에 관련된 기능에 작용한다. 이에 남자의 경우 고환과 음낭 및 음경이 커지고, 음모와 액모가 발생되며, 턱수염이 나고 변성이 되고 몽정이 있게 된다. 여성 호르몬인 에스트로겐은 월경 유발, 여성 생식기의 발육 촉진과 자궁 확대 등 여성의 2차 성징의 발현에 관여한다. 이에 여자의 경우 유방이 발달하고 자궁과 질이 커지고, 음모와 액모가 발생되며 초경이 시작된다.

신체적 성장이 완만하던 아동기와는 달리 급격한 신체 변화를 겪는 청소년기에는 여러 가지 혼란이 일어난다. 청소년은 자신의 신체, 용모에 대해 지대한 관심을 갖고 급격히 변화해 가는 신체적 특징에 대해 극도로 신경과민이 된다. 자신의 신체에 지대한 관심을 갖는 것은 청소년기 동안 지속되지만 특히 사춘기에 더욱 심해진다. 이 시기에는 대개 자신의 용모와 신체적 조건에 대해서 불만족스러워한다.

② 인지발달

청소년기의 인지발달은 지적 과제를 훨씬 용이하고 빨리, 그리고 효율적으로 성취하는 양적 증가와 인지과정에서의 변화에 관련된 질적 증가가 모두 일어난다. 피아제에 의하면 청소년기는 지적 발달에 있어서 형식적 조작기에 해당한다. 청소년기 사고의 특징은 추상적이고 가설 · 연역적인 사고를 하며, 은유에 대한 이해를 하고 형식적 조작을 할 수 있다는 것이다.

청소년기 사고의 특성을 몇 가지로 정리해 보면, 첫째 청소년은 추상적 사고가 가능하다. 초등학교 시기의 아동은 눈에 보이는 구체적인 사실에 대해서만 사고가 가능했으나 중 · 고등학교 시기의 청소년은 추상적인 개념도 이해할 수 있다. 둘째, 일반적인 이론에서 출발해 가설을 세우고 경험적인 관찰을 통해 검증해 내는 연역적 사고가 가능하다. 셋째, 체계적이고 조합적인 사고가 가능하다. 아동은 시행착오에 의해 문제 해결을 했으나 청소년은 문제 해결을 위해 사전에 계획을 세우고 체계적으로 해결책을 시험한다. 넷째, 이상주의적 사고를 한다. 구체적 조작기의 아동은 구체적 사실에 한해서 제한된 사고를 하는 반면, 청소년은 이상적인 특성, 즉 자신과 다른 사람들에게 이상적이었으면 하는 특성들에 대해 사고하기 시작한다.

또한 청소년은 자신의 생각뿐 아니라 타인의 사고 또한 체계화할 수 있다. 그러나 급격한 신체적 · 정서적 변화로 인해 자신의 외모와 행동에 너무 몰두해 있으므로 다른 사람들도 자신만큼 관심이 있다고 생각하여 자신의 관심사와 타인의 관심사를 구분하지 못하는 자기중심성이 두드러진다. 아동기의 자기중심성은 조망수용 능력이 발달되지 못해서 타인의 관심사를 구별하지 못하는 것으로, 아동기와 청소년기의 자기중심성은 다르다.

청소년기의 자기중심적 사고를 나타내는 것으로는 상상적 관중과 개인적 우화를 들 수 있다. 상상적 관중이란 자신이 주인공이 되어 언제나 무대 위에서 있는 것처럼 행동하고 다른 사람들은 모두 관객으로 생각하면서 일상생활을 하게 되는 것이다. 개인적 우화란 자신의 감정과 사고는 너무 독특한 것이어서 다른 사람인 부모나 선생님은 이해할 수 없을 것이라고 생각하는 것이다. 즉, 자신은 많은 사람들에게 너무도 중요한 인물이라는 믿음 때문에 매우 특별하다고 생각한다. 청소년이 자신을 주인공으로 생각하고 자신에게만 통용된다는 측면에서 이는 매우 개인적이고 현실성이 결여되어 있는 사고방식이다.

③ 성격발달

청소년기에는 '나는 누구인가?' '나는 무엇이 되기를 원하는가?' 등 자신에 대한 근원적인 질문을 하게 된다. 건강한 성인으로 성장하기 위해서 청소년기에 수행해야 할 발달과업으로 학자들은 자아정체감을 들고 있다. 에릭슨에 의하면 청소년은 자아정체감의 위기를 경험한다. 이 위기를 성공적으로 해결하면 유능하고 책임 있는 존재로서의 자신에 대한 일관성 있고 안정된 느낌을 갖게 된다. 자아정체감이 확립된 사람은 개별성, 총체성, 계속성을 경험하게 된다(정옥분, 정순화, 2008). 개별성이란 가치나 동기 또는 관심을 얼마쯤 타인과 공유했다 하더라도 자신은 타인과 다르다는 인식, 즉 자신은 독특하고 특별하다는 인식이다. 총체성은 자신의 욕구, 태도, 동기, 행동양식 등이 전체적으로 통합되어 있다는 느낌이다. 그리고 계속성은 시간이 경과하여도 자신은 동일한 사람이라는 인식, 즉 어제의 나와 오늘의 나는 같은 사람이라는 인식이다.

자아정체감은 청소년기에 형성되고 완료되는 것이 아니라 일생을 통해 이룩해야 할 중요한 문제이지만, 특히 청소년기가 정체감 형성의 결정적인 시기다. 청소년기에 자아정체감을 성취한 사람은 신념, 직업 등에 대해 스스로 의사결정을 할 수 있고 적응능력이 뛰어난 반면, 자아정체감이 혼미한 사람은 가출이나 비행 등의 문제를 겪을 가능성이 높다고 볼 수 있다.

청소년기의 정서는 과격하여 질풍노도의 시기로 불리고 있지만 점차 자기애 상태 혹은 자기중심성에서 벗어나 정서적으로 성숙하게 된다.

많은 청소년들은 부모로부터 탈출하고 싶어 하면서 동시에 자신이 실제로 얼마나 부모에게 의존하고 있는지를 깨달으면서 끊임없이 갈등을 느낀다. 부모와 청소년의 주된 갈등은 학교 성적, 친구관계, 정리정돈, 큰 소리로 음악 듣는 것, 늦은 귀가시간, 신체 청결과 같은 일상적인 일들에 관한 것이다. 이는 독립을 위한 반항일 수 있으며, 자녀가 사회적인 규칙을 따르도록 가르치는 부모의 계속적인 노력이 필요한 부분이다. 이와 같은 갈등은 청소년 초기에 증가하고 중기에는 안정되며 18세경부터는 다시 감소하는 것으로 보인다(정옥분 역, 1992).

대부분의 청소년들은 집단정체감을 갖고자 하고 또래집단의 영향을 중요시하며 '우리 의식' 이 강하다. 그리하여 부모, 교사의 의견에 귀 기울이기보다는 친구의 의견을 따르게 되며, 그들로부터 많은 것을 배우고 상호 영향을 주고받음으로써 사회적 통찰력을 발달시키게 된다. 또한 청소년들이 급격한 신체 변화를 겪을 때는 또래집단이 비슷한 변화를 겪고 있기 때문에 이해하고 공감해 줄 수 있는 친구들과 함께하는 데서 위안을 얻는다.

가장 애정적이고 지원적인 또래관계는 친한 친구와의 관계인 우정이다. 우정은 전 생애의 어느 시기보다 청소년기에 보다 가깝고 강렬한 것 같다(Berndt, 1982). 청소년들은 깨어 있는 시간의 반 이상을 친구들 및 급우들과 함께 있고, 단지 5% 정도만 부모와 함께 지낸다. 집에서 시간을 보낼 때도 자기 방에서 지내는 편이고, 가족과 함께 있을 때보다는 친구들과 함께 있을 때 행복해한다.

청소년기에 겪게 되는 현저한 변화 중의 하나는 동성 친구와의 친밀한 우정에서 이성에 대한 우정과 낭만적인 애정으로 전환하는 것이다. 친구에 대한 관심이 동성 또래집단에서 이성 또래집단으로 옮겨가는 것은 성인기로 가는 정상적이고 건전한 이동과정이다. 청소년은 이성교제를 통해 정상적인 인격형성을 도모할 수 있고, 성인 남녀의 역할을 배움으로써 사회적 기술과 예의를 배운다.

청소년기의 이성교제는 초기에는 재미를 목적으로 여러 사람과 자유롭게 교제하는 것이 특징이다. 그러다가 점차 한 사람에게 열중하게 되어 두 사람만의 시간을 가지기를 원한다. 그러나 자유로운 이성교제는 많은 청소년들의 불건전한 성관계를 가져오고 십대 임신이나 성병 감염의 위험을 초래하기도 한다. 사실 성에 관한 정보는 여러 경로로 범람하고 있지만 왜곡된 정보가 너무 많은 것이 현실이다.

우리나라 청소년을 대상으로 한 연구(홍강의, 1996)에서도 많은 청소년들이 너무 어린 나이에 분별없이 성경험을 하는 것으로 나타났다. 어린 나이에 성경험을 하게 되는 이유는 성개방 풍조와도 관련이 있지만, 청소년들의 자제력 결핍과 도덕성 결여와도 관련이 있는 것으로 보인다. 일부 청소년들은 학교나 부모에 대한 반항의 의미로 무분별한 성관계를 갖기도 하고, 또 일부 청소년들은 부모로부터의 관심이나 애정 결핍에 대한 보상으로 어린 나이에 성관계를 갖게 된다. 또한 쾌락을 추구하는 풍조로의 급속한 사회변화는 성의 상품화, 인간성의 상실과 더불어 비인격화가 가속화되면서 성의 자유화, 개방화를 가져왔음을 부인할 수 없다. 특히 청소년들이 인터넷을 통해 접할 수 있는 무한대의 성에 대한 정보는 우리의 상상을 넘어 심각한 사회문제로 등장하고 있다. 우리 청소년들을 성적 탈선 및 성범죄로부터 보호하기 위해 성교육의 필요성이 절실하다.

청소년기는 성적으로 성숙하고 강한 성적 욕구를 느끼게 되지만 결혼하지 않은 미성년 남녀가 성관계를 통해 성적 욕구를 충족시키기는 어려운 일이다. 따라서 많은 청소년들이 자위행위를 통해 성욕을 해결하고자 한다. 자위행위는 성욕 해결의 정상적인 방법이 아닐 뿐더러 이를 자주 반복하면 건강을 해치게 된다. 대부분의 청소년들도 자위행위를 수치스러운 것으로 여기며 죄책감을 느끼기 때문에 심리적으로도 문제가 된다. 특히 청소년들의 통제할 수 없는 과도한 자위행위는 성에 대해 지나친 관심을 갖도록 유도한다. 의학적으로는 자위행위가 무해한 것이라 해도, 이것이 지나치게 되면 자위행위 자체가 아닌 자위행위에 집착하게 되는 원인 때문에 심각한 문제가 될 수 있다. 따라서 지나치게 자위행위를 하는 청소년의 경우 취미활동이나 스포츠를 통하여 성적 에너지를 다른 곳으로 전환시키는 것이 좋다.

(2) 청소년기의 부모역할

청소년기의 부모역할은 다음의 세 가지로 요약해 볼 수 있다.

① 격려자로서의 역할을 한다

청소년이 부모와 갖는 관계는 아동과 크게 다르다. 우선 청소년의 급속한 신체적 성장은 부모의 체벌이나 통제를 어렵게 하고, 그 결과 부모의 권위는 도전을 받게 된다. 또한 인지적 성장이 이루어진 청소년은 부모가 설정한 규칙이나 가치관에 대해 논리적 모순을 발견하게 되어 비판적으로 부모를 대하게 된다. 부모는 아동기와는 달라진 청소년의 버릇없는 태도에 당황하게 되고 화를 내거나 방어적으로 대하기 쉽다.

그러나 청소년기는 심리적 · 신체적 변화로 인해 자신감을 잃고 불안정하기 쉬운 시기이므로, 청소년을 격려하고 인정해 주는 부모의 지원이 어느 때보다 필요하다. 청소년은 아직 자신만의 주관적인 가치관을 수립하지 못한 상태에서 무조건적으로 부모에게 반항하고 간섭받기를 싫어하므로, 부모는 이러한 특성을 잘 이해하여 대립적인 관계로 갈등을 유발하기보다는 청소년이 자신의 장점을 발견하여 자신감을 얻을 수 있도록 격려하고 지도하는 것이 필요하다.

② 상담자로서의 역할을 한다

청소년은 또래와의 관계나 학업성취 등의 문제로 많은 갈등을 겪고 있다. 그러나 실제로 이러한 자신의 고민을 상담할 수 있는 대상은 부모나 교사보다는 또래 친구들인 것으로 밝혀지고 있다. 또래 친구와의 관계가 원만하고 또래들로부터 정서적 지원을 받을 수 있는 경우에는 큰 어려움이 없을 것이다. 하지만 또래들로부터 배척당하거나 따돌림당하는 경우 자신의 고민을 털어놓고 상담할 수 있는 대상은 현실적으로 부모밖에 없는 것이 우리의 실정이다. 더욱이 부모는 가치관이 확고하게 수립되어 있고 인생 경험이 풍부하며 자녀에게 따뜻한 관심과 지지를 보여 줄 수 있다. 그러므로 부모가 상담자로서의 역할을 잘 감당할 때 청소년에게 커다란 도움이 될 수 있다.

③ 의사소통 기술의 모델이 된다

의사소통에는 말하기, 듣기, 쓰기 이외에 감정의 교환이나 공감 등 언어적, 비언어적 의사소통이 있다. 의사소통에서 중요한 것은 상대에 대한 신뢰, 감정이입, 자신의 생각이나 감정을 자유롭게 표현할 수 있는 분위기, 다른 사람의 의견을 열심히 들어 주는 자세 등이다. 의사소통이 비효율적으로 이루어질 경우, 부모는 자녀를 지나치게 비판하고 통제하며 부정적이고 방어적인 경향이 있다. 이런 경우에 청소년들은 자신감을 잃게 되고 자아존중감이 낮아지며 죄책감을 느끼게 된다. 따라서 부모는 청소년과 개방적이고 효율적인 의사소통을 하도록 노력함으로써 청소년에게 의사소통 기술을 가르쳐야 한다.

최근에는 컴퓨터의 보급으로 대다수의 청소년들이 온라인상의 인간관계를 경험하고 게임 등에 열중하는 현상이 두드러진다. 이 때문에 실제 세계와 가상세계를 혼동하거나 컴퓨터 중독 증상 등을 나타내는 청소년들이 날로 늘고 있다. 이는 부모와의 개방적인 의사소통을 통해 좀 더 바람직한 방법으로 컴퓨터를 활용하고, 컴퓨터에 지나치게 몰두하여 사회적 관계나 생활에서 야기할 수 있는 문제를 예방하고 개선할 수 있다.

4. 가족 유형별 부모의 역할

1) 맞벌이 가족

(1) 맞벌이 가족의 개념과 형성요인

맞벌이 가족은 기혼 여성이 직업을 갖게 됨으로써 부부 모두 직장을 갖게 되는 경우를 일컫는 것으로, 산업사회의 도래와 더불어 형성된 개념의 하나다. 산업화 이전의 농업사회에서는 가정과 일터가 분리되어 있지 않았기 때문에 남성과 마찬가지로 여성도 생계 유지를 위한 생산활동에 참여하였다. 이러한 여성의 생산활동에의 참여는 근대화와 산업화 과정이 진행되면서 변화되었다. 19세기 산업혁명에 따른 공장제의 도입으로 생산단위의 분리, 즉 가정과 직장이 분리됨에 따라, 남편은 가정 밖의 직장에서 일하게 된 반면 여성은 가정 내에 머물러 있으면서 가사노동과 자녀양육만을 전담하게 된 것이다. 이에 산업사회 초기의 여성에게는 일단 결혼을 한 후 자녀의 양육과 교육을 담당하는 어머니, 가족의 생계를 위해 직장생활에 전념하는 남편을 내조하는 아내로서의 역할을 성실하게 수행하는 일이 가장 이상적인 여성상이었다. 그러나 이러한 남편과 아내의 역할 분리는 산업화의 진전에 따른 사회구조적 변화와 개인 내·외적인 요구에 의해 변화하게 되었다.

산업화의 진전은 가족 구조 및 형태의 변화, 가치관의 변화, 노동시장의 변화를 가져왔다. 이러한 변화들은 여성이 사회로 진출하는 데 따른 부정적인 요소들을 감소시켜 주었고, 미혼 여성의 경제활동뿐 아니라 기혼 여성의 경제활동을 촉진시키고 맞벌이 가족의 증가를 가져왔다.

맞벌이 가족의 증가요인을 구체적으로 보면, 첫째 가족구조의 변화를 들 수 있다. 산업화, 도시화의 과정 속에서 핵가족화가 촉진되었고, 자녀 출산율의 감소로 인해 가족 규모가 축소되었다. 우리나라의 경우에도 가구당 가구원 수는 1960년 이후 계속 감소하고 있는 추세다. 즉, 1960년 5.56명, 1970년 5.24명, 1980년 4.62명, 1990년 3.71명 그리고 2000년에는 3.12명으로 소수화 현상을 보이고 있다. 더욱이 가정기기의 기계화 및 가사노동의 사회화는 여성의 가사노동 시간 및 자녀양육 기간의 감소를 가져왔다. 나아가 이는 여성으로 하여금 사회에 진출할 수 있는 기회를 확대시켜 주었다.

둘째, 가정 내 경제적 요구의 증가를 들 수 있다. 산업화에 따른 경제적 풍요는 가족생활의 수준을 향상시켰고, 향상된 생활수준을 유지하기 위한 가계 지출의 증가를 가져왔다. 이에 남편의 임금만으로는 가족생활을 영위하고 자녀양육에 드는 경제적 비용을 충당하기 어렵게 되었다. 따라서 기혼 여성들의 사회참여가 증가하게 되었다. 우리나라의 연구에서도 기혼 여성의 취업 이유로 생계비 보조 등의 경제적 이유가 가장 많았고, 다음으로는 저축, 자녀 교육비 순으로 나타났다(한국여성개발원, 1986).

셋째, 사회적 인식과 가치관의 변화를 들 수 있다. 과거에는 기혼 여성의 사회참여를 일탈로 보는 분위기였으며, 여성에 대한 고등교육조차 사회적 지위 향상을 위한 도구로 받아들였다. 그러나 1980년대 이후로 여성의 능력과 사회참여에 대한 사회적 인식이 변화하였다. 개인적으로는 단순한 가정경제적인 이유를 넘어서 직장생활을 통한 자기만족, 자기실현의 추구를 중요하게 여기게 되었으며, 사회적으로도 여성 전문인 양성에 대한 사회적 공감대가 형성된 것이다(여성한국사회연구회 편, 1995). 그러나 이러한 인식의 변화는 연령마다 차이를 보이고 있다. 변화순 등(2001)의 연구에 의하면, 60대의 연령층에서는 부인의 취업에 대한 남편의 태도가 부정적인 것으로 나타났는데, 그 이유로는 '내가 돈을 벌어다 주는데 굳이 아내가 일할 필요는 없다.' 는 의식을 들 수 있다. 사회적으로 이들 세대에서는 여성이 바깥일을 하는 것 자체가 경제적인 빈곤을 의미하는 것이다. 40~50대에서는 부인의 직업활동에 대한 가족원들의 의식 변화를 볼 수 있었다. 즉, 이 연령층에서는 부인의 바깥일이 적어도 가정경제에 도움이 된다는 인식을 공유하는 것으로 보였지만 적극적인 지지적 태도와 연결되지는 않았다. 반면 20~30대 연령층에서는 남편이 아내가 일하는 것을 '대찬성' 하거나 시어머니가 맞벌이를 전적으로 지원하는 차원에서 가사일을 전담하는 경우가 여러 사례에서 관찰되었고, 남편 역시 아내를 보조하는 차원에서 가사 역할을 분담하는 형태로 나타났다. 최근의 한 조사에서도 미혼 직장인의 91.3%가 맞벌이에 찬성하는 것으로 나타나서 기혼 직장인의 86.7%보다 더 높게 나타났다(경향신문, 2008). 이는 맞벌이 가족에 대한 긍정적인 인식이 확산되고 있고 앞으로 상당수의 가족이 맞벌이 가족의 형태를 띠게 될 것임을 보여 주는 것이다.

이와 같이 가족의 구조적 변화와 가족적 · 개인적 요구 등이 기혼 여성을 가정으로부터 밀어내는 배척요인으로 작용하는 한편, 사회구조적 요인 역시 기혼 여성을 노동시장으로 끌어들이는 유인요인으로 작용하였다. 산업화 과정에서 직업이 세분화되고 전문화되면서 여성들이 참여할 수 있는 직업의 종류가 다양해졌다. 또한 산업사회의 발전과 더불어 고령화, 저출산의 진전으로 인적자원의 장기 공급이 감소되는 방향으로 경제구조와 노동시장 환경이 변화됨에 따라, 노동시장에서 여성 인력에 대한 관심이 더욱 높아졌다. 이에 우리나라의 경우 1987년 남녀고용평등법을 시행하였고, 2008년에는 제4차 남녀고용 평등과 일 · 가정 양립 기본계획을 수립하여 여성 노동력의 확보에 주력하고 있다(노동부, 2007).

이러한 여러 요구 속에서 미국의 경우에는 기혼 여성의 취업률이 계속 증가하여 이미 1986년에 18세 미만의 자녀를 가진 기혼 여성의 61.4%가 취업을 하였다(한남제, 1999). 우리나라의 경우에도 여성의 경제활동 참가율이 1985년에는 41.9%였으나, 꾸준히 증가하여 2005년에는 50.2%로 나타났다. 더욱이 배우자가 있는 기혼 여성의 경제활동 참가율이 1985년에는 42.5%였던 것이 계속 상승하여 2006년에는 52.0%로 나타났는데, 이는 미혼 여성의 경제활동 참가율(52.5%)과 비슷한 수준이다(통계청, 2007).

이러한 사회적 변화를 볼 때 외국의 경우와 마찬가지로 우리나라에서도 앞으로 일과 가정을 양립하는 맞벌이 가족이 계속 증가할 것으로 보인다(〈표 2-3〉 참조).

〈표 2-3〉 혼인 상태별 경제활동 참가율 (단위: %)

	여성		
	미혼	유배우	사별 · 이혼
	참가율	참가율	참가율
1985	44.7	42.5	35.0
1990	46.5	49.2	39.3
1995	50.4	49.5	40.0
2000	48.1	51.2	39.5
2005	53.6	51.4	40.2
2006	52.5	52.0	40.7

출처: 통계청(2007a). 통계로 보는 여성의 삶.

(2) 맞벌이 가족의 특징

맞벌이 가족의 특징은 크게 두 가지로 나눌 수 있다. 일과 가정의 양립이라는 이중 역할에 기인한 부부역할의 갈등, 그리고 직장생활로 인한 시간 부족에 따른 자녀 양육 및 교육에서의 문제다. 최근 한 조사에서는 맞벌이 생활의 고충에 대해 '가사와 회사생활 병행' (38.8%), '자녀교육 문제' (26.4%), '자녀 육아 문제' (19.8%), '기혼자에 대한 배려 부족' (5.9%) 등을 보고하고 있다(경향신문, 2008). 더 나아가 직장과 가사 부담을 병행하는 데 따른 시간의 부족은 맞벌이 부부에게 가족 관련 스트레스를 초래하기도 한다(김혜신, 김경신, 2003). 이에 맞벌이 가족의 특징을 이해하고 적절한 사회적 지원 및 가족 구성원들의 협조가 요구되기도 한다.

① 부부역할 갈등

부부간의 역할은 사회변화에 따라 달라져 왔다. 과거에는 남편과 부인의 역할이 분리되어 있는 전통적인 부부역할 형태를 띠었다. 그러나 산업화 이후로는 부부역할을 평등한 관계에 기초한 인생의 동반자로 여기고, 가사노동 및 가정 내 역할의 공유, 자녀양육에 대한 부부 공동의 책임 등이 내재된 관계로 인식하는 것이 보편화되고 있다(〈표 2-4〉 참조).

이러한 경향을 애덤스(Adams, 1980)는 전통주의나 신전통주의와는 다른 성격의 평등주의라고 제시하였다. 전통주의는 부부간의 역할 구분이 뚜렷하여 남편과 부인은 각기 분리된 채 역할 수행을 하게 되며 서로의 역할에 관여하지 않는 유형을 말한다. 신전통주의는 부인의 사회 진출 및 사회적 역할은 경우에 따라 인정하되 그에 따른 남편의 가족 내 역할 보충은 일어나지 않는, 근본적으로 남성 우위적인 가치의식이 지배적인 역할 분담 형태를 말한다.

이에 반해 평등주의는 남편, 부인이기 이전에 한 사람의 인간으로서 자신의 삶의 목표나 능력에 따라 원하는 역할을 선택적으로 수행할 수 있는 것을 말한다. 여기에는 부부 직업형(dual career), 역할 공유형(role sharing), 역할 전환형(role reversal) 등이 속한다. 부부 직업형은 부부 각자가 자기실현을 이룰

〈표 2-4〉 부부간의 역할 변화

전통적인 부부역할	융통성 있는 부부역할
• 남편과 부인은 지배와 종속의 관계임 • 부인은 가사노동, 남편은 생계 책임자로 역할을 엄격히 구분함 • 극히 소수의 부인이 취업. 부인은 남편보다 낮은 보수를 받음 • 남성, 여성에 대한 고정관념이 지배적임 • 여성은 결혼, 남성은 성공이 주 관심사임 • 자녀 출산은 의무 • 사랑은 젊은이들의 성숙한 일임 • 자녀 돌보기는 부인 책임이고 양육비는 남편 책임임 • 이혼은 실패로 간주함 • 성역할 고정관념에 의해 남성은 강하고 씩씩하고 여성은 상냥하도록 사회화됨 • 성차별, 남성 우위임	• 남편과 부인은 인생의 평등한 동반자 관계임 • 부인은 선택적으로 취업하고 남편도 가사에 관여함. 역할 구분이 모호함 • 능력에 따른 동등한 보수를 받음 • 남녀 모두 재능, 취미를 자유로이 개발함 • 남녀 모두 교육, 사회, 경제 분야에 능력껏 공헌함 • 자녀 출산은 선택 • 사랑은 지속되는 상호관계에서 성숙됨 • 자녀양육은 부모 모두의 책임 • 이혼은 새로운 삶의 선택으로 간주함 • 희노애락의 솔직한 감정표현이 상호 이해에 기여함 • 성차별은 남녀 모두의 권리와 기회를 빼앗는 것임

수 있는 직업을 가지고 있어서 직업생활에서 생의 만족을 얻고 상대방의 성취를 통해서 간접적 만족도 얻는다. 역할 공유형은 경제적 생산, 가사, 의사결정 등의 모든 역할을 남녀가 공평하게 분담하는 것이다. 역할 전환형은 필요에 따라 합의가 된다면 여성이 가계 부양자 역할, 남성이 가정 운영자 역할로 바꾸어 수행하는 유형을 말한다.

한편 많은 부부들이 동반자적이고 평등한 가족을 지향하는 입장을 지지하고 있기는 하나 남편의 가족 내 역할은 미미한 실정이고, 실제적으로 맞벌이 가족의 여성은 다중 역할로 역할 수행에서 어려움을 경험하는 역할 갈등, 시간 갈등 등을 경험하고 있다. 이에 대하여 김양호와 김태현(1998)의 맞벌이 가족 남성의 역할 갈등에 대한 연구에서는 맞벌이 가족 남성의 다중 역할로 인한 역할 갈등이 여성과는 차이가 있는 것으로 나타났다. 즉, 남성은 사회적으로 부양자로서의 역할에 가장 우선적으로 자리매김되어 있었고, 직장인으로서의 역할을 가장 동일시하기 때문에 가족역할 수행은 부차적인 것으로 여기고 있었다. 이러한 남성의 소극적인 태도는 사회적으로도 허용되는 것으로 보인다. 한편 변화순 등(2001)의 연구에서도 맞벌이 가족의 가사노동 수행은 연령대에 상관없이 부인이 주로 담당하고 있는 것으로 나타나서, 가족역할 수행에 대한 여성의 역할 갈등이 더 크다는 점을 시사하였다. 즉, 맞벌이 가족임에도 불구하고 남편의 약간의 협조 또는 시어머니, 가사 도우미 등이 도와주는 몇몇 경우를 제외하면 가사노동은 여전히 여성의 역할로 남아 있었다. 여기에는 세대 차이가 다소 존재하였는데, 20~30대 연령층에서는 상당히 개선되고 있는 것으로 나타났다. 적어도 여성의 취업이 전일제이면서 가족의 적극적인 지지로 지속될 경우 시어머니의 가사 분담과 남편의 보조적인 참여(아이 돌보기, 교육 및 설거지, 세탁기 돌리기) 등의 역할 분담이 이루어지고 있었다. 또 다른 연구에서도 맞벌이 가정의 가사노동 수행량의 90%는 취업주부에 의한 것으로 나타났는데, 이는 부부가 함께 돈을 벌지만 가사노동이 불균형하게 분담되고 있는 현실을 나타내 준 것이다(채로, 이기영, 2004).

더 나아가 이러한 가족생활에서의 역할 갈등은 맞벌이 부부의 생활 만족도뿐만 아니라 가족관계에도 영향을 미치기 때문에 부부간의 역할조정 과정을 통한 역할의 적절한 분담이나 공유가 있어야 할 것으로 보인다. 즉, 남성도 가정과 관련된 문제가 단순히 여성만의 문제가 아니라는 인식을 갖는 데 그치는 것이 아니라 실제 가족생활에서 가사노동과 자녀양육에 참여해야 할 시기인 것이다.

② 자녀 양육 및 교육 문제

맞벌이 가족의 가장 큰 어려움은 자녀 양육 및 교육과 관련된 것이다(한국여성개발원, 1986). 단순한 양육이나 교육 측면뿐만 아니라 부모와 자녀 간의 상호작용까지도 위기에 놓일 수 있다(한국가족학연구회 편, 1995). 이에 자녀양육에 어려움을 느끼는 여성들의 취업 중단이 빈번하게 발생하고 있다. 여성부(2005)의 보고에 의하면 미취학아동을 둔 경우는 41.4%가 취업 중단의 경험을 갖고 있었고, 중단의 이유도 자녀양육에 기인하는 것이 66.1%로 나타났다. 취학아동을 둔 경우도 34.5%가 취업 중단의 경험을 보고하였고, 그 이유에서도 자녀양육이 63.3%인 것으로 나타났다. 이는 맞벌이 가족에서 일과 가정, 특히 자녀를 양육하고 교육하는 역할을 동시에 수행하는 것이 얼마나 어려운지를 단적으로 보여 주는 것이다. 이로 인해 가족 내에서는 스트레스와 갈등이 증가하고 있다. 맞벌이 부부의 가족 스트레스에 대한 연구에서는 아내가 남편보다 총체적인 가족 스트레스를 더 높게 인식하는 것으로 보고되었다. 가족 스트레스의 하위 영역별로는 남편의 경우 '부모역할 스트레스'와 '자녀역할 스트레스'가 상대적으로 높게 나타났고, 아내는 '부모역할 스트레스'와 '가사 관련 스트레스'가 똑같이 높게 나타났다. 이는 맞벌이 부부에서 남편과 아내가 모두 모두 '부모역할 스트레스'를 높게 인식하고 있다는 것을 보여 주는 것이었다(최정혜, 2005).

자녀양육과 관련된 어려움을 구체적으로 살펴보면, 첫째 맞벌이 부부는 직장생활로 인해 자녀를 양육할 절대적인 시간이 부족하다. 특히 양육자의 보살핌이 절대적으로 요구되는 영아기 자녀가 있는 경우에는 이를 대신할 양육자의 부재 및 적절한 보육시설을 이용하는 데 어려움이 있다. 여성부(2005)의 조사에서도 미취학아동의 취업모의 경우 양육과 관련된 어려움에 대해 '믿고 맡길 곳이 마땅치 않음'이 33.7%로 가장 많았고, 다음으로 '과중한 양육 및 가사 부담'(30.7%), '양육비'(19.4%)의 순이었다. 취학아동을 둔 경우 양육과 관련된 어려움으로는 '과중한 양육 및 가사 부담'이 30.1%로 가장 많았으며, 다음으로 '양육비'(30.1%), '믿고 맡길 곳이 마땅치 않음'(14.3%)의 순이었다. 이에 맞벌이 부부가 시부모나 친인척에게 자녀양육을 일임하기도 하는데, 이에 대한 비용은 전적으로 맞벌이 가족이 자체적으로 담당해야 하는 입장이었다. 이는 맞벌이 부부의 자녀를 돌볼 사회적 자원의 부재에 기인하기도 하지만, 영아를 양육하는 데 있어서 보육기관보다는 어머니와 같이 가정에서 이를 전담하는 양육자가 있어야 한다는 사고와 믿음이 반영된 것이라고 볼 수 있다. 이에 따라 지금까지는 주로 보육기관의 확충 및 질적인 측면에서의 보완을 위한 정책적 지원이 이루어졌다면, 이제는 친인척을 포함한 일대일 가정탁아에 대해서도 사회적 · 국가적 지원이 이루어져야 할 것이다. 또한 더 나아가 양육 및 교육과 관련된 어려움을 해결할 수 있는 부모로서의 내적 역량을 키우는 데 도움을 줄 교육 및 상담과 같은 사회적 지원 시스템의 확충이 요구된다고 하겠다.

둘째, 자녀교육에서의 어려움이다. 일관성 있는 양육자의 부재는 자녀의 정서, 인지, 사회성의 발달에 영향을 끼칠 수 있다. 취업모는 자녀와의 일상적인 상호작용이 부족하여 자녀가 보내는 신호의 의미를 정확히 파악하지 못하는 경우가 많고, 이에 부적절하게 반응함으로써 자녀가 안정된 애착을 형성하지 못할 가능성도 지적되고 있다.

여러 연구에서 맞벌이의 여부가 자녀의 정서적 적응에 영향을 준다고 보고하는 데 반해, 일부 연구에서는 적응에 유의한 영향을 주지 않는다는 점을 보고하고 있다. 김용관(1994)은 취업모 자녀에 비해 비취업모 자녀에게서 지배성, 안정성, 사려성, 사회성 등이 높은 것으로 보고하였고, 김수란(2001)도 취업모와 비취업모의 초등학교 고학년 자녀의 정의적 특성을 비교한 결과, 대인역할, 자기 수용, 자기 존재, 대인관계 등에서 비취업모의 여아가 가장 점수가 높고 취업모의 남아가 가장 낮은 것으로 나타났다. 박현경(2004) 역시 취업모 자녀와 비취업모 자녀의 정서적 불안 정도를 비교하였는데, 취업모 자녀가 더 정서적 불안을 느끼는 것으로 나타났다. 또한 취업모와 비취업모 아동의 동작성 가족화를 비교한 유미자(2007)의 연구에서는 취업모의 유아가 인물을 표현하면서 가족의 모습은 물론 자신의 모습을 여러 번 반복하여 지우는 것으로 나타났고, 가족 간 상호작용의 부재에 의한 가족의 일체감 저하, 가족에 대한 낮은 소속감, 애정의 욕구 등이 표현되었다. 이는 맞벌이 가족의 자녀가 정서적인 어려움을 가질 수 있음을 시사하는 것이다.

그러나 최정욱(2000)은 부모의 맞벌이 여부가 자녀의 심리사회적 적응에 미치는 영향에 관한 연구에서 맞벌이로 인한 모의 직업 유무는 아동의 심리사회적 부적응과 유의미한 상관을 보이지 않는다고 하였다. 또 다른 연구에서도 취업모 자녀와 비취업모 자녀 간에 우울, 불안, 애착 간의 차이를 살펴본 결과, 유의미한 차이가 나타나지 않는 것으로 보고되었다(최정현, 2004). 이러한 상반된 연구 결과들은 어머니의 취업과 자녀의 정서, 사회성의 관계를 분명하게 결론 내릴 수 없게 한다. 이러한 결과들은 단순히 어머니의 취업 여부가 아동의 정서적 적응에 영향을 주는지 그렇지 않는지의 문제라고 해석하기보다, 취업모의 자녀가 정서적 어려움을 겪을 개연성이 높다는 점을 인식함으로써 그에 적절한 양육과 지도를 해야 할 필요성을 보여 주는 것이라고 하겠다.

한편 맞벌이 가족 자녀들이 학업성취에서 어려움을 보인다는 결과가 보고되고 있다. 김용관(1994)은 부천시의 6학년을 대상으로 한 연구에서 비취업모의 자녀가 취업모의 자녀에 비해 모든 교과에서 성적이 높은 경향을 갖는다고 보고하였다. 정현옥(2004)은 비취업모 자녀의 학업 성적이 취업모 자녀의 학업 성적에 비해 그 차이가 유의하게 높다는 점을 보고하였다. 이에 반해 박영선(1999)은 어머니의 취업 유무가 자녀의 학업성취도에 미치는 영향을 연구한 결과, 어머니의 취업 유무가 자녀의 학업성취도에 영향을 미치지 않는 것으로 보고하였다. 오히려 부모의 교육수준이 높을수록, 자녀에 대한 기대학력 정도가 높을수록, 그리고 자녀와 어머니의 의사소통 개방성 정도가 높을수록 학업성취도가 높은 것으로 보고하였다. 또한 김서연(2006)은 초등학교 고학년을 대상으로 한 연구에서 어머니의 맞벌이 여부는 학교 적응에서 유의미한 차이를 보이지 않는 것으로 보고하였다. 하위 영역의 경우 교우관계, 학교수업, 학교규칙의 적응 차이 비교에서도 유의미한 차이가 없었으나, 교사와의 적응에서는 유의미한 차이가 나타나서 비맞벌이 가족 아동이 맞벌이 가족 아동보다 교사와의 관계를 보다 친밀하게 지각하는 것으로 나타났다. 이와 같이 상반된 결과를 보고하고 있기는 하나, 이는 아동의 학교 적응과 학업성취에서의 어머니 역할의 중요성을 시사한다.

셋째, 맞벌이 부부의 자녀에 대한 죄책감과 불편감이다. 취업모는 자녀를 자신이 돌보지 못한 것에 대해 미안해하고 죄스러운 느낌을 가질 수 있다. 이에 물질적으로 과잉보상하거나 혹은 자녀에 대한 적절한 지도를 하지 못하고 안쓰럽게만 여기는 등의 태도를 갖게 될 수 있다. 연구 결과, 취업모의 63.6%가 '자녀와 많은 시간을 갖지 않는 것에 대해 죄책감을 느낀다.' 고 응답함으로써 많은 취업모가 죄책감을 갖고 있는 것으로 나타났다(이은희, 2001). 한국가족학연구회(1995)의 연구에서도 어머니의 60% 이상이 자녀를 잘 돌보지 못하여 자녀에 대한 불안감 및 죄책감이 있다는 점을 보고하였다. 그들은 취업의 단점으로 자녀의 정서적 불안, 나쁜 친구를 사귈 가능성, 숙제 관리 소홀 및 성적 하락의 가능성을 들고 있다. 그러나 실제로는 대상의 70% 이상이 자녀를 관리 · 감독하고 있는 것으로 나타나서, 취업모가 자녀에 대해 지나친 걱정과 죄책감을 갖는다고 볼 수 있다.

(3) 맞벌이 가족의 부모역할

맞벌이 가족의 가장 중대한 문제는 자녀 양육과 교육에 대한 부분이다. 아동의 발달단계에 따른 역할을 살펴보면 다음과 같다.

① 자녀와의 애착 형성에 관심 기울이기

미취학아동을 둔 맞벌이 가족은 생후 초기에 자녀와의 애착 형성에 많은 관심을 기울여야 한다. 생후 초기에 모와의 애착은 이후에도 지속적으로 모자관계에 영향을 주므로 일차적으로 모는 자녀와 함께하는 시간을 우선 배치하고 긍정적인 관계를 유지하기 위한 다양한 개입을 할 필요가 있다.

자녀와의 애착을 형성하기 위하여 기본적으로는 대인 상호관계의 근원인 따뜻한 접촉을 제공해야 한다. 취업모는 직장에서 여러 스트레스를 경험했더라도 어린 자녀에게 애정을 갖고 자녀를 안아 주고 따뜻하게 접촉해 주어야 한다. 예를 들면, 어린 자녀를 위해 정해진 시간에 자신이 직접 부드럽게 목욕을 시키거나, 쓰다듬어 주고, 껴안아 주고, 입 맞추어 주며, 음식을 먹여 주는 등의 양육적 행동을 통하여 영아로 하여금 안정감과 보살핌을 받는 느낌을 갖게 하는 것이 필요하다. 또한 영아는 질서와 리듬을 통해 안전감을 느낀다. 따라서 영아를 둔 맞벌이 가족은 가족의 시간과 공간을 구조화하는 것이 필요하다. 이 시기에 부모는 시간과 공간을 구조화함으로써 어린 자녀로 하여금 예측과 안전에 대한 감각을 갖게 하는 것이 좋다. 예를 들면, 정해진 시간에 출근하고 퇴근하는 것이 좋다. 자녀가 어리더라도 모가 돌아올 즈음을 예측할 수 있도록 하는 것이 안전감을 준다. 또한 대리 양육자와 양육 장소가 자주 바뀌지 않도록 주의해야 할 것이다. 잦은 양육자의 변경은 아이로 하여금 불안감을 갖게 한다. 따라서 적어도 생후 초기부터 만 3세까지는 한 양육자가 지속적으로 아이를 돌보는 것이 필요하다. 특히 낯가림과 격리불안이 나타나는 7개월에서 12개월 사이에는 더욱 유의해야 한다. 또한 아이와 함께 즐거운 시간을 갖고 아이의 세계에 함께 참여하는 것이 중요하다. 함께 까꿍놀이를 하거나 아이의 배에 입을 맞추는 등 즐겁게 놀이를 함으로써 아이는 모와 함께 있는 것이 편안하고 즐겁다는 느낌을 갖게 된다. 더불어 새로운 놀이를 시도하는 것도 좋다. 새롭고 도전적인 놀이는 아이로 하여금 새로운 일을 시도하여 숙달되고 유능하게 수행함으로써 느끼는 성취감을 갖게 해 준다. 따라서 취업모가 자녀와 많은 시간을 함께 나누지는 못하더라도, 함께하는 시간 동안에는 자녀의 욕구를 충족시키고 관계 형성에 도움을 주는 다양한 양육활동을 즐겁게 수행하는 것이 필요하다.

② 자녀의 심리적 상태에 대한 관심과 친밀한 의사소통

맞벌이 가족의 경우 자녀들의 심리적 상태에 대한 부모의 관심과 친밀한 의사소통이 필요하다. 취업모는 하루 종일 직장에서 일하고 퇴근 후에야 자녀들을 만나게 된다. 각 가족의 환경에 따라 자녀들은 다양한 환경에서 낮 동안 보살핌을 받게 된다. 보육기관, 베이비시터에 의한 보살핌, 방과 후 학교, 학원, 때로는 집에 홀로 남겨지는 것 등 모와의 관계에서 시간적 공백이 발생된다. 이때 자녀에게 어떤 일이 있었는지 부모는 잘 모를 수도 있다. 따라서 가정에 돌아와서는 자녀를 잘 살펴보는 것이 필요하다. 다친 곳은 없는지, 기분은 어떤지, 하루 동안 어떤 일이 있었는지를 묻고 관찰하며 자녀가 하는 이야기를 잘 경청해야 한다. 특히 심리적으로 우울하고 위축되어 있거나 짜증을 내는 등 평소와 다른 행동을 보일 때는 좀 더 관심을 기울이고 자녀의 행동에 주목해야 하며, 자녀에 대해 민감한 반응을 보여 주어야 한다. 특히 모와 자녀 사이에 친밀한 의사소통이 유지되어야 하는데, 이는 모가 자녀의 이야기를 잘 들어 주고 반응을 보일 때 가능하다. 따라서 모는 자녀와 이야기 나눌 시간을 계획(예를 들어, 잠자리에 들었을 때, 식사시간 등)하고 매일 실행하는 것이 필요하다. 더불어 취학아동의 경우는 모의 직장생활에 대해서도 관심을 보이기 시작하기 때문에 자녀의 인지수준에 적절한 어휘를 사용하여 직업에 대해 설명해 줌으로써 모에 대한 자녀의 이해를 얻고 자녀와의 친밀함을 강화시키는 것이 필요하다.

③ 사회적 지지체계의 구축

응급한 상황에서 자녀에게 도움을 줄 수 있는 사회적 지지체계를 구축해 놓는 것이 필요하다. 연구에 의하면, 모의 부재 시 긴급한 사고가 발생했을 경우 대부분의 자녀들은 직장에 있는 모와 부에게 연락을 하는 것으로 나타났다. 그러나 이 기간 동안에 심리적 불안을 느끼는 자녀가 상당한 비율로 나타났다(한국가족학연구회 편, 1995). 따라서 부모와 연락이 되지 않을 때나 자녀가 불안해할 때 또는 해결하기 힘든 급박한 상황이 발생했을 때 쉽게 도움을 받을 수 있는 이웃이나 지역사회의 자원을 개발하고 긴밀한 관계를 유지하며, 평소에 자녀에게 교육을 시키는 것이 필요하다.

④ 학교생활과 학업 지도

취학아동의 경우에는 학업과 관련된 모의 지도가 요구된다. 이는 자녀에게 공부가 최우선이라는 식의 압력을 주는 것이 아니라 자녀 스스로 자기를 관리하고 책임감 있게 학업을 수행할 수 있도록 지도하는 것이다. 자녀에 대한 절대적인 시간이 부족하더라도 시간을 내어 가르치고 규칙을 알려 주며 자녀가 올바른 학습 습관을 형성하도록 인내심을 갖고 지도해야 한다. 일 때문에 피곤하거나 시간을 못 내주는 것에 대해 미안하고 죄스러워서 자녀를 방치하면 결과적으로 나쁜 습관으로 발전하게 된다. 따라서 자녀가 스스로 학업을 관리하도록 하기 위해서는 오랜 시간 모의 지도가 요구된다.

먼저 취학자녀에 대해 부모는 자녀와 함께 학습의 목표를 계획하는 것이 필요하다. 목표를 설정하는 것은 자녀로 하여금 학습 동기를 불어넣어 준다. 또한 그 과정에서 부모는 자녀의 상태를 파악하고 적절한 격려와 지지를 보내줄 수 있다. 학습에 대한 내적 동기와 부모의 관심과 격려를 통한 외적 동기는 자녀로 하여금 목표를 달성하기 용이하도록 도와줄 것이다. 그리고 부모는 매일 자녀가 해야 할 학업의 분량과 학교과제를 검토하고 확인해야 한다. 그날 할 일을 자녀가 제대로 수행했는지 확인하기 위해서는 알림장과 교과서의 진도를 확인하고 사인을 해 주는 것도 중요한 일의 하나다. 너무 바쁜 나머지 또는 별로 중요한 일이라고 생각하지 않는 등의 이유로 이러한 확인을 게을리한다면 자녀 역시 이를 중요치 않게 여겨 소홀히 하게 된다. 이는 결국 학교생활과 학업 수행에서의 결손을 가져오게 된다. 이러한 결손을 채워 넣기 위해서는 더 많은 시간과 에너지가 소요될 뿐만 아니라 때로는 결손을 채우는 것이 불가능할 수도 있다. 따라서 부모는 매일 자녀의 학업을 검토하는 일을 해야 한다. 이를 통하여 자녀는 학업에 자신감과 성취감을 갖게 되고 즐거움과 기쁨을 느끼게 된다. 부모의 인내심 있는 지도로 인해 자녀는 스스로 학업을 수행하고 즐길 수 있게 되는 것이다.

한편 부모는 자녀의 학교생활에 관심을 갖는 것이 필요하다. 담당교사 및 다른 학부모와의 긍정적인 관계를 형성함으로써 자녀의 학교생활에 대한 적응 여부를 확인하고, 때로는 교정해 줄 정보를 제공받을 수 있다. 이와 같이 취업모가 자녀의 학교생활에 직접적으로 관여하지는 못하더라도 주위의 인적 자원을 활용하고 지속적인 관심을 보인다면 필요 시 자녀에게 적절한 도움을 줄 수 있다.

⑤ 자녀의 자기 관리 훈련

취학아동의 경우 자율적으로 자기를 관리할 수 있는 훈련이 요구된다. 학업과 마찬가지로 생활습관에서 자율적인 자기 관리는 중요하다. 이 역시 훈련에 의해 능숙해 질 수 있게 된다. 더불어 학령기 자녀에 대해서는 가족 구성원으로서의 소속감과 협동심을 고취시키기 위하여 가사 참여를 통한 가족에의 기여를 가르칠 필요가 있다.

2) 한부모가족

한부모가족(single parent family)은 부모 중 어느 한쪽의 사망, 이혼, 유기, 별거, 미혼부모 등의 이유로 인해 부모 중 한 명과 자녀로 이루어지는 가족 형태를 일컫는다. 한부모가족은 그 결합 형태에 따라 부와 자녀로 이루어진 한부가정(편부가정, 부자가정) 또는 모와 자녀로 이루어진 한모가정(편모가정, 모자가정)으로 나눌 수 있다. 또 한부모가정의 발생 원인에 따라 사망, 이혼, 별거, 유기, 미혼모 가족으로 나눠기도 한다(안진희, 2005).

한편 '한부모' 라는 용어는 부이든 모이든 부모의 역할을 한 사람이 온전하게 맡고 있다는 생각에서 출발한 것이다. '편부모' 라는 용어에서 풍기는 결손이라는 부정적인 어감을 없애고 완전하다는 의미의 '한', 한쪽의 부모라는 의미로서의 '한' 을 사용함으로써 긍정적 의미를 갖게 된다. 한부모라는 용어가 일반화되어 사용된 것은 2000년 한국여성민우회에서 여성 한부모가정의 설문조사를 통해 한부모라는 용어가 선호된다는 점을 확인하면서부터다(변화순 외, 2002).

한부모가족과 병행하여 현재 많이 사용되고 있는 용어로는 부자/모자 가정, 편부/편모 가정, 결손가정, 한부모가정, 여성 한부모가족, 남성 한부모가족 등이 있고, 외국의 경우는 single-parent 등이 사용되고 있다.

우리나라의 경우 한부모가족은 1985년에 84만 8천여 가구였으나 1990년에 88만 9천여 가구, 2000년에는 112만 4천여 가구, 2005년에는 137만 가구로 그 수가 계속 증가하고 있다. 그 비율에 있어서는 1985년 이래로 약간 감소하는 추세를 보이다가, 2000년에 전체 가구의 7.9%, 2005년에는 8.6%로 다시 증가하는 경향을 보이고 있다(〈표 2-5〉 참조).

외국의 경우도 한부모의 비율이 증가하고 있는 추세다. 미국의 경우 1980년에 자녀가 있는 모든 가구에서 한부모가족의 비율은 19.5%였고, 2005년에는 28.3%로 나타났다. 일본의 경우도 1980년에 4.9%였던 것이 2005년에는 9.8%로 증가하였다. 이러한 한부모가족의 증가는 현대사회의 가치관, 생활양식, 가족 형태 등을 반영하는 것으로 앞으로 점점 더 증가될 것으로 생각된다. 그리고 이와 관련된 경제적인 문제, 새로운 역할과 책임, 새로운 관계와 변화된 상호작용 패턴으로 인한 적응의 문제들이 제기될 것으로 생각된다(이유갑 외 역, 2002).

(1) 한부모가족의 실태

① 이혼으로 인한 한부모가족의 증가

과거에는 배우자의 사망으로 인한 한부모가족이 주를 이루었으나, 최근에는 배우자의 사망으로 인한 비율은 줄어드는 반면에 이혼, 배우자의 가출 및 유기 등으로 인한 발생 비율이 증가하고 있는 추세다.

우리나라의 이혼율은 지난 20여 년 동안 급속한 증가 추세를 보이고 있다. 1970년에 인구 1,000명에 대한 이혼율이 0.7명이었는데, 1995년에는 1.6명으로 급증하였다. 연도별로 보면 이혼은 1970년 1만 2천 건에서 지속적으로 증가하여 30년 후인 1999년에는 절대 건수로는 10배 정도인 11만 8천 건이었다. 이러한 이혼의 증가와 관련하여 미성년 자녀를 둔 이혼자 역시 증가함으로써 이혼으로 인한 한부, 한모 가족의 증가를 가져오고 있다. 1999년에는 이혼 시 미성년 자녀를 두고 있는 경우가 71.2%였는데 그중 미성년 자녀를 2명 두고 있는 경우가 가장 많은 34.9%, 1명인 경우는 31.9%, 3명 이상인 경우도 4.4%인 것으로 조사되었다. 한편 미성년 자녀가 없는 부부의 이혼율이 1993년에는 34.4%였으나 1995년 이후에는 28% 수준으로 나타난 것을 볼 때, 미성년 자녀를 둔 부부의 이혼이 증가하고 있으며 그와 관련하여 한부모가족의 증가가

〈표 2-5〉 우리나라 한부모가족 형성요인별 현황 (단위: 천 가구(%))

연도	총 가구 수	한부모가구					한부모가구 비율
		유배우	사별	이혼	미혼	계	
1985	9,571	254(30.0)	443(52.2)	50(5.9)	101(11.9)	848(100)	8.9
1990	11,355	227(25.5)	498(56.0)	79(8.9)	85(9.6)	889(100)	7.8
1995	12,958	216(22.5)	526(54.8)	124(12.9)	94(9.8)	960(100)	7.4
2000	14,312	253(22.5)	502(44.7)	246(21.9)	123(10.9)	1,124(100)	7.9
2005	15,887	328(23.9)	501(36.6)	399(29.1)	142(10.4)	1,370(100)	8.6

출처: 여성가족부(2008). 한부모가족지원사업 안내.

예견된다.

이에 김미숙 등(2000)의 연구에서는 한모가족의 발생 원인으로 이혼 43.7%, 사별 43.3%, 배우자 가출 및 유기 5.4%의 순으로 조사되었고, 한부가족의 발생 원인으로는 이혼 60.9%, 배우자 가출 및 유기 19.7%, 사별 16.1%의 순으로 조사되었다. 이는 한모, 한부 가족 모두에서 이혼에 의한 가족 형태가 가장 높은 비중을 차지하고 있음을 보여 준다. 한편 사별의 경우에서는 한모가족이 한부가족의 두 배인 것으로 조사되어서 한부가족에 비해 한모가족이 배우자의 사망으로 인해 형성되는 경향이 높은 것을 볼 수 있다.

여성가족부(2008)의 보고에서도 우리나라의 한부모가구의 발생 원인이 1985년에는 사별이 가장 많은 52.2%를 차지하였으나, 2005년에는 그 비율이 36.6%로 감소한 것으로 나타났다. 반면 이혼에 의한 경우는 1985년에는 가장 낮은 순위로 5.9%였으나, 2005년에는 29.1%로 급증하였다. 그다음으로 한쪽 배우자의 가출, 유기, 장기복역, 행방불명 등의 사유로 배우자와 비동거하는 경우가 23.9%인 것으로 조사되었다. 미국의 경우는 이혼이나 별거의 비율이 우리나라에 비해 더 높은 양상을 보인다. 한부모 여성의 경우 44%가 이혼이나 별거, 33%가 미혼모, 22%가 재혼, 1%가 사별로 나타났고, 한부모 남성의 경우는 57%가 이혼이나 별거, 24%가 재혼, 18%가 미혼부, 1%가 사별인 것으로 나타났다.

〈표 2-6〉 한부모가족 현황 (단위: 명(%))

연 도	한모가족	한부가족	계
1995	788(82.1)	172(17.9)	960(100.0)
2000	904(80.4)	220(19.6)	1,124(100.0)
2005	1,083(79.1)	287(20.9)	1,370(100.0)

출처: 여성가족부(2008). 한부모가족지원사업 안내.

② 한부가족의 증가

한부모가족의 대부분은 한모가족 형태로, 2005년 조사에 의하면 한부모가족의 79.1%에 해당한다(여성가족부, 2008). 미국의 경우도 한모가족이 한부모가족의 84%를 차지하고 있다(http//singleparentsabout.com). 이와 같이 한모가족이 그 대다수를 차지하고 있기는 하나 점차 한부가족의 증가가 나타나고 있다. 한모가족과 한부가족의 변화 추이를 보면, 1995년에 한부모가족 중에서 한모가족은 82.1%, 한부가족은 17.9%였고, 2000년에는 한모가족 80.4%, 한부가족 19.6%였으며, 2005년에는 한모가족 79.1%, 한부가족 20.9%였다. 이 통계는 과거에는 주로 한모가족의 형태였으나 점차 한부가족이 증가하고 있으며, 앞으로도 증가 가능성이 있다는 점을 보여 주는 것이다.

(2) 한부모가족의 특징

한부모가족은 소득수준, 가구주 연령, 가족주기, 교육수준, 지역 등 여러 층위에 따라 다양한 방식으로 살아가고 있다. 그러므로 한부모가족의 문제를 일반화하기는 어렵지만, 대부분의 한부모가족이 경험하게 되는 여러 생활상의 어려움은 있다(송다영, 2007).

① 경제적인 어려움

한부모가구는 일반 가구에 비해 전반적인 가족기능에서의 약화가 나타나는데, 특히 경제적 부양기능과 정서적 부양기능 등의 약화를 보인다(김승권 외,

2001). 경제적인 어려움은 한부, 한모 가구 모두에서 경험하게 되는 변화라고 볼 수 있는데, 그중에서도 한부모가족의 대다수를 차지하는 한모가구에서 그 어려움이 높은 것으로 보고되고 있다(〈표 2-7〉 참조).

한모가족의 경우는 주 수입원인 남편의 부재로 인해 소득의 1/3에서 1/2 정도까지 수입이 감소되거나 상실되는 경향을 보인다(김미숙 외, 2000). 이러한 경향은 다른 연구에서도 보고되는데, 변화순 등(2002)이 전국 1만 4천 가구를 대상으로 한 조사에 의하면 일반 가정의 월소득 수준은 159만 6천 원인 데 반해 한모가족의 월평균 소득은 78만 3천 원이었고, 한부가족의 월평균 소득은 그보다 조금 나은 93만 9천 원 정도였다. 이와 같은 한모가족과 한부가족의 차이는 여성과 남성의 직종 간 차이와 관련이 있다고 볼 수 있다. 여성 가구주와 남성 가구주의 직종을 비교한 여지영(2003)의 연구에서 여성 가구주는 주로 생산직과 판매, 서비스직에 집중되어 있는 반면, 남성 가구주는 관리, 전문기술, 사무직 그리고 생산직에 집중하는 양상을 보이는 것으로 나타났다. 또한 남성 가구주의 경우 상용직의 비율이 높았으나, 여성 가구주는 상대적으로 임시·일용직의 비율이 높은 것으로 나타났다. 이러한 이유로 한모가족의 경우는 불안정한 취업, 낮은 소득을 얻게 되고 이것이 경제적 어려움을 가중시키게 된다.

한편 한부가족의 경우도 경제적 어려움을 겪게 된다. 한부가족이 되면서 경

〈표 2-7〉 가족 유형별 생활상의 어려움 (단위: 명(%))

항 목	한모가족	한부가족	전 체
경제적 문제	196(54.3)	39(45.3)	235(52.6)
자녀 양육 및 교육 문제	130(36.0)	35(40.7)	165(36.9)
본인 및 가족의 건강 문제	28(7.8)	8(9.3)	36(8.1)
기타	2(0.6)	3(3.5)	5(1.1)
문제 없음	5(1.4)	1(1.2)	6(1.3)
전 체	361(100.0)	86(100.0)	447(100.0)

출처: 변화순, 송다영, 김영란(2002). 가족 유형에 따른 생활실태와 복지 욕구에 관한 연구.

제적 책임과 자녀양육에 대한 책임을 동시에 맡게 됨으로써 직업의 선택과 직장생활에서의 제약이 따르게 되고, 이는 극단적인 경우에는 직업의 상실로 연결될 가능성도 있다. 가사 및 육아와 관련된 새로운 가계 지출이 발생하게 되고, 더불어 가계 관리의 미숙으로 인한 경제적 어려움도 간과할 수 없다. 또한 한부가족의 경우 저축률이 낮아 생활 자립을 위한 준비를 제대로 하지 못하는 경우가 많은 것으로 보고되고 있다(김형수, 1998).

특히 저소득층 한부가족에서 부는 저학력과 전문기술의 부족으로 단순노동이나 일용직에 종사하기 때문에 불안정한 취업 상태와 소득을 갖게 되어 저소득층 한모가족보다 더 열악하다. 반면 이혼한 한부가족은 이혼한 한모가정에 비해서 상대적으로 안정적이며 고용 및 경제 문제가 덜 심각한 것으로 나타났다(변화순 외, 2006).

한부, 한모의 취업 상태는 한부모 가구주의 72.2%인 23만 1,900여 명이 취업자인 반면 27.3%인 8만 7,000여 명은 미취업 상태인 것으로 나타났다. 가족 형태별로는 한모의 경우 70.0%가 취업자였고, 한부의 경우는 그보다 높은 78.8%가 취업 상태로 나타났다. 이는 한모가족의 경제적 어려움을 짐작하게 한다.

또한 한부모가족의 주거 형태에 대한 조사에서는 자가의 비율이 저조하고 월세의 비율이 높은 것을 볼 수 있다. 한부모가구의 주거 형태를 점유 형태별로 보면 전체적으로 월세 39.9%, 자가 29.4%, 전세 25.6%, 무상 5.1%로 나타났다. 가족 형태별로는 한모가구의 경우 월세와 전세가 각각 40.6%와 26.8%로 한부가구에 비해 높았으며, 반대로 자가와 무상거주의 경우는 각각

〈표 2-8〉 한부모가구 가구주의 취업 여부 (단위: 명(%))

	취업 및 일시휴직	미취업	계
한모가구	153,707(70.0)	65,939(30.0)	219,646(100.0)
한부가구	78,248(78.8)	21,090(21.2)	99,338(100.0)
전 체	231,955(72.7)	87,029(27.3)	318,984(100.0)

주: 자료는 이혼과 사별로 인한 한부모가구에 한정되어 있음.
출처: 여성가족부(2007). 여성정책전략센터 자료집.

〈표 2-9〉 한부모가구 가구주의 주거 점유 형태 (단위: 명(%))

	자 가	전 세	월 세	무상(관사, 사택 등)	계
한모가족	60,718(27.6)	58,902(26.8)	89,250(40.6)	10,778(4.9)	219,648(100.0)
한부가족	32,952(33.2)	22,831(23.0)	38,186(38.4)	5,418(5.5)	99,387(100.0)
전 체	93,670(29.4)	81,733(25.6)	127,436(39.9)	16,196(5.1)	319,035(100.0)

주: 자료는 이혼과 사별로 인한 한부모가구에 한정되어 있음.
출처: 여성가족부(2007). 여성정책전략센터 자료집.

27.6%, 4.9%로 한부가구에 비해 낮은 것으로 나타났다(여성가족부, 2007). 특히 저소득 한부모가족의 경우에는 40% 이상이 월세 가구로 월 5만~40만 원에 이르는 월세 부담이 생활비의 40~50%에 해당하는 수준인 것으로 나타났다(정종미, 2006).

이와 같이 한부모가족의 소득 감소와 더불어 지출의 증가는 경제적 어려움을 한층 가중시킨다. 특히 미성년 자녀를 둔 한부모들의 경우 자녀양육과 교육비에 대한 부담이 큰 것으로 보고됨으로써 이에 대한 사회적 지원이 절실한 형편이다(김미숙 외, 2000).

② 정서적 측면에서의 어려움

현대사회는 과거에 비해 경쟁적이고 개인주의적인 경향을 띠고 있고, 대부분의 사회집단은 이익집단으로서의 성격을 띠고 있다. 이 때문에 가정은 과도한 긴장과 스트레스를 완화시키고 정서적 안정을 주며 기본적인 애정과 친밀감, 돌봄과 같은 정서적인 욕구를 충족할 수 있는 기능을 수행해야 한다. 즉, 가족 내에서 부부간 그리고 부모와 자녀 간에 정서적인 안정감과 애정, 지지를 조건 없이 제공해 주는 정서적 기능이야말로 현대의 삶에서 꼭 필요로 하는 가족의 기능이라고 볼 수 있다. 이와 같이 정서적 기능이 강조되는 현 시대에 한부모가족은 그러한 정서적 기능을 수행하는 데 어려움을 경험하고 있다.

이는 가족관계에서의 어려움, 한부모 자신의 심리적인 어려움을 포함하게 된다. 또한 경제적 어려움이나 대인관계에서의 어려움과도 관련되는 부분으로서 기본적으로는 한 명의 성인이 가계의 생계를 위한 경제활동과 가사활동 및 자녀 양육과 지도를 모두 수행해야 한다는 부담에서 기인한다고 하겠다. 가족과 친밀한 상호작용을 하고 정서적 돌봄을 제공하기 위한 절대적인 시간 자원의 부족은 한부모의 어려움을 가중시킨다. 또한 한부모의 역할의 과중함은 심신 에너지를 소진시킴으로써 자녀를 양육하고 돌보는 데 어려움을 갖게 된다. 이에 가족 간의 긍정적인 상호작용 기회가 부족하게 된다. 이는 가족의 응집력을 약화시키는 요인이 될 수 있다. 더구나 한부모의 자녀 양육에서의 부족함은 부모에게 죄책감과 미안함을 느끼게 하고, 자녀에게는 외로움과 허전함 등과 같은 심리적 공허감을 가져올 수도 있다. 이러한 관계 양상이 지속되면 피상적인 부모-자녀 관계를 가져오고, 관계의 단절로도 이어지게 된다.

또한 한부모 자신이 경험하게 되는 심리적인 어려움이 있다. 한부모는 배우자가 없음으로 해서 오는 고독감과 애정의 결핍을 느끼게 되고, 사회적인 위축감을 경험하게 된다. 이상수(2003)의 연구에서는 연구 대상인 저소득층 여성 가구주의 70%가 '어느 정도' 이상으로 심리적 불안감과 우울감을 느끼고 있어, 이에 대한 의료 및 상담 서비스가 필요하다는 점을 지적하였다. 이는 불안과 외로움, 과거의 고통스러운 삶에 대한 절망감, 혼자 사는 여성으로서 사회적으로 받는 심리적 압박감에 시달리는 경우가 많아, 일반 가정의 여성보다 생활상에서 받는 스트레스가 더 심한 경향으로 보고되었다. 또한 한부모가 되기 이전의 관계망이 주로 배우자와 관련되는 경우가 많기 때문에 그로 인한 사회적 관계망의 축소 및 약화를 경험하게 되어 사회적 지지를 덜 받게 되고, 이는 위축과 우울을 경험하게 한다. 김현지(2007)의 부산시 저소득 한부모가족을 대상으로 한 연구에서 한부모들은 삶이나 미래에 대해 심각할 정도로 부정적이거나 우울함을 느끼는 것은 아니었지만 산만함과 두려움, 외로움 등을 느끼는 것으로 나타났다. 특히 한부는 한모에 비해 우울감, 산만함, 두려움, 비숙면과 같은 심리적 어려움을 더 많이 호소하였다. 이와 같은 개인적인 심리적 적응에서의 어려움은 자녀와의 관계에서의 갈등으로까지 연결될 수 있으므로 이에 대한 사회적 개입과 도움이 필요하리라고 본다.

더불어 한부모의 정서적 불안정은 한부모의 신체적인 건강에도 영향을 미친다. 연구에 의하면 한모의 건강이 양친 가족의 모보다 열악한 것으로 나타났다. 반면 한부는 배우자와의 이별 전후 겪는 갈등과 감정상의 변화에서 어려움을 경험하는 것으로 보인다.

③ 자녀양육의 어려움

아동에 대한 보호와 양육을 수행하는 환경으로서 가장 안정적이고 중요한 안식처가 바로 가정이다. 가족에서 원만하게 수행되는 자녀양육 기능을 통하여 자녀의 성장과 발달이 이루어진다. 더 나아가 자녀는 가족의 일원일 뿐만 아니라 한 사회의 구성원으로서 적응하고 적절히 기능하기 위해서 사회화 과정이 필요하다. 이러한 사회화 과정을 거치면서 사회에서 필요한 가치, 행동양식, 사고방식 등을 배워야 하는데, 이를 가족이 제공해 줌으로써 건강한 사회인을 길러내는 기능을 수행하는 것이다.

한부모가족이 가장 도움을 필요로 하는 영역은 자녀양육 문제다(김지선, 2004; 변화순, 최윤정, 2004). 한부모들은 자녀양육을 위한 시간 부족, 양육을 도와줄 사회적 자원의 부족, 교육비를 포함하는 자녀양육비의 부담 등으로 인하여 자녀 보육과 교육에서의 여러 가지 어려움을 호소한다.

한편 한부모들은 스스로의 힘으로 누구보다 자녀를 잘 길러야 하며 특히 자녀와의 관계에서 다른 사람들보다 더 잘 해내야 한다는 마음이 강해, 심하면 강박적인 태도를 보이기도 한다(양해경, 2000). 또한 한부모가족의 한모는 일반 가족의 모와 마찬가지로 자녀교육에 대한 열의가 높지만, 실제로는 학업과 관련된 가정교육에 신경을 쓸 시간적, 경제적 여유가 없다. 또한 자녀들의 학업 내용을 잘 이해하지 못하여 자녀와의 관계가 소원해지거나 갈등이 심화되기도 한다. 특히 자녀와 대화를 하고 자녀의 고민을 들어주는 등 자녀와 함께 보내는 시간이 일반 가정보다 짧아 가족 간의 무관심과 갈등이 심화되고, 사춘기 자녀에 대한 특별한 배려나 관심을 가지기 어려워 자녀의 부적응 문제가 발생되기도 한다(김수현, 2001). 이와 관련되어 변화순 등(2002)의 조사에서는 한부, 한모 가족이 자녀양육과 관련된 다양한 어려움들을 호소하였는데, '아이를 다루는 데 힘이 든다.' '아이가 성적이 좋지 않아 걱정이다.' 에서 상대적으로 높게 나타났고, 그다음으로 '아이와 의사소통이 잘 되지 않아 걱정이다.' '아이를 맡길 곳이 마땅치 않아 어려움이 있다.' '아이가 나쁜 친구와 어울려서 걱정이다.' '아이가 친구들과 어울리지 못해서 걱정이다.' 등이 높게 나타났다(〈표 2-10〉 참조).

〈표 2-10〉 한부모 유형별 자녀 양육 및 교육 문제 (단위: 평균(표준편차))

항목		한부가구	한모가구	전체
아이를 맡길 곳이 마땅치 않아 어려움이 있다.	N	83	351	434
	평균 (표준편차)	2.30 (1.39)	2.46 (1.49)	2.43 (1.48)
아이를 다루는 데 힘이 든다.	N	84	353	437
	평균 (표준편차)	3.04 (1.29)	2.80 (1.29)	2.84 (1.29)
아이가 성적이 좋지 않아 걱정이다.	N	86	352	438
	평균 (표준편차)	2.78 (1.07)	2.53 (1.18)	2.58 (1.16)
아이와 의사소통이 잘 되지 않아 걱정이다.	N	86	352	438
	평균 (표준편차)	2.62 (1.22)	2.34 (1.16)	2.39 (1.17)
아이가 성격이 폭력적이어서 걱정이다.	N	85	354	439
	평균 (표준편차)	2.09 (1.04)	1.90 (1.00)	1.94 (1.01)
아이가 나쁜 친구와 어울려서 걱정이다.	N	86	354	440
	평균 (표준편차)	2.26 (1.27)	1.88 (1.00)	1.95 (1.07)
아이가 친구들과 어울리지 못해서 걱정이다.	N	86	354	440
	평균 (표준편차)	2.00 (1.01)	1.87 (0.99)	1.90 (0.99)

주: 5점 척도로서 점수가 높을수록 어려움을 더 경험하는 것을 의미함.
출처: 변화순, 송다영, 김영란(2002). 가족 유형에 따른 생활실태와 복지 욕구에 관한 연구.

엄미선과 전동일(2006)의 저소득 한부모가족에 대한 연구에서는 양육 부담에 대하여 자녀양육 비용, 자녀의 학습 지도, 자녀와 함께하는 시간 부족의 순으로 보고하였다. 김미숙 등(2000)의 연구에서도 한모가족의 자녀교육상 어려운 점으로 교육비 부족이 가장 높은 55.2%로 나타났고, 그다음 학습지도 15.5%, 절대적 시간 부족 12.8%의 순으로 나타났다. 한부가족의 경우 역시 교육비 부족을 가장 심각하게 보고하고 있으나, 더불어 자녀와의 대화 단절의 문제가 10.5%로 나타나 한부가족의 경우 자녀와의 심리적 관계의 유지 및 자녀교육에서 더 어려움을 경험하고 있는 것을 볼 수 있다. 게다가 자녀의 학업, 학교생활에서의 어려움을 해결하는 데 도움을 줄 만한 인적자원을 소유하지 못함으로써 더 큰 심리적 어려움에 봉착하기도 한다. 따라서 한부모의 자녀양육을 도울 물적 · 인적 자원과 같은 사회적 지원체계가 요구된다.

한편 아직까지는 한부모가족에 대한 사회적 편견이나 부정적 인식으로부터 자유롭지 못하기는 하나, 한부모 또는 이혼 가족의 자녀들이 모두 고통을 당하고 문제아가 되는 등의 부정적 측면만 있는 것은 아니다. 한부모가족의 구성원들은 양부모 가족에 비해 한쪽 부모가 없어도 자녀를 잘 키워야 한다는 심리적 부담감이 클 수 있으나, 이것은 오히려 이들 가족관계를 돈독하게 하고 자녀의 성장을 도와주는 기제로서 긍정적으로 작용하기도 한다(송다영, 2007). 또한 양부모 아동과 한부모 아동의 경우 우리 사회가 가지고 있는 편견과는 달리 이 두 집단 간 부모의 양육태도와 사회적 지지, 그리고 아동이 느끼는 일상적 스트레스에서는 큰 차이가 없다는 연구 결과가 있다(이지선, 2007). 이러한 점에 주목해 볼 때 한부모 아동에 대한 관심과 사랑 및 보살핌, 자녀양육에 대한 경제적 지원, 지역아동센터 등의 사회적 자원 활용 등을 포함한 다각도의 사회적 지원이 주어진다면 한부모가족은 자녀양육의 문제들을 극복할 수 있으리라고 본다.

④ 대인관계의 어려움

한부모에 대한 사회적 편견과 사회적 관계망의 축소는 대인관계에서의 어려움을 경험하게 한다. 과거와 달리 현대는 다양한 가족의 형태를 인정하고 있기는 하지만, 아직까지는 양부모가족이 이상적이라는 사회적 편견이 널리 퍼져 있다. 이로 인해 한부모가족을 병리적 가족으로 간주하여 차별화하고 있는 실정이다(김연옥 외, 2005). 특히 한모의 경우 혼자 사는 사실이 알려지게 될 경우 남성들로부터 성희롱의 대상이 되는 등 직장이나 사회생활에서 상당한 불이익을 당하게 되는 경우도 있다(변화순 외, 2001). 이러한 사회적 편견은 한부모로 하여금 심리적인 위축과 사회적 관계의 축소를 가져온다.

또한 한부모가족은 사회적 관계망의 축소를 경험한다. 특히 여성의 경우는 결혼 기간 동안에 가족 이외의 다른 사회적 관계망을 갖고 있지 않고 대부분 남편과 관련되어 사회적 관계망을 형성하고 지냈기 때문에, 한부모가 됨으로써 그러한 사회적 관계망을 상실하게 된다. 이에 따라 사회적 관계망의 결여 및 사회적 고립을 가져오게 된다. 이혼으로 인한 한부모의 경우 수치심, 사고와 생활환경의 차이, 이혼자에 대한 편견 등의 이유로 스스로 친구관계와 같은 사회적 관계망을 단절하는 경향도 있다(이동원 외, 2001). 저소득층의 경우는 생계를 위해 취업을 해야 하기 때문에 가족이 해체되기 전의 사회적 관계망을 계속 유지할 여유가 더 없어져 일반 한부모보다 더 협소한 지지망을 가지게 되기도 한다.

따라서 다양한 가족의 형태를 이해하고 수용하는 사회적 인식 및 한부모가족에 대한 사회적 지지와 관계망의 확충이 필요하다고 하겠다.

(3) 한부모가족의 부모역할

양부모와 마찬가지로 한부모의 부모역할 역시 자녀가 가정, 학교, 사회에서 성공적으로 적응하도록 돕는 것이다. 한부모가족의 경우 가족 해체의 과정에서 경험하게 되는 다양한 스트레스 요인이 자녀의 부적응 가능성을 증가시킬 수 있으므로, 자녀의 심리적 상태를 이해하고 정서적 안정을 돕는 것이 기초적인 역할이라고 할 수 있다. 또한 자녀의 정서적 안정은 부모의 심리적 안정과 깊이 관련되어 있으므로, 한부모 자신의 정서적 안정을 갖는 일과 자신을 돌보는 일도 기본적으로 수행되어야 할 것이다. 이에 유안진과 김연진(2003)은 한부모의 역할 중에 '부모는 인생을 긍정적으로 본다.' '부모는 자신감을 갖는다.'와 같은 부모 자신의 긍정적인 시각과 태도를 제시하고 있다.

① 자녀에 대해 이해하기

부모는 자녀의 심리적, 정서적, 행동적 어려움에 대해 먼저 이해해야 한다. 한부모의 자녀들은 자신이 다른 아이들과 다르거나 무언가 결핍되어 있다는 생각을 갖게 되는 등 부정적인 자아개념을 가질 수 있고, 이는 가정이나 학교생활에서의 부적응으로 표출될 수 있다. 특히 이혼으로 인한 한부모가족의 경우 자녀는 재결합에 대한 환상, 분노, 두려움, 죄책감, 환경 변화에 대한 부적응, 학업과 행동의 문제, 충성심의 갈등, 애도과정 등과 같은 어려움을 경험한다(한국청소년상담원 편, 2005).

이혼한 가족의 경우 자녀의 심리적 특징을 크게 세 가지로 요약할 수 있다. 첫째, 자녀는 재결합에 대한 환상을 갖는다. 특히 유아기나 학령 전기의 아동은 지속적으로 부모의 재결합에 대한 환상을 갖는다. 이 경우에 자신의 성장에 필요한 발달과업을 수행하지 못하고, 그 상태에 고착되어 건강한 성장에 저해를 받을 수 있다(Hetherington, 1983). 따라서 부모들은 이혼에 대해 정직하고 적절한 설명을 해 주고, 자녀에게 이해를 구해야 한다. 부모가 왜 그러한 결정을 내리게 되었는지, 함께 거주하지 않게 된 부 또는 모를 언제 어떻게 만날 수 있는지에 대해 구체적이고 명확한 설명을 해 주어야 하며, 이혼과 관련된 문제에 대해 자녀가 자유롭게 물을 수 있는 분위기를 조성해 주고, 그에 대해 성실하게 대답해 주어야 한다(주소희, 2002; 진민주, 2004).

둘째, 자녀가 다양한 부정적 정서들을 경험하고 그 부정적 정서들이 해결되지 않을 경우 학교와 가정에서 부적응 행동을 표출하게 된다. 먼저 자녀는 불안, 우울, 분노, 후회, 억압, 죄책감, 무력감 등의 심리적인 혼란을 경험하게 된다(채규만, 1998). 자녀는 부모가 자신을 버리고 배신했다고 여기면서 부모에 대한 강한 분노감을 느끼는 한편 자신에 대한 비난과 죄책감을 갖기도 한다.

특히 유아의 경우 부모의 이혼이 자신의 나쁜 행동 탓이라고 생각하게 되어 자신을 비난하고 죄책감을 갖는다. 한편으로는 자신이 착한 아이가 되면 부모들이 다시 돌아올 것이라고 기대하고, 나름대로 착한 아이로서 행동하면서 재결합의 환상을 유지하기도 한다. 그러나 자신의 그 어떤 노력에도 불구하고 부모가 돌아오지 않음으로써 깊은 좌절이나 우울 또는 무력감을 느끼게 된다. 이러한 부정적인 감정들이 해결되지 못하는 경우 위축, 불안, 안절부절못함과 같은 내재화된 문제행동으로 표출되거나 불복종, 공격적 행동, 과다한 짜증, 반항적인 태도, 학업에서의 부적응 등을 보이는 외현화된 문제행동으로 표출되어 학교생활과 가정생활에서의 부적응을 나타내게 된다(성영혜, 2002; Wallerstein & Blakeslee, 1990).

셋째, 대인관계에서 어려움을 경험한다. 부모의 이혼으로 자녀는 이제 한쪽 부모와는 함께 살 수 없게 됨으로써 한쪽 부모와 직접적인 접촉을 유지하기가 어려워진다. 또 경우에 따라서는 이사를 하게 됨으로써 지금까지의 지지원이 되어 준 사회적 관계망과의 단절을 경험하게 된다. 더불어 새로운 환경 및 관계에 직면하게 되는 것이다(김은영, 2002). 이러한 상황에서 자녀는 슬픔과 무력감을 느끼게 되는 등 스트레스를 경험한다. 이사를 하지 않는 경우에는 지역적인 환경의 변화는 없으나 부모의 이혼으로 인한 수치심으로 인하여 친구관계에서의 위축을 경험할 수 있다. 또한 부모와의 관계에서 경험한 무력감이 친구관계에서도 재연되어 친구관계를 형성, 유지하는 데 어려움을 경험할 수 있다. 따라서 부모는 자녀의 심리적인 어려움들을 이해하고 수용해 주는 태도가 필요하다.

② 일관성 있는 훈육을 하기

부모역할은 크게 양육과 훈육이라고 볼 수 있다. 특히 훈육은 자녀가 가정과 학교에 적응하고 더 나아가 사회에 적응하며 사회 구성원으로서 살아가도록 돕는 데 필요한 중요한 역할이다. 그런데 한부모가족은 그 특성상 훈육의 어려움에 직면하게 된다. 그 이유로는 훈육하는 데 필요한 시간의 부족을 들 수 있다. 경제적 부양과 자녀양육, 가사 수행이라는 이중 또는 삼중의 역할을 수행해야 하는 한부모로서는 자녀를 훈육하는 데 드는 시간이 부족하게 된다. 때문에 때때로 손위형제에게 동생을 지도하게 하거나 부모의 문제를 들어주도록 하는 등 오히려 자녀에게 의지하는 경우도 있다. 아이가 좀 큰 경우에는 대개 혼자 남겨 두게 된다. 한편 자녀에 대해 미안함과 죄책감을 갖는 부모는 자녀가 안쓰러워서 제대로 훈육하지 못하는 경우도 있다. 또 이혼한 부모의 경우 부모가 서로 훈육 스타일이 달라서 자녀로 하여금 혼란을 가져오게 할 수도 있다. 이러한 훈육의 부재나 비일관적인 훈육이 누적되면, 자녀에게 꼭 가르쳐야 할 것들을 가르치지 못하게 되어 좋지 않은 습관이나 학교생활에서의 부적응

〈표 2-11〉 부모의 이혼이 자녀에게 미치는 영향과 부모역할

연 령	자녀의 발달과제	이혼이 미치는 영향	부모역할
유아기	• 애착 형성 • 기본적 신뢰감 및 기본 생활습관 형성	분노와 슬픔, 퇴행적 행동을 보이기도 하고 자기도 버려질 수 있다는 불안이나 두려움을 보인다.	정서적 버팀목 역할, 불안과 두려움을 수용하고 보듬어 주기, 일관적인 훈육방식을 유지하기
초1~3학년	• 학습 습관 기르기 • 또래관계를 통한 사회성 습득 • 긍정적 자아존중감 형성	매우 슬퍼하거나 쉽게 울고 거절당했다는 느낌을 갖게 된다. 헤어진 부모를 그리워하고 부모의 재결합에 대한 기대를 가진다.	현실을 분명하게 이야기하면서도 부모는 여전히 부모임을 설명하고 안심시킴으로써 힘든 정서를 함께 나누기
초4~6학년		부모의 이혼을 이해할 수 있지만 수용하기는 어렵다. 스스로 중재자 또는 조정자 역할을 하려고 하며, 잘 지내는 모습만 보일 뿐 자신의 감정을 숨기기 쉽다.	어려운 부분이나 힘든 감정을 부모에게 이야기할 수 있는 분위기를 조성하고, 자녀의 학습과 또래관계에 관심을 갖고 성취 동기를 부여해 주기
청소년기	• 자아정체감 확립 • 갈등 해결 방법 습득	자신의 개인적 감정과 부모 문제 사이에 거리를 유지할 수 있다. 또래관계에 집중하며 부모들의 갈등을 회피하려고도 한다. 불복종, 분노 등 적응 문제를 보이기 쉽다.	간섭 또는 지나친 통제를 피하면서도 큰 테두리 내에서 관심과 지지를 제공하고 일상생활을 관찰하여 함께 계획 세우기

출처: 한국청소년상담원 편(2004). 이혼을 넘어 좋은 부모되기.

을 가져올 수 있다. 따라서 한부모 역시 양부모와 마찬가지로 명확하고 일정한 규칙을 정하고, 일관성 있게 적용함으로써 자녀에게 책임감을 길러 주고, 자녀로 하여금 새로운 가정환경에 적응하고 안전감을 갖게 해야 한다.

유안진과 김연진(2003)은 '자녀 스스로 자신의 문제를 해결하는 경험을 갖게 하기' 등의 자녀 지도 방법을 제시하였다. 한국청소년상담원(2004)은 '이혼을 넘어 좋은 부모되기 프로그램'에서 〈표 2-11〉과 같이 자녀의 연령에 따른 부모역할을 제시하였다.

③ 친밀한 의사소통을 유지하기

친밀한 대화는 모든 가족관계의 유지에 있어서 기본적이고 필수적인 요인이다. 특히 이혼과 같은 심리적 어려움과 고통을 경험하는 경우 부모와 자녀 간에 대화는 무엇보다도 중요하다고 하겠다. 그러나 한부모가족은 한부모의 과중한 역할(직장생활, 가사노동, 자녀양육 등)이나 심리적 어려움으로 인하여 오히려 소원한 관계를 갖게 되고, 의사소통에서의 소원함이나 단절을 경험하게 된다. 따라서 대화를 위한 시간과 여유를 갖고 적절한 대화기법 등을 습득하기 위한 노력을 해야 한다. 이를 위하여 부모교육 프로그램 등에 참여하는 것이 도움이 된다. 가족과 성 상담소의 '한부모들에게 주는 자녀교육을 위한 길라잡이'에서도 자녀와의 대화를 중요하게 제시하였는데, '대화할 때 자녀의 마음을 읽어 주기' '자녀 탓이 아닌 자신의 감정을 표현하는 나-전달법' 등을 제시하고 있다. 또한 유안진과 김연진(2003)은 부모역할로 '하루에 적어도 30분은 가족이 함께 시간을 갖고 대화하기' '한부모와 자녀는 가족생활 교육프로그램에 함께 참여하기' 등을 제시하였다. 이러한 방법들을 통하여 친밀하고 적절한 의사소통이 이루어지게 된다.

④ 이혼에 대해 알리기

이혼가정의 경우 자녀에게 이혼에 대해 솔직하게 이야기하는 것을 두려워하며 이혼 사실을 숨기거나 거짓말로 둘러대는 경우가 있다(황은숙, 2007). 이혼에 대한 솔직하지 못한 태도는 자녀들로 하여금 부모의 이혼에 대해 잘못된 인식을 갖게 한다. 이혼의 원인을 자신에게 돌려 자기를 비난하거나 죄책감을 갖기도 하고, 어느 부모의 편이 되어야 할지 몰라 충성심 갈등으로 인한 스트레스를 경험하기도 하며, 부모에 대한 왜곡된 생각을 갖기도 한다. 황은숙(2007)의 연구에서는 이혼한 어머니가 자녀를 학대하던 아버지를 좋은 아버지라고 자녀에게 이야기함으로써 아버지에 대한 왜곡된 인식을 갖도록 하는 결과를 낳았고, 자녀가 좋은 아버지를 버린 어머니에 대해 원망과 반항을 한 사례가 제시되기도 하였다. 스밀란스키(Smilansky, 1992)의 연구 결과에서는 자녀의 이혼에 대한 개념화는 아동의 정서적, 사회적, 학문적 적응과 정적 상관이 있음이 밝혀졌다. 즉, 이혼과정과 그 결과에 대한 이해, 두 부모 모두와의 지속적인 관계에 대한 인식, 이혼 후 가족구조의 개념에 대한 이해는 적응에 기여하는 것으로 나타났다(한국청소년상담원 편, 2005 재인용). 따라서 자녀에게 이혼에 대한 개념을 바르게 잡아 주는 것은 다양한 정서적, 적응적 문제를 예방하는 차원에서 매우 중요하다. 자녀에게 설명하기에 앞서 부모는 서로 구체적인 사항을 결정할 필요가 있다. 양육권, 면접교섭권, 자녀 양육비 등에 대해 서로 합의하여야 하고, 자녀와 관련된 계획이 수립된 후에는 자녀에게 어떻게 무엇을 말할 것인지를 결정해야 한다(한국청소년상담원 편, 2005).

⑤ 협력적 부모가 되기

협력적 부모란 이혼과정을 통해 한부모가족이 되더라도 비양육부모도 부모의 역할을 함께 수행하는 것을 말한다. 이혼은 부부관계의 종결을 의미하는 것이지 부모-자녀 관계에서의 단절을 의미하는 것은 아니므로 부모로서의 역할을 수행해야 한다는 점을 강조하는 입장이다. 외국의 경우 부부가 이혼을 하였더라도 자녀양육에 있어서는 그 책임을 공유하는 것을 볼 수 있는데, 이와 같은 전배우자와의 관계가 긍정적으로 유지되는 것은 자녀의 적응에 도움이 된다. 이혼한 부모들이 지속적으로 갈등을 가진다면 자녀에게 심각한 정서적 문제를 일으킬 수 있다.

우리나라의 경우 협력적 부모의 개념은 생소한 실정이어서 이혼 여성의 2/3 정도는 자녀가 전남편과 관계를 잘 유지하도록 하는 데 별 관심이 없었다(장혜경, 민가영, 2002). 협력적 부모관계는 자녀의 적응을 도울 뿐 아니라 양육부모가 겪게 되는 역할 과중과 비양육부모가 겪게 되는 심리적 고통 및 자녀에 대한 죄책감 등을 경감시킬 수 있을 것이다. 또한 자녀는 어느 쪽의 부모도 잃지 않을 수 있고, 부모의 이혼이 가져오는 생활양식의 변화로 고통받지 않을 수 있다. 부모 또한 어느 쪽도 혼자서 과중한 부담을 지거나 부모역할을 강제로 포기하지 않아도 되는 이점이 있게 된다(김숙기, 2001). 따라서 앞으로는 우리나라에서도 협력적 부모의 개념이 널리 확산되고 이러한 부모역할을 할 수 있도록 개방적인 사회적 분위기 및 이혼 부모에 대한 교육을 실시하는 것이 필요할 것이다.

3) 재혼가족

재혼이란 '이미 한 번 또는 그 이상 결혼하여 가정을 이룬 남성이나 여성이 다른 배우자와 새롭게 가정을 재구성하는 것' 으로 이러한 가족을 재혼가족(remarried family)라고 한다(한국가정법률상담소, 1996). 재혼가족은 그 특성으로 인해 용어도 '계부모가족(step family)' '재구성가족(reconstituted family)' '혼합가족(blended family)' 또는 '두 개의 핵가족(binuclear family)' 등으로 다양하게 사용된다. 일반적으로는 재혼가족과 계부모가족이 혼용되거나 동일한 개념으로 사용되고 있다. 대표적으로 성별과 초혼/재혼의 기준을 조합하여 남녀재혼(재혼남 + 재혼녀), 남재여초(재혼남 + 초혼녀), 남초여재(초혼남 + 재혼녀)로 유형화할 수 있다. 그러나 부부 각각의 전혼자녀의 유무 및 재혼자들의 특성에 따라 더 세분화하여 나눌 수 있다. 최영아(2002)는 6개 유형으로 분류하였고 그 특징을 〈표 2-12〉와 같이 제시하였다.

재혼가족이 발생하는 원인은 직접적으로는 이혼, 별거, 사망 및 유기 등으로 인한 가족 해체를 들 수 있으며, 이 외에도 개인주의적 성윤리와 다양한 가족관의 전환, 여성 지위 향상 및 재정적인 이유 등이 있다(김유경, 2005). 최근

〈표 2-12〉 재혼가족의 유형 및 특징

<table>
<tr><th>유 형</th><th>자녀 유무</th><th>자녀와의 동거 여부</th><th>자녀와 재혼부부 관계</th><th>재혼의 유형</th><th>재혼가족의 특징</th></tr>
<tr><td>유형 1</td><td>부모 양쪽이 무자녀</td><td></td><td></td><td rowspan="5">• 남자 초혼 + 여자 재혼
• 남녀 재혼
• 여자 초혼 + 남자 재혼</td><td rowspan="2">배우자의 전혼 경험을 제외하고는 초혼부부와 유사하다.</td></tr>
<tr><td>유형 2</td><td>재혼부부 사이의 출생자녀(친자녀)</td><td>일반적으로 혼인한 자녀는 동거하지 않고, 혼인하지 않은 자녀는 동거한다.</td><td>부모의 전혼이 자녀와 무관하다.</td></tr>
<tr><td rowspan="2">유형 3</td><td rowspan="2">부모 한쪽만 전혼자녀</td><td>성인 자녀의 경우 일반적으로 동거하지 않는다.</td><td>자녀양육과 관련된 문제들이 일상생활의 중요한 부분이 아니다.</td><td rowspan="2">자녀가 미성년 · 성년 여부에 따라 동거 여부가 결정되며, 일상생활에 영향을 준다.</td></tr>
<tr><td>미성년 자녀의 경우 일반적으로 동거한다.</td><td>자녀양육과 관련된 문제들이 일상생활의 중요한 부분이다.</td></tr>
<tr><td>유형 4</td><td>재혼부부의 친자녀와 전혼자녀</td><td></td><td>성인 자녀의 경우는 일반적으로 동거하지 않고, 미성년 자녀의 경우는 같이 동거하기도 한다.</td><td>한쪽 배우자의 전혼자녀와 친자녀 사이의 갈등이 나타나기도 한다.</td></tr>
<tr><td>유형 5</td><td>부모 양쪽 모두 전혼자녀</td><td rowspan="2">동거하는 자녀와 동거하지 않는 자녀가 있을 수 있다</td><td rowspan="2">동거하는 경우 자녀문제가 일상생활이 되고, 동거하지 않는 경우 일상생활이 되지 않는다.</td><td rowspan="2">남녀 재혼</td><td>배우자 모두 전혼자녀가 있어서 상대방의 전혼자녀와 갈등을 느끼기도 한다.</td></tr>
<tr><td>유형 6</td><td>부모 양쪽 모두 전혼자녀와 재혼부부의 친자녀</td><td>전혼자녀와 재혼부부의 친자녀가 있어서 더 복잡하다.</td></tr>
</table>

출처: 최영아(2002). 재혼자의 노년기 결혼만족도에 영향을 미치는 요인들.

에는 이혼과 재혼의 증가로 인한 재혼가족의 증가가 두드러지고 있다. 재혼의 비율이 남성은 1990년에 8.4%에서 2000년에 13.1%로, 2005년에 18.9%로 증가하였고, 여성은 1990년에 7.1%에서 2000년에 14.5%, 2005년에 21.1%로 급증하였다(통계청, 2007b). 또한 재혼의 유형도 변화하여 과거에는 재혼 남성과 초혼 여성의 재혼이 주를 이루었으나, 최근에는 초혼 남성과 재혼 여성, 또는 남성과 여성 모두 재혼인 경우가 증가하고 있다.

(1) 재혼가족의 특징

재혼가족은 초혼가족이나 한부모가족과 그 성격이 다르며 더 복잡한 특징을 갖는다. 복합한 가족관계로 인한 어려움, 재혼가족에 대한 비현실적인 기대, 충성심 갈등, 가족 경계의 모호성에 의한 역할 긴장, 재정적 문제 등을 갖게 된다.

① 복잡한 가족관계로 인한 어려움

재혼가족은 복잡한 가족관계를 그 특징으로 하기 때문에 갈등의 소지가 있다. 관련된 가족관계로는 동거 친부모-자녀 관계, 비동거 친부모-자녀 관계, 계부모-계자녀 관계, 재혼 후 출산한 자녀와의 관계를 포함하는 부모-자녀 관계뿐만 아니라 전배우자와의 관계, 친형제자매 관계, 이복 · 이부형제자매 관계, 계형제자매 관계, 친조부모와 손자녀 관계, 계조부모와 손자녀 관계, 기타 계친족관계 등 방대하다.

결혼생활에서 핵심적인 관계는 부부관계다. 부부의 친밀감과 공고한 관계를 전제로 형성되는 초혼부부의 경우와 달리 재혼부부는 서로의 관계를 공고화시킬 시간을 갖지 못한 점, 초혼보다 더 복잡한 가족관계, 부모-자녀의 유대가 배우자 간의 유대보다 더 오래되었다는 점, 부모와 자녀 간의 가족생활주기상의 불일치가 크다는 점 등으로 인하여 부부관계를 결속시키고 강화하는 데 어려움을 갖는다. 특히 재혼부부는 낮은 자존감과 갈등에 대한 공포 등으로 인하여 서로에 대해 강압적이고 부정적인 감정을 표현하며, 문제해결 기술도 부족한 것으로 나타났다(Farrell & Markman, 1986). 재혼부부의 관계는 초혼부부에 비해 상호 간 부정적인 감정이 더 크고 문제해결 기술도 미숙하며 의견 일치도가 낮아 갈등이 더 많은 것으로 나타났다(전춘애, 박성연, 1998). 상담소를 이용한 재혼부부의 62.7%가 부부갈등 문제로 상담을 요청했다는 조사를 볼 때 재혼부부의 어려움을 짐작할 수 있다(한국가정법률상담소, 1996). 반면 기능적인 계부모가족은 의견 일치가 잘 이루어지고 의사소통과 문제해결 기술도 높다고 보고되고 있다(Anderson & White, 1986).

본질적으로 복잡한 가족관계는 부모-자녀 관계에서의 어려움을 가져온다. 전춘애와 박성연(1998)의 연구에서는 계자녀가 없는 재혼부부의 결혼 만족도가 계자녀가 있는 부부에 비해 더 높은 것으로 나타났다. 이는 부모-자녀 관계가 자연적, 혈연적 관계로 이루어진 것이 아니라 재혼이라는 인위적으로 성립된 관계라는 점, 현재 계부모와 자녀의 관계에 있어서 전부모와의 관계나 지위가 영향을 준다는 점, 계부모 가족 구성원들이 서로 다른 가족적 역사를 가지고 있다는 점, 계부모-자녀 관계에 대한 사회적 · 문화적 편견이 존재한다는 점 등과 관련되는 것이다.

특히 계모에 대한 사회적 편견과 범문화적인 고정관념은 계부모-자녀 관계에 영향을 준다. 계모가족의 경우 '콩쥐팥쥐' '장화홍련전' 과 같은 우리나라의 전래동화나 '신데렐라' '백설공주' '헨젤과 그레텔' 과 같은 서양의 동화에서 사악하고 냉정한 계모로 그려지고 있고, 때로는 대중매체에서도 그와 같은 고정관념을 토대로 한 내용이 제시되고 있다(Ganong & Coleman, 1994). 이러한 경향으로 인하여 계모가족이 다른 계부모가족 유형 가운데서 더 많은 갈등, 더 낮은 적응을 보이는 것으로 보고되었다(Ganong & Coleman, 1987). 또한 청소년을 둔 계부모-자녀 관계의 경우 더 심각한 어려움을 경험하게 된다. 자녀는 청소년기가 되면 친부모에 대한 관심이 높아지면서 문제아로 보이는 경향이 있고(Walsh, 1992), 자녀의 발달단계상으로도 청소년기는 계부모를 받아들이기 어려운 발달시기이기도 하다(Crosbie-Burnett & Giles-Sims, 1994).

이에 계모들은 자녀와의 갈등으로 인한 어려움을 보고하고 있다. 김연옥(1999)의 재혼모가 경험하는 가정생활에서의 어려움에 대한 연구에서 '전처자녀와의 양육과 교육' 에 대해 가장 큰 어려움을 경험하는 것으로 나타났고,

'전처 자녀와의 의사소통' '전처 자녀와의 갈등' 등 전처 자녀와 관련된 역할에서의 어려움을 제시하였다. 또한 자녀 양육과 교육에 대한 남편의 간섭, 전처 자녀에 대한 남편의 편애 등이 높게 나타났다. 이는 재혼모들이 계자녀와의 관계에서 어려움을 많이 경험한다는 것을 보여 준다(〈표 2-13〉 참조).

이 외에도 서로 다른 부모와 환경에서 성장한 재혼가족 내의 형제자매 관계는 가족 내의 경험과 기억을 함께 공유할 수 없다는 이유 때문에 갈등의 원인이 될 수 있다.

② 비현실적인 기대

많은 초혼·재혼자들은 결혼이 자신에게 전적인 행복을 가져다줄 것이라는 비현실적인 기대를 갖게 된다. 특히 재혼자들의 경우 이미 많은 상실과 좌절을 경험하였고, 재혼을 통해 그러한 어려움은 모두 사라지고 서로 애정적이고

〈표 2-13〉 재혼모가 경험하는 가정생활에서의 어려움

문제 영역	영역별 평균 점수(표준편차)
전처 자녀의 양육과 교육	5.5(3.5)
전처 자녀와의 의사소통	5.3(3.1)
자녀 양육과 교육에 대한 남편의 간섭	4.2(2.7)
나와 전처 자녀와의 갈등	5.0(3.1)
전처 자녀에 대한 남편의 편애	4.5(2.7)
남편과 전처 간의 관계	2.3(2.3)
전처 자녀와 전처 간의 관계	3.2(2.9)
전남편과의 사이에서의 자녀와 남편의 갈등	3.9(2.3)
이복·이부형제 간의 갈등	3.2(2.4)
계모에 대한 주위의 부정적 시선	3.3(2.4)
나에 대한 주위의 지나친 기대	3.8(2.5)
자녀 양육과 교육에 대한 시댁의 간섭	3.8(2.9)
경제적 문제	5.1(3.2)
전체 평균	4.1(.9)

출처: 김연옥(1999). 재혼가정 내 모의 역할기능에 관한 연구.

화목한 가족을 이룰 수 있으리라는 '즉각적 사랑의 신화'를 갖는 경우가 있다(여성부, 2003). 따라서 재혼가족은 비현실적인 기대와 환상에서 벗어나 가족 구성원들 간의 역할과 관계를 정립하는 것이 필요하다.

페이퍼나우(Papernow, 1993)는 재혼 초기에 이러한 환상의 단계를 경험하던 재혼가족이 7단계를 거치면서 점차 발달하게 되고, 하나의 친밀한 가족을 구성해 가는 과정을 설명하고 있다. 이를 구체적으로 살펴보면 다음과 같다.

- 환상기: 재혼과 동시에 서로 애정적이고 화목한 가족에 대한 환상을 갖는 단계
- 침식기: 환상과는 맞지 않는 현실과 경험이 분명해지는 단계
- 인식기: 계부모가족 관계에 대한 환상이 현실적인 인식으로 대체되는 단계
- 변동기: 계부모 역할과 관계에 대한 갈등과 사소한 싸움, 스트레스가 있는 상호작용의 단계
- 행동기: 새롭고 안정된 계부모가족 관계가 발달하기 시작하는 단계로, 계부모가족의 새로운 의례, 행동규칙, 관습을 만들고 계부모-자녀 관계 내에 새로운 경계를 긋게 되는 단계
- 접촉기: 계부모가족 내에 친밀성과 애착이 발달하는 단계
- 융화기: 계부모가족의 규범이 수립되고, 가족의 역사가 발달되며, 가족 구성원의 역할과 관계를 정립하는 단계

③ 충성심 갈등

충성심 갈등(loyalty conflict)이란 어떤 한 사람에 대해 애정을 갖고 있으면서 또 다른 사람에게도 애정을 갖게 될 때 겪게 되는 심리적 갈등으로, 주로 분노감, 배반감, 질투, 죄책감 등과 같은 복합감정을 수반한다. 부모의 이혼으로 인해 생모와의 분리를 경험하는 자녀의 경우 계모와의 친밀한 관계는 곧 생모에 대한 배신으로 여겨져 심리적 갈등을 경험하게 되고, 이는 계부모와의 관계를 어렵게 만드는 요인이 되기도 한다. 특히 자녀들은 부에 대한 애착보

다 모에 대한 애착이 강하기 때문에 생모에 대한 보다 많은 충성심 갈등을 경험하게 된다(Ganong & Coleman, 1994). 즉, 두 명의 엄마를 갖는다는 것이 정서적으로 두 명의 아빠를 갖는 것보다 더 어려운 일이기에 계모에게 심리적 거리를 두게 되는 것이다. 한편 자녀뿐만 아니라 계부모의 경우도 자신의 친자녀와 계자녀 사이에서 충성심 갈등을 느끼기도 한다. 이와 같은 충성심 갈등은 친밀한 관계를 저해하고 관계에서의 긴장을 가져오게 한다.

④ 가족 경계의 모호성에 의한 역할 긴장

가족 경계란 가족 구성원에 속하는 자와 속하지 않는 자에 대한 구분, 가족체계 내에서 가족 구성원이 수행해야 하는 역할과 기능에 대한 지각을 포함하는 것이다. 가족이 기능적으로 유지되기 위해서는 가족 경계의 명료화가 선행되어야 한다. 재혼가족의 경우 이러한 가족 경계가 불확실하고 모호한 특성을 갖고 있다. 이와 같이 계부모와 자녀 간의 가족원 역할이 불분명하고 모호하므로 재혼 가족원은 역할 혼란과 역할 긴장을 경험하게 된다. 특히 계부모는 자녀들에게 상실된 부모로서의 역할과 훈육을 어느 정도 수행해야 할지, 계자녀들이 이를 어떻게 수용할지 등과 관련하여 어려움을 경험하게 된다. 따라서 계자녀가 있는 경우에 계부모의 부모역할에 대한 역할 설정은 역할 긴장과 역할 혼란을 감소시키고 스트레스를 감소시키는 데 도움이 된다.

파슬리(Pasley, 1987)는 비동거 가족 구성원의 심리적 · 물리적 부재에 대해 부부간의 지각이 일치한 경우 가족 경계의 모호성이 낮고 불일치한 경우 경계의 모호성이 높다고 지적하면서, 계모가족의 경우 경계 모호성이 높지만 재혼 후 출산자녀가 있는 경우에는 경계의 모호성이 매우 낮다는 점을 보고하였다. 이는 재혼부부가 긴밀하고 분명한 의사소통을 통해 일치된 가족 역할 및 경계를 정하는 것이 필요하다는 것을 보여 준다.

⑤ 재정적 문제

대다수의 초혼부부는 결혼 후 자연스럽게 경제적 자원을 공유하게 되고, 가족생활의 유지와 자녀 양육 및 교육에 소용되는 경제적 자원의 지출에 대해 갈등을 경험하지 않는다. 뿐만 아니라 결혼생활을 유지하는 과정에서 형성되는 재산에 대한 공유에 있어서도 그다지 갈등을 경험하지 않는다. 반면 재혼부부는 재정적인 것과 관련된 어려움을 경험한다. 재혼부부는 이미 서로 다른 정도의 경제적 자원을 소유하고 있고, 전혼자녀와 관련된 재정적 지출 정도가 다르기 때문에 돈과 관련된 갈등의 여지가 높아서 더 많은 재정적 스트레스를 경험하게 된다. 이에 대한 연구에서 재혼부부들은 서로 재정적인 문제에 대해 개방적으로 의논하는 것을 꺼려하는 경향이 있었다. 남성의 경우 두 가족의 재정적 요구 간에 고통을 느끼고, 의붓자녀에 대한 재정적 책임을 부담스러워하였다. 여성 역시 자신의 재정적 문제를 드러내기를 꺼려하고 자신의 자녀가 새로운 남편에게 부담이 되는 것에 대해 우려하였다(이유갑 외 역, 2002). 따라서 재혼부부의 경제적 통합은 재혼가족에게 중요한 발달적 과업의 하나다.

(2) 재혼부모의 부모역할

재혼부모는 새로운 부부로서의 정체성과 동시에 부모로서의 정체성을 확립해야 하는 과업에 직면하게 된다. 아직 재혼한 배우자와 부부로서 익숙해지지 못한 상태에서 배우자의 자녀를 받아들여야 한다는 것은 생각과는 달리 많은 어려움에 처하게 될 수 있다. 따라서 재혼 전부터 자녀들에 대해 충분한 대화를 나누는 것이 필요하다.

① 자녀를 이해하기

재혼부모는 자녀의 심리적 불안정과 혼란을 먼저 이해해야 한다. 부모의 재혼을 경험하는 자녀들, 특히 이혼과 재혼을 경험하는 자녀들은 부모의 이혼과 재혼의 과정에서 수동적인 입장이었고, 심리적인 준비 역시 미비한 관계로 심리적 충격, 무력감 및 혼란을 경험하게 된다. 때로 자녀들은 부모의 재혼을 수용할 준비가 되어 있지 않을 수도 있고, 그것을 거부하고 싶었으나 어쩔 수 없이 받아들여야 하는 경우도 있다. 이 경우 자녀는 부모의 이혼과 재혼에 대해 분노, 무력감, 우울 등을 경험하게 되고, 이는 새로운 가족을 형성하려는 부모의 노력에 저항하는 형태로 나타나기도 한다. 또한 가정이나 학교에서 적응에 어려움을 느끼고, 나아가 우울증이나 대인관계에서의 문제를 드러내기도 한다(이정림, 2000).

이러한 부적응이 청소년 자녀에게서는 분노, 우울, 불안 등의 내면적 행동장애나 또래관계, 또는 학업에서의 문제로 나타나기도 한다. 심각한 경우 탈선이나 비행, 또는 성격적인 문제를 나타내기도 한다(안혜연, 1999; 이소희 외, 1999 재인용; Bray, 1988).

더구나 재혼가족 내 자녀들은 형제관계에서도 스트레스를 경험한다. 친형제자매 관계는 출생순위에 의해 자연스럽게 이루어지지만, 이복 · 이부형제나 계형제 관계는 그 순서가 분명하지 않기 때문에 형제들 간의 갈등과 마찰을 가져오기도 한다. 이복 · 이부형제자매 관계에서는 자녀들이 어릴수록 더 많은 스트레스를 야기하며, 형제자매의 연령차가 클 때, 재혼가족의 형성기간이 오래될수록, 이복 · 이부형제자매들이 함께 살 때, 자녀들의 기질이 비슷할 때 더 원만하다고 할 수 있다(이영숙 외, 1999 재인용).

따라서 부모는 자녀의 분노감, 상실감에 대한 슬픔, 우울 등을 수용하고 인정해 주며, 자녀 스스로 충분히 애도 감정을 발산하도록 격려해 주어야 한다. 또한 부모의 이혼이 자신의 잘못이 아니며, 부모가 자녀를 사랑하는 마음은 변함 없음을 확신시켜 주는 것이 필요하다(현은민, 2003).

② 친부모와의 관계를 인정하기

이혼으로 인한 친부모의 상실을 경험하는 자녀의 경우 친부모에 대한 애정과 연민, 죄책감 등을 경험함으로써 계부모와의 관계를 형성하는 데 어려움을 겪는다. 또한 계부모를 자신의 친부모에 대한 애정과 관심의 경쟁자로 보고 친밀한 관계를 거부할 수 있다. 이때 계부모는 서로 다른 가족의 역사를 갖고 있음을 기억하고 계자녀의 친부모에 대한 그리움을 이해하며, 친부모와 자녀 간의 특별한 유대를 존중해 주는 것이 필요하다. 이는 계부모로서의 역할을 포기하는 것이 아니라 계부모가 친부모와 경쟁하지 않으면서 새로운 역할을 정립해야 함을 의미한다.

③ 새로운 관계 형성을 위한 충분한 시간을 갖기

재혼부모는 재혼을 통해 온전한 가족의 형태와 관계를 이루고 살아가기를 기대한다. 더구나 빠른 시간 내에 유대를 형성할 것이라는 사회적 압력이 존재하고, 계모에 대해서는 여성으로서 모든 자녀양육의 역할을 맡아야 한다는 사회적인 기대가 있다(Ganong & Coleman, 1994). 그러므로 계모는 빨리 계자녀와 친밀한 관계를 형성해야만 한다는 조급함을 느끼게 되는데, 이는 도리어 부모-자녀 관계에서의 갈등을 야기한다.

따라서 계부모들은 계자녀와의 관계를 형성하는 데 있어서 지나친 기대를 하기보다는 충분한 시간이 필요하다는 사실을 인식해야 한다. 부모의 재혼 기간이 2년 이하로 짧을 경우 청소년 자녀들의 스트레스가 높다는 연구 결과(윤주애, 2002)와 대략 재혼가족의 적응 문제들을 해결하기 위해서 2년 정도가 지나야 한다는 연구 결과(Walsh, 1992)는 충분한 시간이 필요하다는 사실을 강조하고 있다. 더구나 각 재혼가족의 유형, 가족 구성원들의 이전 경험, 자녀 수, 계부모 각자가 전혼자녀를 데려왔는지의 여부, 자녀들의 나이 등과 같은 다양한 변수가 계부모-자녀 관계의 형성과 유지에 영향을 주기 때문에 서로 적응하는 데는 가족 나름의 시간이 요구된다. 이에 햄너와 터너(Hamner & Turner, 2001)는 계부모의 역할로서 지난 관계에 대한 슬픔을 없애고 새로운 관계를 재구조화할 수 있는 충분한 시간을 할당하라고 제안한다. 더 나아가 의붓가족과 함께 지낸 시간의 길이가 길면 길수록 가족 구성원의 역할에 대한 합의를 발달시킬 시간이 더 길어지게 되고, 이는 더 나은 적응을 가져다줄 것이다.

④ 계부모의 역할에 대한 현실적인 기대를 하기

계부모의 역할은 무엇인가? 어느 수준까지 부모의 역할을 수행하는 것이 적절한 행동인가? 친부모의 역할을 그대로 수행해야 하는가? 아니, 그대로 수행해도 좋은가? 그렇게 된다면 친부모의 역할은 어디까지인가? 전혼자녀와 동거하는 경우와 비동거하는 경우에 계부모의 역할은 달라지는가? 이러한 점과 관련하여 계부모들은 어려움을 경험하지만 이에 대한 사회적 합의는 거의 없는 실정이다.

사회적 기대와 합의가 거의 없는 실정에서 계부모들은 자신의 역할에 대해 상당히 비현실적인 기대를 가지고 재혼에 임한다. 친부모처럼 사랑하는 관계를 이룰 수 있을 것이라고 기대하거나, 친부모와 동일한 수준으로 그리고 친부모를 대신하여 전적으로 부모의 역할을 감당할 수 있다고 여기기도 한다. 필(Pill, 1990)의 연구에서는 자신들의 재혼가족은 생물학적 가족과 마찬가지로 친밀한 유대를 형성할 것이라는 기대를 갖고 재혼하는 경우가 41%나 되었음을 보고하였다. 그러나 재혼 후 75%는 가족 유대가 자신들의 기대에 미치지 못하였다고 보고하였다. 더구나 계부모가 전적으로 부모의 역할을 감당한다고 할 때, 자녀는 그 역할을 인정하지 않고 반발하거나 저항하기도 한다. 따라서 계부모는 먼저 자신의 역할에 대한 현실적인 기대를 해야 한다. 이에 대해 햄너와 터너(Hamner & Turner, 2001)는 계부모-자녀 관계에 있어서 상호적 호의를 베풀기는 하나 자녀의 사랑은 기대하지 않는 것이 좋다고 제시한다.

계모와 계부는 그 특성상 자녀와의 관계에서 어려움 정도가 서로 다르다. 특히 계모에 대한 부정적인 사회적 편견(예를 들어, 전처 자녀를 구박하는 계모 등)은 계모가 자녀와의 관계를 형성하는 데 따른 어려움을 가중시킨다. 이에 데인턴(Dainton, 1993)은 계모에 대한 부정적인 사회적 편견에 맞서 계모의 역할에 대한 정체성 관리를 할 것을 제안한다. 정체성 관리란 사전에 호감을 받을 것으로 예견되는 인상을 유지하고, 그렇지 않은 인상은 나타나지 않도록 조절하는 시도를 말한다. 정체성 관리의 전략으로는 다음과 같은 것을 제안한다.

- 자녀양육에 있어서 과도하게 관여하거나 소홀한 것으로 여겨지지 않도록 관여의 수준을 조절한다.
- 재혼을 하게 되면 우선 자녀들의 마음속에 단결심을 심어 주고, 이후 그 단결심을 기초로 계부모를 신뢰하게 하고 부모로서의 권위를 정당하게 여기게 한다.

- 계모가 양육의 역할을 완전히 포기하고 친부가 양육을 책임지게 한다. 이는 계모가 자녀양육을 회피하는 것이 아니라, 이러한 방법을 사용함으로써 부모역할과 관련된 부정적인 기대에서 벗어나 긍정적인 관계를 이룰 여유를 갖는 것을 의미한다.
- 대안적인 부모역할에 초점을 두고 실행해 본다. 계부모는 초기에 역할이 규정되어 있지 않기 때문에 꼭 알맞은 역할을 찾을 때까지 다양한 역할을 시도해 보는 것이다. 때로는 친모의 역할, 다른 유형의 모 역할, 친구 역할 등을 통하여 자신의 정체성을 형성하게 될 것이다.

한편 계부 역시 나름의 어려움이 있으나, 계모와 같은 사회적 편견을 받지 않는다는 점에서 계모와는 차이가 있다. 그러나 계부 역시 가족 내 역할이 애매하고 때로는 주변인의 입장이 되는 경우가 많다. 특히 십대 자녀와 새로운 관계를 형성하려 할 때는 부모로서 받아들여지지 못하게 된다. 자녀가 어릴수록 계부를 부모의 존재로 받아들이기 쉽지만, 나이가 많을수록 자기 모와의 동반자나 후원자 정도로 여길 수 있다(이유갑 외 역, 2002 재인용).

또 다른 방법으로는 가족 간의 의사소통을 통한 역할조정 과정을 통하여 역할의 애매함을 제거하는 것이다.

⑤ 효과적인 양육방식을 사용하기

앞서 살펴보았듯이 자녀양육 행동을 크게 권위주의적, 민주적, 허용적 유형으로 나누어 볼 때, 일반적으로 적절한 제한과 자유, 엄격하면서도 자애로운 특성을 지니는 민주적 양육행동이 아동의 발달과 적응에 긍정적인 영향을 준다. 이는 재혼가족에서도 유사한 형태로 나타난다. 크로스비-버넷과 길스-심스(Crosbie-Burnett & Giles-Sims, 1994)의 연구에서 청년기 적응과 계부모 양육방식을 살펴본 결과, 청년기 적응은 지지적 양육방식 및 권위적 양육방식과 정적인 관계가 있는 것으로 나타났다. 그리고 통제적이거나 방임적인 양육방식을 보일 때는 적응에서의 어려움을 겪게 되는 것으로 보고되었다. 헤더링

턴(Hetherington, 1993)의 연구에서도 부모의 양육방식과 학교 환경 모두 재혼가족과 그 부모의 삶에 관련되어 있다고 보고하였다. 권위적 환경(명확한 기준과 제한이 있는 예측 가능하게 조직된 환경과 책임감 있고 양육적인 환경)은 다음의 세 가지 환경보다 아동의 문제를 더 적게 유발하고 아동들이 더 많은 것을 성취하게 해 준다. 즉, 비판과 강압, 처벌이 주를 이루고 아동의 욕구에 대해 무책임하며 양육적 수준이 낮은 독재적 환경, 구조화나 조직화가 되어 있지 않으나 따뜻한 분위기는 유지하는 허용적 환경, 그리고 와해되고 비조직적이며 가혹한 통제와 적대적 관계를 주로 하는 혼란스럽고 무시하는 환경에 비해 민주적 환경은 자녀의 적응을 높여 준다. 단지 한 부모만 민주적이거나 혹은 두 부모 모두 민주적인 이혼가정, 민주적인 학교 환경은 아동의 적응을 증진하는 반면 혼란스럽고 무시하는 학교 환경은 아동들에게 가장 부정적인 영향을 미친다(김시업, 1999 재인용).

따라서 적절한 제한과 기준이 있는 양육적인 계부모의 자녀양육 행동은 자녀와의 긍정적 관계 형성 및 자녀의 적응능력을 높여 주는 데 도움이 될 것이다.

⑥ 자녀양육에 대한 사회적 지원을 찾기

계부모는 계자녀와의 긍정적 관계 형성을 위해 나름대로 많은 노력과 시간을 들이게 된다. 이때 계부모에 대한 친척, 동료 및 배우자의 사회적 지지와 지원이 요구된다. 더 나아가 계부모를 위한 부모교육 프로그램에 참석하여 새 배우자가 기대하는 것들, 갈등이 생겨날 수 있는 분야, 계부모를 대하는 자녀들의 전형적인 반응들을 알고 이해하게 되면 보다 현실성 있는 기대를 갖고 부모로서의 역할을 수행하게 될 것이다.

4) 조손가족

조손가족이란 손자녀가 부모로부터 직접 양육을 받을 수 없는 상황에서 부모와 떨어져 조부모에게 양육되고 있는 가족을 지칭하는 것으로 조손가정, 조손세대, 조손가구 등으로 다양하게 사용되고 있다(박옥임, 2006).

과거에는 대가족 제도로 조부모와 자녀, 손자녀가 함께 사는 형태의 동거가 일반적이었으나 산업화와 도시화, 핵가족화로 인하여 조부모와 함께 사는 손자녀의 수는 급격하게 감소하였다. 한편 최근에는 가족의 불안정성이 증가하고 가족 해체가 진행되면서 부모로부터 양육을 받기 어려운 경우 조부모의 도움을 받게 되는 또 다른 성격의 조부모와 손자녀가 증가하였다. 특히 IMF 위기 이후의 경제적인 요인에 의한 가족 해체, 가족 구성원의 약물 남용과 질병, 아동 학대 및 방임, 미혼모, 자녀 사망이나 복역 등의 이유로 조부모가 손자녀를 양육하기도 한다(김정은, 2002). 특히 우리나라의 경우 부모의 이혼으로 인한 조손가구의 비율이 가장 높게 나타나, 이혼으로 인한 가족 해체로 조부모들은 원치 않으면서도 어쩔 수 없이 손자녀를 양육해야 하는 실정이다. 김정은(2002)의 연구에서는 조손가족의 형성 원인으로 이혼(38.8%), 가출이나 장기간 생사불명(31.0%), 자녀의 사망(20.7%), 자녀의 질병(6.0%)이 보고되었다. 정일선(2004)의 연구에서도 이혼이 원인인 경우가 45.7%였고, 김혜선(2004)의 연구에서는 더 높은 55.6%를 보고하고 있다. 충남지역 조손가족에 대한 연구에서는 조손가족의 형성 배경으로 자녀의 경제적인 어려움과 가정폭력 등으로 인한 이혼 또는 행방불명으로 손자녀를 양육하게 된 경우가 가장 높은 비율을 차지하는 것으로 나타났다(최은희, 2006).

조손가구의 현황을 보면, 1995년에는 3만 5천여 가구에서 2000년에는 4만 5천여 가구로 28.5%가 증가하였으며, 2005년에는 5만 8천여 가구였다. 이는

〈표 2-14〉 조손가구의 현황 (단위: 가구(%))

연 도	전체 가구	조손가구
1995	12,958,181(100.0)	35,194(0.3)
2000	14,311,807(100.0)	45,225(0.3)
2005	15,887,128(100.0)	58,101(0.36)

출처: 보건복지가족부(2008). 가족정책관련 통계자료.

지난 10년간 60.6%의 증가를 보인 것이다. 이와 같이 조손가구는 큰 폭으로 증가하고 있는 추세다(〈표 2-14〉 참조).

한편 대부분의 조손가족은 조모에 의해 유지되고 있다(양수경, 2006). 대부분 조모가 손자녀를 양육(86%)하고 있었으며, 이들은 대체로 60~70대로 교육수준은 70% 이상이 초등학교 졸업 이하의 낮은 수준이었다. 또한 이들 대부분은 자신이 건강하지 않다고 생각하고 있으며, 대다수가 경제적으로도 어려움을 느끼고 있는 것으로 보고되었다(송나연, 2007).

(1) 조손가족의 특징

① 지역적 편차

우리나라는 도시와 농촌 지역 모두에서 조손가족의 절대수가 증가하고 있으나, 특히 농촌지역에서 조손가족의 비율이 급증하고 있는 추세다. 지속적인 도시로의 인구 집중으로 인해 2000년 우리나라 전체 세대의 78.5%가 도시에 분포하고 있는 실정인 것에 비해, 조손가족 중 도시 분포 비율은 57.5%, 농촌 분포 비율은 42.5%로 나타나서 농촌지역에 상대적으로 집중되어 있는 것을 볼 수 있다. 또한 도시지역인 동부에서 전체 가구 중 조손가족이 차지하는 비율이 0.2%였으나, 읍·면부의 조손가족은 0.7%로 도시의 3배 이상이었다. 충남지역의 경우 농촌가구의 0.6%가 조손가족이었고, 전남지역의 경우는 1995년에 0.7%였으나 2000년에는 1.5%로 2배 이상 증가한 것으로 나타났다(박옥임, 2006; 최은희, 2006). 이는 도시생활을 하는 자녀가 경제적인 어려움으로 인하여 손자녀를 농촌에 사는 조부모에게 맡기면서 나타난 현상으로 보인다. 이에 농촌에서의 조손가족은 경제적 빈곤, 가족 해체와 관련이 높을 것으로 생각되어 농촌의 문제가 될 소지가 있다.

② 경제적 빈곤

일반적으로 노인은 장년에 비해 신체적으로 약하고, 정서적인 관계가 제한적이고 고립되어 있으며, 경제적으로 취약한 특성을 가지고 있다. 특히 조손가족의 96.8%(형영순, 2008)가 한조부모의 형태를 띠고 있기 때문에 그 어려움은 더 가중된다고 하겠다. 경제적인 측면에서 보면 노년기의 빈곤 위험뿐 아니라 손자녀의 양육비는 경제적으로 더 큰 부담이 되고, 이는 불안정하고 우울한 심리적 상태와 관련될 수 있다. 충남지역 조손가족에 대한 연구에서 조손가족의 주택 유형으로는, 시지역의 경우 영구임대 아파트에 거주하는 경우가 많았고, 군지역의 경우는 오래된 농가에 거주하는 경우가 많았다. 또한 생활 실태 속에서 양육 및 생활비(54.5%)에 대한 욕구가 가장 높았고, 그다음이 교육(15.9%)에 대한 욕구인 것으로 나타났다. 이러한 점에서 볼 때 손자녀의 양육 및 교육에 있어서의 경제적인 지원이 요구된다(최은희, 2006). 이병주(2006)의 연구에서도 손자녀 양육 시 경험하는 가장 큰 어려움은 '힘에 부치는 것', 그다음은 '경제적 어려움'이라고 응답하였다. 특히 자녀가 생존해 있는 상태에서 자녀로부터 양육비를 제공받지 못하는 경우, 정부로부터의 보조도 받지 못한 채 조부모가 직접 양육비를 마련해야 하는 데 따르는 어려움이 있다.

③ 조부모의 심리적인 어려움

손자녀 양육을 담당한 후 일어난 생활 변화를 다룬 연구에서는 조부모의 심리적 어려움을 보고하고 있다. 이러한 어려움에는 건강 악화, 경제적인 악화, 자신을 위한 시간이나 여가 시간의 감소, 친구나 친척 관계와 같은 사교적 활동 시간의 감소가 있었다. 이는 가족관계에서 변화를 가져온다. 특히 조부에 비해 조모는 더 부정적인 정서 상태를 경험하고, 우울이나 소진 등의 정서적 갈등을 경험한다(Minkler, Roe, & Price, 1992). 경북지역의 농촌 조손가정에 대한 이병주(2006)의 연구에서는 손자녀를 양육하는 노인들의 여가생활 정도가 그렇지 않은 노인들에 비해 낮게 나타났으며 생활 만족도도 낮은 것으로 나타났다.

서울, 경기 지역의 조손가족에 대한 김다율(2006)의 연구에서는 응답자의 과반수 이상이 손자녀를 키우면서 보람과 즐거움을 얻는 등 긍정적인 경험을 한다고 보고한 반면, 과반수 이상이 손자녀 양육으로 인해 사생활과 개인 시간 감소 등 부정적인 경험을 인지하고 있는 것으로 나타났다. 이는 손자녀의 전담 양육이 양가적인 속성을 갖고 있다는 점을 보여 준 것이다. 김두연(2006)의 빈곤층 조손가족에 대한 연구에서도 조모들은 자신의 노년에 주어진 손자녀 양육의 책임을 부담스럽게 생각하면서도, 한편으로는 손자녀 양육을 통해 자녀양육과는 다른 기쁨을 느끼기도 하며 부모의 사랑을 받지 못하고 자라나는 손자녀에 대한 연민과 안타까움을 갖는 것으로 보고되었다.

④ 세대 간 소통의 어려움

가족 해체로 인하여 어쩔 수 없이 조손가족이 된 청소년들과 조부모 간의 단절은 상당히 심각하게 나타나고 있다. 이러한 조부모와 손자녀 사이의 단절은 부모와 자녀 간의 세대 차이보다 더 클 수밖에 없고, 도시와 농촌 간의 문화적 차이, 경제적 빈곤 등과 같은 복합적인 요인에 의해 심화되고 있다. 특히 농촌에 거주하는 조부모의 경우 학력, 정보, 사회적 관계 및 경제력 등의 자원을 갖지 못한 실정이고, 이러한 자원의 부족은 세대 간의 상호 고립 및 의사소통의 단절을 심화하게 된다(박옥임, 2006). 최은희(2006)의 연구에서는 농촌 조부모들은 손자녀와의 의사소통 문제를 어려움으로 호소하였다. 한편 부모의 이혼과 행방불명 등의 이유로 조손가족이 된 손자녀들은 부모로부터 버림받았다는 느낌과 열악한 가족 내 환경으로 인하여 낮은 자존감과 부적응을 경험하게 된다(김미혜, 김혜선, 2004). 나송희(2008)의 충남지역의 농촌 조손가족 손자녀의 부적응 행동에 대한 연구에서는 아동의 자존감이 높을수록, 부모와의 만남이 잦을수록, 조부모가 민주적인 양육태도를 지닐수록, 그리고 교사 및 또래와의 관계가 긍정적일수록 부적응 행동이 낮은 것으로 나타났다.

(2) 조부모의 부모역할

① 일관되고 안정된 주 양육자의 역할하기

대부분의 조부모는 손자녀를 양육하고 돌보는 시기라기보다는 타인의 돌봄과 보살핌을 받아야 하는 시기다. 이러한 시기에 뜻하지 않게 손자녀를 돌보아야 하는 부담을 안게 된 것이다. 더구나 대부분의 손자녀들은 가족의 해체, 경제적인 어려움, 부모와의 분리 등과 같은 정서적인 불안정을 경험한 후 조부모와 살게 되고, 이후에도 조부모와의 관계에서 세대 간 의사소통의 어려움을 경험하는 등 정서적인 어려움을 경험한다. 이는 이후의 정서 · 행동상의 문제를 야기하기도 한다.

따라서 손자녀의 안정과 적응을 위해서 조부모는 궁극적으로 그들의 부모가 되어야 하고 권위가 있어야 하며, 손자녀를 위한 확고한 규칙과 한계를 설정함으로써 일관되고 신뢰할 만하며 안정된 주 양육자로서의 태도가 필요하다. 더 나아가 떠나 버린 부모를 대신하여 자신이 버림받았다고 여기는 손자녀의 이야기를 들어 줄 수 있는 대화자로서의 역할이 요구된다(Brown, 2003).

② 민주적인 양육태도를 갖기

조손가족 조부모의 양육태도가 아동의 정서 및 행동에 차이를 가져오는가에 대한 김혜선(2004)의 연구에서는 조손가족 조부모들의 양육태도는 권위적, 통제적, 애정적, 수용적인 것으로 나타났다. 이러한 양육태도하에서 성장한 아동은 민주적, 자율적, 애정적, 수용적으로 성장한 아동에 비해 더 의존적이고, 사교성과 창의성이 부족하며, 인내하는 과정에서 적대 감정을 지니고 상상을 하는 경향이 있다. 따라서 아동의 정서와 행동에 부정적인 영향을 끼친다고 볼 수 있다. 또한 조부모의 양육태도가 권위적, 통제적일 때 아동의 정서는 더 우울한 것으로 나타났다. 따라서 조부모가 민주적이고 자율적이며 애정적이고 수용적인 양육태도를 갖는 것이 요구된다. 이를 위하여 조부모들의 양육기술 습득의 기회 부여와 교육 가치관 형성에 대한 개입이 요구된다.

③ 개방형 의사소통을 하기

조손가족의 의사소통과 관련한 연구에서는 문제형 의사소통이 학교생활 적응에 부적 관련이 있는 것으로 나타났다(박정순, 2006). 따라서 문제형 의사소통이 적을수록 손자녀는 학교생활에 적응을 더 잘하게 된다. 문제형 의사소통이란 손자녀가 조부모와 의사소통을 할 때 조심하고 주저하며 회피하면서, 조부모로부터 애정적 표현보다는 비난적 표현을 더 많이 경험함으로써 의사소통이 원만하게 이루어지지 않는 부정적인 의사소통 유형을 말한다. 반면 개방형 의사소통이란 조부모와 손자녀 간의 상호작용에서 억압받지 않고 자유롭게 사실이나 감정을 표현할 수 있는 긍정적인 의사소통 유형을 의미한다. 이는 양육자와의 원활한 의사소통이 아동의 학교생활 적응에 긍정적인 영향을 준다는 것을 보여 주는 것이다. 따라서 조부모는 손자녀와의 의사소통 과정에서 개방형 의사소통을 할 필요가 있다.

제2부

부모교육의 이론

제3장 민주적 부모교육이론

제4장 인본주의적 부모교육이론

제5장 교류분석이론

제6장 행동수정이론

|훈|련|중|심|부|모|교|육| 제3장

민주적 부모교육이론

민주적 부모교육이론은 아들러(Adler)의 개인심리학을 부모교육에 적용하여 발전시킨 이론으로, 드라이커스(Dreikurs)가 중심이 되어 인간관계의 평등성을 강조하고 민주적 양육 원리와 개념을 소개하고 발전시켰다.

아들러는 인간을 고도의 개인적이고 주관적인 체계로서의 창조적 자아를 소유하고 있는 것으로 보았으며, 독특한 동기, 특성, 관심, 가치의 구성체로 보았다. 그리고 이러한 성격의 독자성을 자신의 개인심리학에서 강조하였다.

드라이커스는 이러한 이론을 토대로 비엔나에 있는 아들러의 상담소에서 격려와 민주적 원리, 자기 책임의 강조 등에 역점을 둔 상담기법으로 정서불안 아동과 그 부모들을 상담하는 일에 참여하여, 아들러 학파의 이론을 정립하고 실천하며 발전시키고 확장시키는 데 노력하였다. 더불어 그의 명성을 높이고 아들러의 심리학을 실행 가능케 하는 데 혼신의 힘을 기울였다.

1939년 드라이커스는 시카고에 부모상담센터를 설립하여 본격적으로 부모교육을 위한 가정상담, 교육, 정신요법 등을 실시하면서 아들러의 이론을 크게 발전시켰다. 그의 상담센터에서 교육을 받은 부모들은 다른 부모집단에서 지도자로서의 역할을 담당하게 되었다. 주로 상담치료보다는 부모교육과 가정교육을 중점으로 한 프로그램을 구성하게 되었는데, 부모들의 참여가 활발해지자 가정교육협회(Family Education Association: FEA)로 개칭하여 가족상담과 부모교육을 활발히 실시하게 되었다. 1958년에는 오리건 대학에 아들러 학파의 부모-교사 교육센터가 설립되었다. 드라이커스는 미국뿐 아니라 전 세계의 부모교육, 가족상담, 심리치료 등에 상당한 영향을 미치게 되었다.

전통적인 부모의 양육태도는 권위적이고 독재적이어서, 아동과 성인은 다른 위치에 있으며 아동은 성인에게 복종해야 한다는 사고가 지배적이다. 따라서 현대의 부모는 자신이 양육된 방식대로 자녀를 양육하려 하기 때문에 더 많은 갈등을 경험하게 된다. 그러나 오늘날은 과거와 달리 평등사회로 변화했기 때문에 아동과 성인 간에 새로운 관계가 정립될 필요가 있으며, 사회가 변화함에 따라 부모도 변화되어야 한다. 따라서 부모는 다시 교육을 받아야 한다. 아동이 건강한 인간으로 성장하기 위해서는 최초의 교육환경인 가정이 중요한 역할을 하기 때문이다.

민주적 부모교육은 모든 부모가 자녀 행동의 동기를 이해하고 자녀와 평등한 관계를 형성하여 부모-자녀 관계를 효과적으로 유지할 수 있게 적용하도록 한다. 그리고 문제가 있는 부모에게는 각각의 부모가 경험하는 문제에 대한 해결책을 모색하여 부모역할을 잘 수행하도록 도움을 주려는 목적을 가지고 있다.

민주적 부모교육이론의 목표를 구체적으로 제시하면 다음과 같다.

- 부모로 하여금 자녀에게 안정된 소속감을 제공하게 주고, 자녀가 사용하는 잘못된 행동목표를 수정해 나갈 수 있는 능력을 갖게 한다.
- 부모로 하여금 자녀를 한 사람의 인격체로 존중하는 민주적 양육태도를 갖게 한다.
- 부모로 하여금 자녀 스스로 자신의 일을 결정하고 책임질 수 있게끔 가르치도록 돕는다.

• 자녀의 행동에 영향을 미치는 여러 요인들에 대한 이해를 돕는다.

1. 부모-자녀 관계에 대한 입장

드라이커스는 아들러의 개인주의 심리학의 영향을 많이 받았는데, 아들러는 각각의 사람들은 스스로 자신을 개발하고 운명을 형성한다고 말한다. 즉, 스스로가 그 힘을 형성하고 창조적인 방법 안에서 독특한 생활양식을 구성하기 위해 그 힘을 사용한다고 하였다.

또한 아들러는 열등감에 대한 보상과 우월성에 대한 추구를 모든 인간이 추구하는 경향성이라고 보았다. 모든 인간은 문제에 직면했을 때 부족한 것은 보충하고, 낮은 것은 높이고, 미완성의 것은 완성하며, 무능한 것은 유능한 것으로 만드는 경향성을 가지고 있다는 것이다. 아들러의 가장 의미 있고 구별되는 개념으로는 사회적 관심을 들 수 있는데, 아들러의 관점에 따르면 사회적 관심이 발달됨으로써 개인의 열등감과 고립감은 감소된다. 사회적 관심이란 학습되고 사용되면 발달하는 것이므로 부모의 양육태도는 자녀의 사회적 관심을 발달시킬 수도 있고 저해시킬 수도 있는 중요한 요인이 된다는 것이다.

아들러의 이론 중 생활양식에 대한 개념은 STEP(Systematic Training for Effective Parenting)나 APT(Active Parenting Training) 프로그램의 핵심을 이루는 개념이 되었다. 아동은 사회화 과정을 통해 인성, 태도, 신념, 능력 등을 포함하는 생활양식을 형성해 가는데, 이때 부모의 양육태도가 중요한 영향을 미치게 된다고 한다. 아들러에 의하면 개인의 생활양식은 4~5세경에 거의 형성되는데, 유아기에는 타인, 주로 부모의 사랑과 관심 여하에 따라 자신의 행동 및 목표가 달라지게 된다. 그리고 이것은 반복되어 생활양식으로 굳어질 수 있다.

이와 같이 아들러의 영향을 받은 드라이커스의 민주적 부모교육은 가족관계가 개인의 발달에 중요한 역할을 한다고 보았으며, 가족 내에서 일어나는 사회화 과정의 중요성을 강조하였다. 또한 아동이 건전한 성격을 형성하고 성장해 나가는 데 있어서 가족들, 특히 부모와 형제의 역할과 가정이라는 사회적 단위의 분위기가 매우 중요하다고 하였다. 일반적으로 모든 아동은 부모와의 관계와 부모의 양육방법을 통해서 사회화되기 때문에 부모의 양육태도나 생활양식이 바르게 형성되어야 하며, 자녀의 바람직한 생활양식의 형성과 사회화를 이루기 위해서 부모교육이 필요하다고 보았다.

부모-자녀 간에 평등과 상호존중의 원리에 의한 민주적 양육방식의 필요성을 강조하는 드라이커스의 민주적 부모교육이론은 아동은 어리고 미숙하여 부족하지만, 어른과 동등한 인간으로서의 가치를 가지고 있기 때문에 부모가 자녀를 양육할 때 인격체로서 존중해 주는 것이 매우 중요하다고 하였다. 그러나 인간으로서의 동등한 권리를 부여하는 것을 지나친 허용과 혼동하지 않아야 된다는 것을 강조하면서, 무질서한 양육태도가 아닌 주어진 한계 내에서 자유를 경험할 수 있는 민주주의적인 양육태도를 취할 것을 강조한다. 권위적 양육은 '자유 없는 질서(order without freedom)'를 유지하는 것으로 정의되지만, 무질서는 정돈 · 질서 없는 자유로 정의된다. 반면 민주적 양육은 '질서 속에서의 자유(freedom with order)'를 유지하는 것으로 특징지어진다. 따라서 인간이란 주어진 자유를 최대한 활용하여 능동적으로 생활하는 존재이며 자유에는 책임이 뒤따른다는 사실을 아동에게 가르쳐야 한다. 즉, 제한된 범위 내에서 자유 의지대로 자유롭게 선택할 수 있으나 자신이 선택한 행위에 대한 책임의식을 길러 줄 것을 강조한다.

부모는 자녀를 이해하고 격려하며, 자녀가 자신의 행동을 스스로 조절하고 스스로 만족할 수 있는 인간으로 훈련될 수 있도록 동기유발시킬 수 있는 민주적 가족이 되어야 한다는 것이다. 이처럼 드라이커스는 성인과 아동의 관계가 동등한 관계로 이루어져야 한다고 보기 때문에 그의 이론을 '동등성을 찾는 양육이론' 또는 '민주적 부모교육이론'이라고 한다.

2. 부모교육의 원리

민주적 부모교육이론의 주된 목적은 부모가 아동의 행동을 이해하고 자녀와 평등한 관계를 형성하고자 하는 데 있다. 이러한 목적을 이루기 위하여 부모는 가정에서 생활환경을 개선하여 자녀들이 건설적인 생활목표를 설정할 수 있도록 도와주고 자녀와 바람직한 상호관계가 이루어질 수 있도록 해야 한다.

부모는 자녀가 잘못된 행동목표를 설정하고 바람직하지 못한 생활양식을 형성해 나가지 않도록 세심한 배려를 해야 하며, 혹시 자녀가 잘못된 행동목표를 설정하여 행동으로 나타낼지라도 바로잡을 수 있도록 도와줌으로써 자녀와의 관계를 민주적으로 유지해야 한다.

드라이커스는 아동의 잘못된 행동목표를 관심 끌기, 힘 행사하기, 앙갚음하기, 무능함 보이기의 네 가지 범주로 나누어 설명하고 있다. 아동은 인정받거나 소속감을 얻기 위해서 여러 가지 행동을 하게 되는데, 좋은 방법으로는 인정받을 수 없다고 느낄 때 잘못된 행동을 통해서라도 성취하려고 하는 특성을 보이는 것이다. 이러한 의미에서 이를 잘못된 행동목표라고 부른다.

아동은 발달특징상 문제 상황에서 단기적인 안목으로 상황에 즉각적으로 반응하기 때문에, 상황이 일어날 때마다 행동으로 나타낼 수 있는 직접적 목표를 설정하고 이를 추구하고자 노력한다.

아동의 심리적 목표에는 여러 가지 행동 특징들이 동반되기 때문에 부모는 이를 이해할 필요가 있다. 즉, 부모는 다음과 같은 가정에 기초하여 부모역할을 수행해야 한다.

- 행동은 우연히 일어나는 것이 아니고 목적이나 원인이 있다.
- 행동을 이해할 때 사회적인 관계나 배경을 고려할 필요가 있다.
- 심리적 목표 및 행위의 목적은 그 행동을 설명해 줄 수 있다.
- 아동의 행동을 이해하기 위해 아동으로 하여금 경험한 사건에 대해 스스

로 설명하게 하고 이를 경청할 필요가 있다.

- 사람은 누구나 사회집단에 소속되고자 하는 기본 욕구가 있다.
- 아동뿐 아니라 인간은 누구나 자신의 행동에 대한 지침을 가지고 있다.

드라이커스는 자녀가 잘못된 행동목표가 아닌 긍정적인 행동목표를 설정할 수 있도록 하고, 자녀의 심리적 목표 및 행동 전략이 무엇인지 잘 파악할 수 있는 안목을 키우도록 하기 위해 부모교육이 필요하다고 하였다. 이러한 목적을 이루기 위해 그는 다음의 몇 가지 개념들로 구성된 원리를 제안한다.

1) 잘못된 행동목표

인간은 사회적 존재이기 때문에 누구에게나 집단에 소속하고자 하는 기본적인 욕구가 있다. 이러한 소속감은 유아기 때 최초로 접하는 가족집단으로부터 자신의 위치를 인정받으려고 노력하면서 형성된다.

유아는 가정에서 자신의 위치를 차지하고 소속감을 얻기 위해 잘못된 행동목표(mistaken goals)를 세우고 이를 성취하기 위한 행동을 하게 된다. 드라이커스가 분류한 네 가지 잘못된 행동목표의 구체적인 내용은 다음과 같다.

(1) 관심 끌기

관심 끌기는 거의 모든 아동들의 행동에서 일반적으로 나타나는 행동목표다. 아동은 부모가 자신과 관계된 일을 할 때 즐거움을 느끼고 부모로부터 사랑받는다고 생각하기 때문에, 가정이라는 집단에 소속되지 못하고 인정받지 못한다고 스스로 결정을 내리게 되면 타인의 관심을 받아야만 그 집단에서 안전한 위치를 차지할 수 있다는 잘못된 심리적 목표를 세우게 된다. 따라서 행동 결과에 상관없이 관심 끌기 목표를 달성하고자 행동한다. 즉, 바람직한 방법으로 관심을 모으려고 노력했지만 관심을 얻지 못했을 때 부정적(파괴적) 방법으로라도 관심을 끌려고 노력한다는 것이다. 그들은 관심을 얻을 때에만 그 가족에 소속될 수 있다고 생각하기 때문이다.

이러한 관심 끌기 행동에 대해 아동의 기대에 맞게 늘상 관심을 보이면 잘못된 행동은 고쳐지지 않고 점점 더 증가하게 된다. 즉, 부모가 무의식적으로 자녀의 그러한 행동을 강화한 결과가 되는 것이다. 따라서 아동의 행동을 수정하기 위해서 부모는 자녀의 요구에 따라 관심을 보여서는 안 된다. 관심이란 자녀가 원해서라기보다 부모가 주는 것이 되어야 하며, 예기치 않을 때 주어야 한다는 것을 명심해야 한다. 즉, 자녀의 긍정적 태도에는 관심을 보이지만 부정적 태도에는 무관심할 수 있도록 많은 노력과 인내가 요구된다.

(2) 힘 행사하기(반항하기)

아동은 모든 것을 마음대로 할 수 있고 누구도 자신을 지배할 수 없다고 생각할 때 자신이 가치 있다고 느끼며 그 집단에서 소속감을 느낀다. 가정에서도 자신이 할 수 있는 것을 부모가 못하게 한다는 것을 인식하면, 아동은 자신이 하고자 하는 것을 해야만 가정에서 확고한 위치를 차지한다고 판단하여 자신의 힘과 능력을 시험해 보고 싶어 한다. 이런 동기에서 부모의 요구에 '싫어' 라는 말을 자주 사용하게 되고, 부모의 요구를 거절하면서 자신이 하고 싶은 대로 해 버리며, 자신의 힘을 과시하거나 반항하게 된다. 이때 부모-자녀 관계는 매우 힘들어지고 갈등이 발생되며, 부모는 이를 어떻게 해결해야 할지 당황하게 된다. 대부분의 부모들은 이러한 반항적인 태도를 이해하지 못하고 힘을 사용하여 자녀의 고집을 꺾고 통제하려고 하기 때문에 자녀와의 사이에 갈등이 생기게 된다. 그러나 자녀를 힘으로 복종시키면 논쟁에서는 이길 수 있으나 부모-자녀 관계는 깨지게 되며, 일시적으로는 부모가 승리하는 것처럼 보이지만 자녀에게는 더 심한 행동을 초래하게 된다. 결국 자녀의 반항적 순종은 자녀의 행동수정에 아무런 도움이 되지 않는다.

이러한 상황에서 부모는 자녀를 다룰 때 화내지 말고 누가 주도권을 잡느냐에도 초연해야 한다. 자녀에 대항하여 힘을 사용하는 것은 결과적으로 자녀로 하여금 힘의 가치를 실감하게 하여 더욱더 '힘 행사하기'를 하게 한다. 인간 관계에서의 갈등은 필연적이므로 자녀와의 갈등 역시 자연적 현상으로 받아들이고, 자녀의 힘을 건설적으로 사용하는 방법을 가르쳐 주어야 한다.

(3) 앙갚음하기(보복하기)

힘 행사하기에 대한 투쟁이 계속되어 일단 부모를 이길 수 없다고 생각하게 되면, 아동은 생각을 바꾸어 세 번째 목표인 '앙갚음'을 추구하게 된다. 이때 아동은 자신이 사랑받고 있지 않다고 생각하고 또 그렇게 믿어 버린다. 자신이 상처받은 만큼 다른 사람도 상처받아야 한다고 느낄 때 추구하는 목적이 앙갚음하기다. 그래야만 그 집단에 소속되어 있다고 느끼며, 상처를 입고도 그대로 있으면 다른 사람이 자기를 하찮은 존재로 여기고 인정하지 않는다고 판단하여 다른 사람에게 상처를 준다. 즉, 아동은 심술궂은 행동과 잔인한 행동을 통해 자신의 위치를 확보하려고 한다. 이때 부모는 깊이 상처받게 되고 무의식적으로 다시 앙갚음하려는 자세를 취하게 되는데, 자녀의 앙갚음 행동은 좌절에서 시작되는 것이라는 점을 재빨리 인식하고 자녀에게 앙갚음하지 말아야 한다. 상대방에 대한 앙갚음은 적개심, 증오심 등의 나쁜 감정을 갖고 상대방에게 상처를 주려는 행동이므로 상대방의 미움을 사고 아동의 인성에도 나쁜 영향을 주게 된다. 그러므로 자녀에게 선의를 보여 주고 침착하게 부모-자녀 관계를 개선해 나가야 할 것이다.

자녀는 부모와의 보복전쟁을 계속하면서 자신의 잘못된 행동을 변명하고 용서를 구하거나 때로는 앙갚음을 포기하기도 하는데, 이런 경험이 반복되면 좌절과 실망, 의욕 상실 그리고 부정적 자아존중감이 싹트게 된다.

(4) 무능함 보이기(부족함 보이기, 부적절성 보이기)

무능함 보이기는 아동이 모든 노력에도 불구하고 성공하거나 만족할 만한 행동목표에 도달하지 못했다고 예상될 때, 실패를 예상하고 타인과 함께하는 것을 피하려 할 때 추구하는 행동목표다. 성공하려는 희망을 갖기는커녕 아예 포기하기 때문에 다른 사람이 자기에게 기대하지 못하게 한다. 무능력하게 행동하는 아동은 극도로 좌절되어 있고 자신에 대해 상당히 실망하고 있으며, 의욕 상실 등의 특징을 나타낸다. 즉, 수동적 반응을 보이거나 전혀 아무런 반응도 나타내지 않는다. 이런 아동을 돕기 위해서는 자녀의 이러한 행동에 대해 절대 비판해서는 안 되며 오히려 장점을 찾아 칭찬해 주어야 한다. 또한 작은 노력에 대해서도 격려해 주어야 한다.

드라이커스에 의하면, 잘못된 행동들은 이상과 같은 순서로 차례대로 나타나는 것은 아니며 또 모든 아동들에게 나타나는 것도 아니다. 그러나 이러한 잘못된 행동목표는 10세 이하의 아동에게서 쉽게 관찰되는데, 아동은 부모가 자신을 사랑한다고 느끼고 가정에서 소속감과 안정감을 느끼게 되면 잘못된 행동목표를 세우지 않고 환경에 잘 적응하게 된다.

2) 격려의 사용

상호존중과 평등에 근거한 민주적인 부모-자녀 관계를 형성하기 위한 가장 중요한 기술 가운데 하나는 격려다. 격려는 자녀에게 자신감과 자아존중감을 북돋아 준다. 이러한 격려는 다음과 같이 사용될 수 있다.

- 아무런 전제조건 없이 자녀를 있는 그대로 수용하고 믿는다.
- 고자질과 같은 부정적 행동은 무시한다.
- 긍정적인 태도나 언어를 사용한다.
- 자녀가 과제를 수행하거나 어려운 문제를 수행하고자 할 때 간섭하지 않는다.
- 장점이나 잘한 점 등에 초점을 맞춘다.

- 아동의 노력을 알아 주고 성취를 인정해 준다.
- 아동에게 칭찬해 주기보다는 격려해 준다.

3) 자녀의 훈육방법

부모가 자녀의 행동을 통제할 때 주로 사용하는 방법은 상을 주거나 벌을 주는 방법이다. 그러나 이러한 훈육방법은 다음과 같은 단점이 있기 때문에 민주적 부모교육이론에서는 자녀를 훈육(행동을 통제)하는 효과적인 방법으로 '자연적 결과(natural consequence)', '논리적 결과(logical consequence)'를 교육한다. 즉, 아동이 자신의 행동에 대해 권위적인 힘의 상징인 '벌'을 경험하는 것보다 자연적·논리적 결과를 경험하도록 하는 것이 효과적이라는 것이다. 구체적으로 벌과 자연적·논리적 결과를 비교하면 다음과 같다.

- 벌은 자녀의 행동에 대해 자녀보다는 부모가 책임을 지지만, 자연적·논리적 결과는 부모가 아닌 아동이 자신의 행동에 책임을 진다. 즉, 자녀 스스로 행동에 대한 책임을 지고 불이익을 감수하게 된다.
- 벌은 자녀 스스로 결정을 내리는 기회를 제한하지만, 자연적·논리적 결과는 자녀가 스스로 어떤 행동이 적절한가를 결정하게 한다.
- 벌은 권위적인 모습을 보일 때만 바람직한 행동을 하게 하고 또 강제로 순응하게 함으로써 반항이 생길 수 있지만, 자연적·논리적 결과는 부모의 바람을 따르도록 강요하지 않고 대신 자연적·사회적 사건의 질서로부터 스스로 배우게 한다(〈표 3-1〉 참조).

드라이커스는 자연적 결과와 논리적 결과에 대해 구체적으로 다음과 같이 설명하고 있다. 먼저 자연적 결과란 자녀가 어떤 행동을 했을 때 부모의 개입 없이 자연적으로 일어나는 결과를 경험하는 것으로서, 자연적 상황에서 아동이 자신의 행동으로 인해 보상과 벌을 받는다고 느끼도록 하여 행동을 통제하

〈표 3-1〉 벌

특 징	아동에게 전달하는 말	가능한 결과
1. 권위의 강조	"내가 그렇게 말했으니까 내 말대로 해라."	반항, 앙갚음의 욕구, 자제력 결핍, 도벽, 무책임
2. 행동과 무관심, 임의적	"두고 봐라." "자업자득이다."	분노, 앙갚음의 욕구, 공포, 혼란, 반항
3. 도덕적 판단	"너는 못됐다." "그건 절대 안 된다."	상처받음, 죄의식, 앙갚음의 욕구
4. 과거 행동의 강조	"넌 언제나 그 모양이다." "난 너를 절대 인정하지 않아."	인정받지 못한다는 느낌, 훌륭한 결정을 내릴 수 없다는 느낌
5. 공공연한 무관심, 위협	"너는 고쳐야 해." "그렇게 하는 애는 내 자식이 아니다."	두려움, 반항, 죄의식, 앙갚음의 욕구
6. 순종 요구	"네가 좋아하든 말든 상관없어." "네가 현명한 결정을 내릴 거라고 믿을 수 없다."	반항 반항적 순종

출처: 이경우 편역(1985). 당신도 유능한 부모가 될 수 있다(STEP).

는 방법이다. 즉, 이를 통해 아동은 스스로 교훈을 깨닫고 배우게 된다. 자연의 섭리가 아동을 가르치는 것이다. 이 방법은 사건의 자연스러운 흐름을 허용하므로 부모와 자녀 간의 힘겨루기를 막게 된다. 예를 들면, 자녀가 아침식사를 거르면 점심시간까지 배가 고플 것이다. 눈싸움을 할 때 장갑을 끼지 않으면 손이 시릴 것이고, 모래 위를 걸을 때 신발을 벗지 않는다면 모래가 신발 속으로 들어갈 것이다. 이것이 자연적 결과다. 행동을 통제하기 위해서 아동은 자기들이 취한 행동의 결과를 보다 구체적으로 경험할 필요가 있다는 것이다.

자연적 결과의 방법은 유익하지만 무조건 자연적 결과에 맡겨 버릴 수 없는 상황도 있다. 아동이 위험한 상황이거나 아동의 행동이 타인에게 피해를 줄 때, 그리고 자연적 결과를 통한 결과가 당장 눈에 보이지 않기 때문에 아동이 그 인과관계를 이해할 수 없을 때 등이다.

다음으로 논리적 결과란 아동이 규칙을 어겼을 때 훈육하기 위한 방법의 하나다. 드라이커스의 이론은 민주적 양육방식에 근거한 것이므로 가족원 모두에게 동등한 권리가 부여되어야 하고, 부모나 자녀가 모두 동등한 권리 행사를 위해 자신들의 행동을 주관하는 규칙이나 규범을 이해하고 준수해야 한다고 본다.

아동이 자기 행동의 대가로 따르는 결과를 논리적으로 경험하게 하는 방법인 논리적 결과는, 우선 아동을 훈육할 필요가 있을 때 사용해야 한다. 두 번째로 아동이 자기 행동의 결과, 즉 대가를 경험해야 한다. 세 번째로 그 대가는 아동 자신의 행동과 논리적으로 관련이 있어야 한다. 논리적 결과를 경험하게 하는 것은 자녀에게 선택권을 주고 그 결과를 감수하게 하는 것이다.

논리적 결과를 계획할 때 주의해야 할 점은 다음과 같다.

- 선택의 기회 제공: 먼저 자녀에게 선택의 기회를 제공해 주어야 한다. 이때 부모는 대안을 제공하고 자녀의 결정을 받아들여야 하며, 자녀가 아무런 외부 압력 없이 선택하도록 존중과 수용 및 선의의 태도로 선택의 기회를 제공해야 한다.
- 일관성 있는 적용: 일단 선택해서 결정한 후에는 반드시 실천하도록 하며 일관성 있게 적용해야 한다. 부모가 선택의 기회를 주고 나면 흔히 자녀는 부모의 한계를 시험해 보려고 한다는 점을 명심하고 일관성 있는 적용이 필요하다.
- 다시 한 번 기회가 있음을 말할 것: 자녀가 자신이 선택한 행동의 결과로서 깨달은 것이 있도록 지도하는 것이 목적이므로, 이런 상황에서는 결정은 이미 내려졌지만 나중에 다시 기회가 있을 것이라고 말해 준다.
- 부모의 태도: 자녀가 그 후에도 잘못된 행동을 계속 반복하면 다시 그 행동을 하기 전에 시간이 경과하도록 한다. 다시 해 볼 기회가 있고 시간이 있다는 말 외에 다른 말을 해서는 안 된다.

논리적 결과를 계획하는 목적은 아동에게 부모나 성인의 명령에 복종하도록 강요하지 않고 스스로 책임 있는 결정을 하도록 격려하는 것이며, 부모로 하여금 아동과의 권력투쟁에서 벗어나도록 하는 것이다.

3. 부모교육의 형태

민주적 부모교육은 부모연구 모임(parent study group)을 통해 이루어지는데, 부부가 함께 참여하여 8~12주 동안 매주 2시간씩 실시한다. 이 모임에는 전문가의 역할보다는 중개자, 촉진자, 안내자의 역할을 주로 하는 모임의 인도자가 드라이커스의 이론을 양육원칙으로 하여 강의를 하기도 하고 참여한 부모들의 개인적인 문제에 대해 토론하거나 해결방안을 모색하기도 한다.

드라이커스가 소개하는 아들러 모델의 부모교육 유형은 두 가지 요소를 가지고 있다. 하나는 아동양육에 관한 아들러의 개념을 연구하고 토의하여 부모의 지도력을 강화시키는 부모연구회이며, 다른 하나는 부모-교사 교육센터 운동으로 부모와 아동, 교사의 상담을 위한 모델이다.

이미 언급한 바대로, 민주적 부모교육이론은 아동에게 한 인간으로서 성인과 동등한 가치를 부여하고 평등한 인간관계를 형성하고자 하는 주된 목적을 가지고 아동의 잘못된 행동목표를 바람직한 방향으로 이끌도록 하는 프로그램으로, 아동을 좌절시키지 않으면서 부모와 자녀 간에 신뢰와 존중의 상호작용이 일어나도록 가르치는 부모교육이론이다.

 제4장

인본주의적 부모교육이론

인본주의적 부모교육이론은 매슬로(Maslow), 로저스(Rogers), 액슬린(Axline)으로 이어지는 인본주의 심리학을 기노트(Ginott)가 부모교육에 적용하여 발전시킨 이론이다.

기노트는 부모와 자녀 간에 갈등이 생기거나 정서장애아가 되는 원인은 부모의 인성에 문제가 있기 때문만이 아니라 자녀를 효율적으로 양육하는 방법을 잘 모르기 때문이라고 보고, 적절한 방법을 알려 주고 훈련시키는 부모교육을 통해 양육방식을 개선해 보고자 하였다. 즉, 부모-자녀 간의 의사소통을 증진시키는 책략을 제시하여 부모-자녀 관계에서 일어나는 갈등을 피하고 효과적인 상호작용을 하도록 하였다.

기노트는 사범대학을 졸업한 후 이스라엘에서 교사로 근무하였으나 아동을 관리하고 교육하는 데 있어서 이론과 실제가 다르다는 사실에 무력감과 좌절을 경험하고 교사직을 그만두게 되었다. 그 후 그는 미국 컬럼비아 대학에서 임상심리학을 전공하고 액슬린의 놀이치료를 배웠는데, 아동이 성장하는 데 성인의 관심과 공감적 반응, 정서적 경험 등이 중요한 영향을 끼친다는 것을 알게 되었다. 이 과정에서 기노트는 아동의 성장을 돕는 기술을 연습하고 배웠으며, 아동에게뿐만 아니라 성인에게도 가르칠 수 있다는 것을 알게 되었다. 그 후 심리학 인턴으로 일하면서 슬라브슨(Slavson)으로부터 심리역동이론과 부모-자녀 관계의 발달단계에 따른 변화과정에 대하여 배웠다. 특별히 개인 심리치료에서 강조한 것처럼 집단 심리치료에서도 내면의 정신적 힘의 균형을 재생시키는 참여자의 인성구조를 변화시키고자 하는 집단 심리요법을 슬라브슨을 통해 배워 부모교육에 적용하게 되었다. 기노트는 그 후 플로리다 아동지도소 연구원으로 9년 동안 근무하면서 정서장애 아동과 청소년을 대상으로 심리치료를 하였으며, 이러한 과정에서 아동과 부모의 문제, 부모개입 방법에 대한 실험을 거쳐 부모교육의 기법을 개발하게 되었다. 그동안의 경험을 통해 습득한 기술과 지식을 부모들에게 가르칠 수 있다는 확신을 가지고 부모교육에 응용하게 되었다. 이러한 다양한 경험을 통해 부모의 문제, 아동의 문제 등에 이론과 임상적 방법을 적용하여 『부모와 자녀(Between Parent and Child』(1965), 『교사와 학생(Between Teacher and Child』(1972), 『부모와 십대(Between Parent and Teenager』(1969) 등을 저술하였다.

기노트는 부모가 자녀의 이야기를 잘 경청함으로써 부모-자녀 관계에서 일어나는 갈등을 피하고, 부모로 하여금 자녀들의 치료적인 상담자 역할을 할 수 있도록 교육하고자 하였다. 인본주의적 부모교육의 목적은 부모 중심의 심리치료나 상담보다 아동 중심의 지도와 교육이 더 효과적이라는 생각으로, 부모-자녀가 긍정적인 상호작용을 경험하도록 하는 기회를 제공하고 자녀에게 효과적으로 반응할 수 있는 기술을 갖도록 하는 것이다.

1. 부모-자녀 관계에 대한 입장

기노트는 아동을 '자신을 이해하고 행동을 조정하며 적절히 통제할 수 있는 능력을 지닌 자' 로 보았다. 따라서 부모는 자녀의 감정과 행동을 있는 그대로 수용하는 태도를 취하고 자기 자신을 인식할 수 있어야 올바른 자녀교육이 이루어질 수 있다. 기노트는 부모가 자녀를 그의 인성이나 신체적 특징에 관계없이 있는 그대로 받아들여야 한다고 주장한다. 그렇게 하면 자녀는 부모에게 자신의 감정과 상태를 표현하고 싶은 마음이 생기게 되는데, 자녀가 부모에게 자신의 감정과 생각을 이야기할 때 적절히 반응하는 방법을 알아야 한다는 것이다. 즉, 상담자로서의 기술을 배워야 한다는 것이다.

부모는 자녀의 문제에 대하여 아동 중심적 사고, 즉 자녀의 입장에서 생각하려고 노력해야 하며 객관적인 태도를 가져야 한다. 문제 상황에서 부모는 정서적으로 반응하기보다는 감정이입을 함으로써 자녀와 느낌과 생각을 주고받는 태도를 가져야 한다. 그렇게 함으로써 부모는 자녀의 문제를 더 잘 이해할 수 있게 되고 부모-자녀 관계는 원만해질 수 있다는 것이다. 기노트는 부모-자녀 관계에 있어서 인격적인 측면을 강조하여 극단적인 대화나 행동은 바람직하지 않다고 보았으며, 바람직한 부모-자녀 관계를 유지하기 위해서는 기술이 필요하고 이를 습득하기 위해 부모교육이 필요하다고 보았다.

인본주의 부모교육이론의 목표를 구체적으로 제시하면 다음과 같다.

- 아동 중심의 부모교육을 기본 목표로 한다.
- 부모역할을 보다 효율적으로 수행할 수 있도록 의사소통 기술을 가르친다.

2. 부모교육의 원리

기노트는 자녀양육을 위한 부모개입의 기술은 사람마다 각각 다르게 적용되어야 함을 강조하고 있다. 이는 사람마다 지금까지 살아오면서 사용해 온 나름대로의 방법이 있고 욕구에 따라 그 적용도 다를 수 있기 때문이다. 따라서 어느 부모에게나 총체적으로 맞는 만능적 방법으로 적용할 만한 단 한 가지 원리나 방법은 없다고 보았다. 기노트의 부모교육의 원리, 즉 부모와 자녀 간에 상호작용과 대화를 촉진시키기 위한 전략을 소개하면 다음과 같다.

1) 자녀와의 대화

자녀와의 대화는 인격을 존중하는 태도를 가지고 해야 하며, 대화에는 기술이 필요하다. 부모들이 자존심을 갖는 것처럼 자녀의 자존심도 존중해 주어야 하며, 충고와 지시에 앞서 자녀의 마음 상태를 이해해야 한다. 부모가 자기를 이해해 주고 있다는 것을 느끼면 자녀의 외로움이나 상처는 사라질 것이며 부모-자녀 관계도 좋아질 것이다. 부모는 자녀의 질문이나 행동에 반응할 때 그 사건이나 상황 자체에 반응하기보다는 그 이야기가 의미하는 바가 무엇이고 행동의 원인이 무엇인지를 잘 파악한 후 적절히 반응해야 한다.

또한 자녀의 인성과 성격을 공격하거나 비난하지 않고 잘못된 행동 자체에만 관심을 두어야 한다. 자녀가 바람직하지 않은 행동을 했을 때 그 행동을 중심으로 이야기해야 하며 자녀의 인성이나 성격 등을 비난해서 인신공격을 해서는 안 된다. 이러한 부모의 태도는 자연스럽게 자녀로 하여금 자신의 잘못된 행동에 대해 반성하게 하고 비슷한 상황에서 어떻게 감정을 표현해야 하는지 배우게 한다. 더 중요한 것은 부모-자녀 관계가 악화되지 않고 문제가 해결될 수 있다는 것이다.

2) 칭찬과 강화

칭찬이나 긍정적 강화를 과용해서는 안 된다. 자녀를 칭찬할 때 자녀의 노력과 행동 자체를 칭찬하지 않고 인성에 대해 표현한다면 역효과가 날 것이다. 따라서 칭찬이나 긍정적 강화를 할 때는 실제 노력한 만큼, 성취한 정도와 행동에 맞게끔 칭찬해야 한다. '예쁘다' '착하다' 등의 인성적이고 도덕적인 말로 불분명하고 막연하게 하는 칭찬이 아니라 자녀가 실제로 노력하고 성취한 만큼의 행동을 구체적으로 말해 주는 것이 효과적이다. 예를 들어, 장난감을 가지고 놀았던 방을 치우고 있는 자녀에게 "우리 아들, 참 착하다."라는 표현보다는 "장난감을 치우는 네 모습을 보니까 엄마는 너무 기쁘고 네가 무척 대견스럽게 보이는구나."와 같이 말하는 것은 자녀의 앞으로의 행동에 더욱 효과적인 대화가 될 것이다.

3) 부모의 감정 표현

부모는 자녀와의 상호작용에서 생기는 갈등이나 압박감을 다룰 때 자녀의 행동에 대해 화나는 느낌을 가질 권리가 있다. 즉, 자녀의 행동 때문에 갈등과 분노가 생기고 긴장될 때, 부모는 감정을 억압하지 말고 느낀 대로 감정표현을 해야 한다. 죄의식이나 미안한 마음을 가질 필요가 없으며 어른도 화낼 권리가 있음을 보여 주고 부모의 감정 상태를 언어로 표현하는 모델을 보여 준다. 이는 결과적으로 자녀의 인성을 공격하지 않으면서 부모의 감정을 표현하기 때문에 효과적인 방법이라고 할 수 있다.

4) 부모의 잘못된 태도

부모는 자녀와의 갈등 상황에서 패배감을 느끼게 되면 위협, 뇌물 주기, 빈정대는 말, 훈계, 억압 등으로 자녀를 복종시키려 하는데, 이와 같은 방법은 오히려 잘못된 행동을 반복시키는 결과를 초래할 뿐이므로 삼가야 한다. 자녀를 위협하는 것은 자녀의 잘못된 행동을 잠깐 동안은 금지시킬 수 있으나 그 순간만 지나면 되풀이되며, 자녀에게 뇌물을 주는 것은 자녀의 행동을 수정하는 것이 아니고 단지 잠깐 멈추게 하는 효과밖에 없다. 이러한 부모의 태도는 아동으로 하여금 자신의 잘못된 행동에 대한 수정보다는 부모와 거래하는 마음을 조장하는 결과를 초래할 수 있으므로 바람직하지 못하다. 빈정대는 말은 자녀의 기분을 상하게 하며, 계속적인 훈계는 자녀가 부모의 말에 귀 기울이지 않도록 하고 부모와 더욱 멀어지게 하는 결과를 낳는다.

5) 자녀와 눈높이 맞추기

의사소통은 부모와의 신체적인 차이가 적을 때 더욱 효과적으로 이루어진다. 즉, 효과적인 의사소통을 위해서 부모는 허리를 구부리거나 한쪽 다리를 구부려 키를 낮추어서 자녀와 눈높이를 같게 하는 것이 매우 효과적이다. 다른 방법으로는 자녀를 부모의 무릎에 앉히거나 같이 바닥에 앉아서 이야기하는 것이다. 신체적인 차이가 클수록 자녀는 힘들어 하기 때문에 대화가 오래 지속되기 힘들다.

6) 책임감과 독립성

자녀가 성장해 감에 따라 자신의 행동에 대하여 책임감을 가지도록 양육해야 한다. 매일의 일상생활에서 자녀들에게 선택권을 부여하여 가능한 한 양자택일을 할 수 있는 기회를 준다. 스스로 선택하고 자신이 선택한 것에 대해 책임을 지는 것을 배울 수 있게 한다. 예를 들면, "오늘은 치마를 입을래, 아니면 바지를 입을래?"라고 질문하여 자녀의 선택을 존중해 주고 그에 대해 책임감을 느끼게 하는 것이다. 이러한 방법은 책임감을 길러 줄 뿐 아니라 서로 다른 주장으로 인해 발생하는 갈등을 피할 수 있게 하는 좋은 방법이다.

아동은 자신이 이해할 수 있는 범위 내에서 그 한계가 합리적으로 주어질 때 규율과 책임감 등 좋은 습관을 형성할 수 있다. '~하지 마라'는 식의 명령은 아동으로 하여금 부모에게 수용되지 않는 행동이 무엇인지 알게 해 주지만, 부모에게 수용될 수 있는 행동이 무엇인지에 대해서는 가르쳐 주지 않는다. 그러므로 선택권을 주는 방법이 합리적이라고 할 수 있다. 책임감은 가정생활에서나 공공생활에서 자연스럽게 얻어질 수 있도록 지도해야 하며, 긍정적인 가치가 부여되지 않은 책임감은 반사회적, 파괴적 행동으로 나타날 수 있으므로 근본적인 가치를 추구하는 데서 책임감이 생길 수 있도록 지도해야 한다.

7) 훈육방법

아동에게 체벌은 언어적 의사소통보다 효과가 없을 뿐 아니라 해가 더 많다. 자녀를 훈육할 때는 체벌보다 간결하고 분명한 언어로 표현하고, 자녀의 자존심을 상하게 하는 말이나 행동은 사용하지 않는다. 체벌은 자녀로 하여금 힘없는 사람들을 마음대로 때릴 수 있다는 생각을 길러 줄 수 있으므로 비효과적이다. 자녀는 자신의 행동에 어떤 변화가 일어나야 한다고 느끼거나 자신의 행동이 금지당해야 한다고 느끼면 부모의 훈육을 자발적으로 받아들이게 된다. 이때 부모는 아동에게 수용할 수 있는 행동과 수용할 수 없는 행동을 분명하게 말해 줘야 한다.

3. 부모교육의 형태

기노트의 부모교육은 '부모지도 모임(guidance group for parents)'을 통해 이루어진다. 이 모임은 자녀의 연령에 따라 나누어지며, 구성원은 대개 10~12명으로 15주 동안 매주 1회 90분간 모임을 갖는다. 자녀의 발달상 비슷한 문제 유형을 가지고 모임에 참석하게 되므로 취학전, 아동기, 사춘기, 청년기 등의 그룹으로 나뉘게 된다.

지도자의 권위를 최소화하기 위하여 참여 부모들은 원탁에 앉아서 모임을 갖게 된다. 참여 부모 앞에는 자기 자녀의 이름카드를 놓고 진행하게 되는데, 이는 아동 중심의 교육임을 강조하기 위한 방법이다. 모임에서 자신의 문제에 대해 참여자들 앞에서 부담 없이 이야기할 수 있는 분위기가 형성되면 자신의 느낌을 표현하며, 그동안의 자녀양육 습관이나 태도를 분석하고 평가하여 자신의 부모로서의 능력을 향상시키고 개발할 수 있는 방법을 습득하게 된다.

인본주의적 부모교육 프로그램은 불평 늘어놓기 단계, 감수성 형성 단계,

개념형성 단계, 기술 익히기 단계의 네 단계를 거치면서 부모들에게 자녀양육 기술을 배울 수 있도록 도와주고 있다.

1) 불평 늘어놓기 단계(이야기 단계)

불평 늘어놓기 단계에서는 부모가 경험하고 있는 문제를 이야기하도록 함으로써 서로 공감대를 형성하고 위안을 받도록 한다. 지도자는 부모로 하여금 자녀와 생활하면서 부딪혔던 문제들에 대해 이야기하게 하고, 문제의 해결을 위하여 지금까지 사용하였던 상호작용 방법들을 솔직히 말할 수 있도록 격려한다.

부모들은 이 단계에서 자녀에 대한 불만이나 죄책감, 분노 등의 감정을 나타내는데, 이때 지도자는 관심과 이해를 가지고 수용하는 반응을 보여야 한다. 지도자를 신뢰하고 안전하게 느끼도록 안정된 분위기를 형성하고 부모들이 서로 더 많은 이야기를 나눌 수 있도록 기회를 주어야 한다. 이러한 과정을 통하여 부모들은 자신의 고민과 골칫거리에 대한 경험을 서로 이야기함으로써 서로에 대한 연민의 정을 느끼게 되고, 타인의 고통에 대해 감정이입의 경험을 하게 된다. 또한 자신과 타인의 공통점과 차이점에 대해 생각하게 되고 자신을 괴롭히고 있는 문제를 해결하고자 하는 마음이 생기게 된다. 부모들이 이야기를 모두 했다고 판단되고 문제를 해결하려는 노력이 보일 때는 다음 단계로 진행한다.

2) 감수성 형성 단계(감수성 높이기 단계)

감수성 형성 단계는 부모를 괴롭히는 문제 자체에만 관심을 갖고 괴로워하며 불평하는 대신, 부모-자녀 간의 의사소통에서 자녀의 느낌은 어떠한지 자녀의 입장에서 감수성을 갖고 깊이 생각해 보는 단계로, 부모-자녀 간에 교류되는 감정에 대하여 통찰력을 갖도록 훈련한다.

지도자는 부모가 아동 중심으로 문제를 생각하고 감정이입할 수 있도록 유도한다. 부모가 이야기하는 문제에 대해 자녀는 어떤 감정과 느낌을 갖고 표현하며, 자녀의 느낌과 행동 사이에는 어떤 인과관계가 있을까에 초점을 두고 부모의 관점에서 생각하던 것을 자녀의 관점에서 생각해 볼 수 있도록 한다.

이는 두 단계로 나뉘어 진행된다. 하나는 부모-자녀 관계가 어려울 때 자녀는 어떻게 느낄까에 대해 생각해 보는 것이고, 다른 하나는 부모들이 일상생활을 할 때 겪는 정서적 경험과 관련시켜 이야기해 나감으로써 자녀의 감정적 반응을 생각해 보는 것이다. 이러한 과정은 주로 역할극을 통하여 이루어지는데, 부모-자녀 관계에서의 문제는 자녀의 입장에서 느끼는 바를 직접 경험해 보게 되며, 그 외의 다른 관계에서의 문제는 일상적인 상황에서 타인과 겪게 되는 감정적인 경험을 하게 된다. 이러한 과정을 통하여 문제를 일으켰던 사람이 자녀든 부모든 그들이 어떻게 느끼고 있는가를 알게 되고, 또 그러한 상황에서의 마음 상태를 아는 감정 탐색의 기술, 즉 감수성이 향상된다. 지도자는 부모들에게 그때그때의 상황에서 어떤 느낌인지를 말하게 함으로써 부모-자녀 간에 교류되는 감정이 더 좋은 방법으로 이어질 수 있는 통찰력을 갖도록 돕는다. 다른 사람의 감정에 대한 감수성이 향상되면 부모 자신의 잘못된 행동을 인식하게 되고 변화시키려는 의욕을 갖게 된다.

3) 개념 형성 단계

개념 형성 단계는 부모로서 자녀양육에 대한 자신의 행동을 분석하여 새로운 지식과 개념을 갖게 하는 단계로, 부모가 자녀의 행동에 대한 새로운 개념을 갖고 자녀의 행동을 이해하는 능력을 개발하도록 도와준다.

전 단계에서 자녀의 느낌과 부모-자녀 간의 감정 교류에 대하여 통찰력이 생기도록 훈련되었다. 그리고 이 단계에서는 지금까지 왜 부모로서 그 문제를 다루는 데 실패하였는지 원인을 파악하고 평가·분석하여 자녀양육에 대한 새로운 지식과 개념을 갖게 한다.

이와 같은 개념 형성 단계를 통해 부모는 감정과 행동의 차이를 인식하고, 자녀가 자신의 감정을 표현하는 것이 발달적으로 바람직하다는 것을 이해하며, 자녀의 감정과 행동을 수용하는 기술을 습득한다. 그러나 이것이 자녀의 감정과 행동을 무조건 수용하라는 의미는 아니다. 또한 부모는 인간에게 나쁜 감정과 좋은 감정이 공존함을 이해하고 자녀의 수준에 맞는 기대를 함으로써 자녀가 느끼는 분노, 좌절 등이 건설적으로 표현되도록 도와주어야 함을 경험적으로 인식하고 체득하게 된다. 더불어 부모로서 자신의 행동에 대해 분석해 보고, 부모로서의 행동이 향상될 수 있는 개념을 형성하도록 돕는다.

4) 기술 익히기 단계

기술 익히기 단계는 이론적으로 개념을 정리하는 데 그치는 것이 아니라 문제 해결에 적합한 양육기술을 발견해서 적용해 보는 단계로, 문제에 대처할 수 있는 방법을 제안하고 적용하도록 격려하며 교육받은 기술을 시험해 본다.

지도자는 특별히 참여 부모들 개개인이 겪고 있는 문제들에 대해 적절하게 도움이 될 만한 기술을 제시하여 부모가 그러한 문제에 적절히 대처할 수 있도록 격려한다.

부모들은 문제에 대한 새로운 해결방법을 생각하고 토의한 후 집에 돌아가서 각자 적용해 보게 된다. 그리고 적용 결과의 성패를 다시 토의하여 새롭고 합리적인 양육기술을 익히게 된다. 이 과정에서 부모는 자녀의 감정에 대해 정확하고 세련되며 애정 어린 표현을 하도록, 또한 부모가 갖는 분노와 원망을 자연스럽게 표현하도록 지도받는다.

제5장

교류분석이론

인간은 언어적 · 비언어적 메시지를 교환하면서 타인과 관계를 맺고 유지한다. 의사소통을 통한 인간의 교환 내지 교류는 우리 각자가 형성한 자아와 삶의 태도를 반영하여 나타난다. 번(Berne)은 개인이 갖는 자아 상태를 바탕으로 의사소통의 교류가 어떻게 이루어지는가를 탐색하여 교류분석(transactional analysis: TA)이론을 창시하였다.

번은 캐나다에서 태어나 맥길 대학에서 의학공부를 하여 의사자격증을 받은 뒤 미국의 예일 대학에서 정신과 의사로 일했다. 번은 처음에는 프로이트 학파를 따르는 정신분석가가 되고자 했으나, 정신분석의 한계를 깨달은 1950년대 중반부터 환자를 치료하는 좀 더 신속하고 효과적인 기술의 도입을 위해 정신분석이론의 연구에서 손을 떼고 교류분석을 제창하기 시작하였다. 번은 1957년 미국 집단정신치료협회(American Group Psychotherapy Association)에 『교류분석—집단치료에 대한 새롭고 효과적인 방법(Transactional Analysis: A New and effective method of group therapy)』을 발표하면서 자신의 이론을 본격적으로 제창하였다. 그는 대체로 1950년대 중반부터 1962년까지는 자아 상태의 변화와 구별에 연구의 초점을 맞추었고, 『심리치료에서의 교류분석(Transational Analysis in Psychotherapy』(1961)과 『사람들이 하는 게임(Games People Play』(1964)이라는 저서를 출간하였다. 1962년부터 1966년 사이에는 대화(교류)와 게임분석을, 그리고 1966년부터 1970년까지는 인생각본에 연구의 초점을 두었다. 이와 같이 그는 사회적 인간관계 내에서의 사회적 상호작용 및 인간의 성격에 대하여 관심을 가지고 연구하였다.

번을 위시로 한 교류분석에서는 인간에 대해 긍정적인 견해를 가지고 있다. 이 이론에서는 인간이 자기 자신을 발달시키고 행복하게 하며 생산적이게 할 능력을 가지고 태어났다고 생각한다. 출생 시에 유아는 건전한 태도와 긍정적인 입장을 가지고 태어나지만 살아가면서 다른 사람과의 교류를 통해 타고난 긍정적 태도를 계속 수정한다는 것이다.

따라서 인간은 자신의 과거 경험에서 형성된 가치와 신념들을 이해하고 자신의 그러한 습관성을 떠나서 새로운 목표와 행동을 선택할 능력이 있는 자율적인 존재라는 점을 강조한다. 즉, 인간은 자신의 교류를 분석하며, 좀 더 나은 방향으로 자신의 변화를 꾀할 수 있는 존재라는 확신감을 통하여 스스로를 변화시킬 수 있다고 믿는다. 이는 부모-자녀 관계에서 갈등을 경험하는 부모나 아동에게 적용시킬 수 있다.

번의 이론은 정신적인 문제를 호소하는 내담자의 치료에 적용되었다. 그러나 그의 저서와 이론은 인간관계를 보다 깊이 이해하는 데 큰 도움을 주었고, 특히 부모-자녀 관계를 개선하려는 사람들에게 깊은 시사점을 주었다. 번이 1970년 세상을 떠난 후 해리스(Harris)는 자신의 저서, 『나도 옳고 당신도 옳다(I am OK, You are OK)』(1969)를 통해서, 그리고 제임스와 제인지워드(James & Jangeward)는 『이기기 위하여 태어났다(Born to Win)』(1971)를 통하여 번의 이론을 대중화시켰다. 이를 계기로 교류분석이론은 부모교육에도 많은 영향을 끼치게 되었으며, 부모-자녀 관계의 의사소통과 상호 교류 방법을 향상시키는 데 도움을 주었다.

부모교육에서 교류분석적 접근은 집단 중심의 부모-자녀 관계 치료를 목적으로 할 때 적절하게 사용된다. 또한 부모교육 프로그램에서 개인의 잠재력 성장과 향상 및 가족관계의 의사소통에 도움을 주는 방향에 초점을 두고 응용된다. 교류분석이론에 따른 부모교육은 표준화된 교육과정 없이 프로그램이 실시되고, 지도자 훈련을 받은 지도자가 며칠 동안의 워크숍이나 여러 주 동안의 부모모임 형태의 교육과정을 조직하고 계획하여 진행한다. 접근방법으로는 교류분석에서 전통적으로 진행하는 순서에 의해 각 부모와 자녀의 성격구조에 대한 분석인 구조분석, 그들의 인간관계 내에서의 대화를 분석하는 교류분석, 심리적인 자아 상태에서의 게임분석 그리고 그들의 각본분석으로 진행된다. 또한 발달적 접근으로 아동의 성장과 발달을 강조하여, 각 단계에서 경험해야 하고 또 경험되는 발달과제에 대한 정보를 제공한다.

1. 성격의 구조

1) 자아 상태

교류분석에서 인간의 성격구조를 설명할 때 인간은 모두 자신의 내부에 세 개의 자아를 가지고 있다고 보고 그것들을 자아 상태(ego state)라고 부른다. 자아 상태는 아동자아 상태(child ego state: C), 성인자아 상태(adult ego state: A),

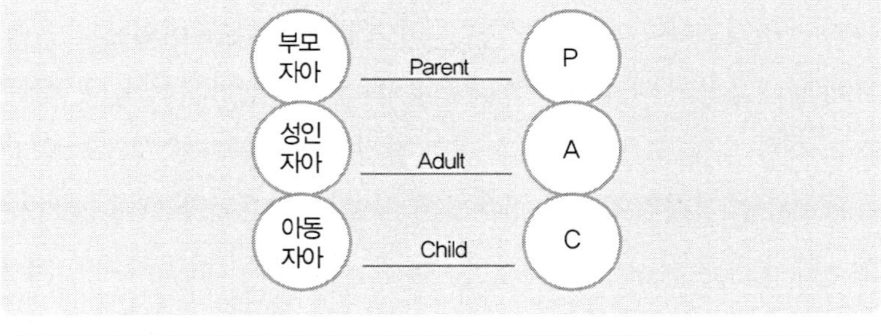

그림 5-1 세 개의 자아 상태

부모자아 상태(parent ego state: P)로 나누어진다. 이를 쉽게 설명하기 위하여 [그림 5-1]과 같이 세 개의 원과 약자를 사용한다.

교류분석에서 자아 상태는 일관된 감정과 경험 형태가 상응하는 일관된 행동 형태와 직접적으로 관련되어 있다. 즉, 자아 상태란 현실에 대한 정의, 정보처리 그리고 외부세계에 대한 반응들로 조직된 것으로, 개인이 의식적으로 깨닫고 눈으로 확인할 수 있는 행동적인 것들과 사고, 감정을 총합한 하나의 시스템이라고 할 수 있다. 전술한 바와 같이, 한 사람의 인간 속에는 세 사람이 있어 그중 한 사람이 때때로 인격 전체를 통제하고 있는 것같이 보이기도 하고, 또한 사람의 인간이 세 가지 자아 상태 사이를 재빨리 왔다 갔다 하기도 한다.

교류분석의 자아 상태 개념은 프로이트가 제안한 성격구조인 본능적 자아(id), 현실적 자아(ego), 도덕적 자아(super-ego)와 유사한 개념이지만, 관찰 가능한 현실적 · 의식적 행동에 초점을 둔다는 점과 역동적이라는 점에서 차이가 있다.

아동자아 상태, 부모자아 상태, 성인자아 상태의 세 가지 자아 상태에 대해 살펴보면 다음과 같다.

(1) 아동자아 상태

아동자아 상태는 우리들이 어린 시절에 실제로 느꼈거나 행동했던 것과 똑같은 감정이나 행동을 나타내는 상태다. 즉, 어린 시절 일상생활에서 보고 듣고 느끼고 이해한 것들에 대한 자신의 언어적 · 비언어적 반응이 기억됨으로써 형성된 것으로, 자기 인식을 확인할 수 있는 것이다. 거기에는 생태적인 것, 예를 들면 생리적인 욕구와 기본적인 정서에 대한 기억들 이외에도 인생 초기에 부모에게 대응하기 위해 습관화된 반응양식 등도 포함되어 있다. 이에 아동자아를 '느끼는 나'라고 볼 수 있고, 주로 감정이나 충동으로 형성되어 있다.

이 아동자아는 인간관계에서 상대방이 부모처럼 행동할 때나 자기가 의존적이 될 때, 즐거운 생각을 하고 있을 때 잘 작용한다. 아동자아는 자유로운 아동(free child: FC)과 순응하는 아동(adapted child: AC)의 두 가지 기능으로 나눌 수 있다. 더 나아가 자유로운 아동은 천진한 아동(natural child)과 영악한 아동(little progessor)으로 구분된다.

먼저 FC는 누구에게나 구속받지 않고 자유롭고 자연스럽게 행동하는 부분으로 부모의 행동이나 품행의 영향을 받고 있지 않다. FC는 감정적, 본능적, 자기중심적, 적극적이며 호기심이나 창조성의 원천이 되기도 한다. 현실과는 상관없이 즉각적인 즐거움을 추구하며 고통을 피하려고 한다. 좋은 측면에서 보자면 명랑하고 천진난만하고 화를 오래 품지 않으며 그 자리에 맞는 적절한 감정 표현을 한다. FC가 적절히 기능하면 주위 사람들에게 즐거움과 매력을 느끼게 한다. 그러나 FC가 너무 강하면 자기 자신을 절제하지 못하고 경솔한 언행을 하기 쉽다. FC에는 여러 가지 감탄사를 연발하는 것, 예를 들면 "와아! 너무 좋아! 야호 멋지다!", "~을 하고 싶어!" 등과 같이 있는 그대로의 감정을 솔직하게 표현하는 것, 놀이 등의 자유로운 행동, 공상적이고 창조적인 사고나 행동 그리고 자기 긍정 등이 포함된다.

AC는 자기를 예의 바르게 교육하려고 했던 부모에게 순응하고 있는 부분이다. 아동은 성장하면서 양육자로부터 애정을 상실하지 않고 관심을 받기 위하여 때로는 자신을 통제하고 부모의 말을 잘 듣는다. 이때 나타내는 반응이 AC다. 순종적이고 참을성이 있는 것으로, 말 잘 듣는 아이에 속하기는 하지만 내적으로는 여러 가지 문제를 가지고 있을 수 있다. 즉, AC는 자신의 감정을 억압하는 경향이 있으므로 비꼬고 앙심을 품고 갑자기 화를 내는 등의 행동과 관련된다. 따라서 AC가 너무 높으면 간단한 타협이나 동의를 하는 것처럼 보이지만 그 속의 감정은 가짜다. 즉, 이면에 공격성이 감추어져 있는 경우다.

(2) 부모자아 상태

부모자아 상태는 인간이 태어난 후 사회화 과정에서 의미 있는 영향을 주었던 부모나 다른 사람들의 행동과 느낌이 기억되었다가, 그것이 지금 선택되어 발현되는 것이다. 즉, 부모가 사용했거나 현재 사용하고 있는 것과 똑같은 말이나 사고방식, 몸짓 등으로 자신을 표현하는 것이다. 따라서 부모자아 상태는 실제 부모의 양육태도, 제도적 혹은 사회적 가치에 의해 형성된 것이다. 부모자아 상태에는 징벌과 제한을 가하는 부분과 사람을 보살펴 주는 것과 같은 양육적인 부분이 있다. 해야 할 일과 하지 말아야 할 일에 대해 배워 온 법칙, 예의, 전통, 가치 등에 입각한 말은 자기 내부의 부모자아 상태가 하는 표현이다.

부모자아 상태는 두 가지 기능을 수행하는데, 양육적 부모자아 상태(nurturing parent ego tate: NP)와 비판적 부모자아 상태(critical parent ego state: CP)로 구분된다.

먼저 NP는 아동의 성장을 도와주는 어머니 같은 부분으로, 동정적이고 보호적이며 양육적인 부분이다. 대인관계에서 상대방이 도움을 필요로 할 때 부모처럼 보살피고 위로해 주는 말과 행동을 하는 것이다. 예를 들어, "힘들었지, 수고가 참 많았구나. 좀 쉬려무나." "얘야, 힘내라. 그 정도 다친 것은 참 다행스러운 일이야." 등과 같은 말이다. 그러나 그 정도가 지나치면 상대방의 자율성과 독립심을 빼앗게 될 수 있다.

CP는 주로 자신의 양심, 규칙, 가치관에 입각하여 비판과 비난, 질책을 하는 경우다. 엄격하게 가르치는 측면을 의미한다. 그러나 그 정도가 지나치면 명령이나 지시 등 자신의 가치관을 강요하는 지배적이고 통제적인 행동을 취하게 되고, 상대방을 평가하고 책망하는 일에 주력하며, 명령하는 행동을 많이 보이게 된다. 예를 들면, '게으른' '버릇없는' '어리석은' '착한' 등과 같은 평가적 단어나 '안 돼' '절대로' '항상' '결코' 와 같은 언어적 단서로 표현되며, 찡그린 이마, 팔짱끼기, 혀차기 등과 같은 몸짓이나 표정을 수반하여 표현된다.

(3) 성인자아 상태

성인자아 상태는 개인의 성격 중에서 사실에 기초하여 사물을 판단하려고 하는 부분이다. 성인자아 상태는 관찰기능과 외부 현실에 대한 예측 때문에 비정열적인 기관, 즉 감정이 결여된 컴퓨터에 비교되는 논리적인 처리기능을 갖는다. 성인자아 상태는 항상 감정에 지배되지 않는 합리적인 입장을 취하며, 아동자아 상태나 부모자아 상태가 하는 일 등은 하지 않는 냉정하고 논리적인 영역이다.

성인자아는 지성, 이성과 깊은 관련이 있고, 합리성, 생산성, 적응성을 가지며, 냉정한 계산에 입각하여 그 기능을 발휘한다. 그러나 성인자아가 지나치면 평론가나 머리만 유난히 크고 감정이 없는 유형, 말만 많고 실행을 하지 않는 유형이 될 수 있다. 성인자아 상태의 예로는 다각적으로 각각의 사물을 관찰하고 공평하게 평가하려는 태도, 목표 달성을 위해 자기 감정이나 욕구를 통제하는 태도, 일할 때 냉정하고 능률적인 것을 추구하는 태도 등이 있다.

2) 자아 상태의 경계

개인의 자아 상태는 서로 경계선을 가지고 운영된다. 즉, P, A, C는 서로 분리되어 있는 형태로 독립되어 있다. 그러나 이들이 완전히 폐쇄되어 있는 것이 아니라 상호 간에 자유로운 교류가 행해진다. 건강한 개인은 자신이 선택하고 싶은 자아 상태를 자유롭게 선택할 수 있다. 따라서 타인을 보호하거나 가르치려 할 때는 부모자아를, 문제에 직면해서 논리적이고 합리적으로 문제를 풀어 나가야 할 때는 성인자아를, 그리고 삶을 즐기고 느낄 때나 타인과 친밀하고 격의 없는 관계를 맺을 때는 아동자아를 선택하여 발휘한다. 다시 말해, 경우에 따라서 유연한 마음이 바람직하다는 것이다.

그러나 한 자아 상태가 다른 자아 상태의 일부를 침범하여 그 일부를 빼앗아 버림으로써 그 기능을 상실하게 하는 경우가 있다. 이를 오염 또는 혼합, 침략, 분쟁이라고 한다. 한편 자아구조의 경계가 너무 경직되어 자아구조 간의 이동이 불가능한 경우를 배타라고 한다.

(1) 오 염

오염(contamination)의 형태는 세 가지로 나타날 수 있다. 첫째, 부모자아가 성인자아를 침범하게 되는 경우다([그림 5-2], a 참조). 이는 어떤 상황에서 성인자아가 갖는 논리성과 합리성이 줄어들거나 없어지고, 부모자아의 특성인 편견과 지시 또는 과보호가 나타나는 것이다. 즉, 어떤 특정 신념이나 가치만 옳다고 생각하고 그것이 논리적인지에는 관심이 없으며, 그것을 따르지 않고 그릇되다고 간주하는 것이다. 예를 들면, 십대 자녀에 대해 부모가 '자녀가 염색을 하는 것은 나쁜 것' 이라는 편견을 가지고 있는 경우를 생각해 보자. 염색을 하는 것이 부모의 생각에는 불성실하거나 부적절하다고 생각되기 때문이다. 그러나 합리적으로 생각해 보았을 때, 즉 성인자아에 입각하면 그 행동이 꼭 부적절한 것은 아니며 염색을 하였어도 행동이 단정하고 성실한 사람은 얼마든지 있다고 볼 수 있다. 그러나 부모자아에 의해 성인자아가 오염된 부모는 자녀의 그런 행동을 도무지 간과할 수 없고, 특단의 조치—머리를 잘라 버리거나 자녀에게 완력을 사용하는 등—를 취하는 경우가 나타난다. 이는 부모자아가 성인자아를 오염시켜 그 기능을 상실케 한 결과라고 할 수 있다. 한편으로 부모자아의 성인자아에 대한 오염으로 나타나는 것이 과보호다. 과보호는 자녀가 스스로 생각하고 행동하는 자율성을 완전히 빼앗아 버린다. 양육적인 부모자아의 기능이 너무 활성화된 부모는 자녀가 원하든 원하지 않든 자녀 스스로 할 수 있는 일까지 무조건 다 해 주는 행동을 한다. 그리고 이러한 부모는 자신이 좋은 부모이며 자녀는 자신의 의도대로 아주 잘 자라고 있다는 착각을 하면서 살아간다. 그러나 이러한 부모 밑에서 성장한 자녀는 혼자서는 아무것도 할 수

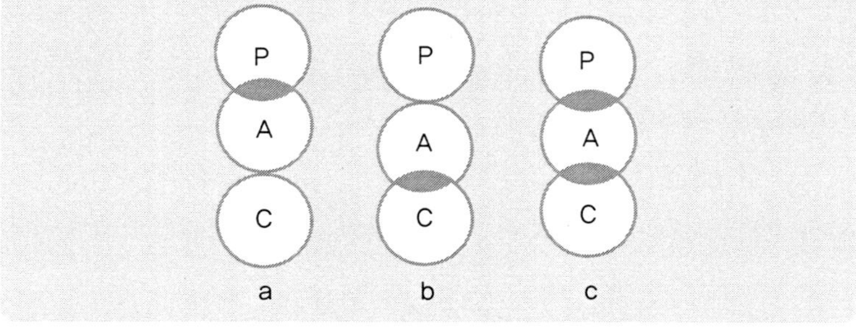

그림 5-2 오염의 예

없게 된다. 이는 부모자아의 오염에 의한 피해 양상이라고 볼 수 있다.

둘째, 아동자아가 성인자아를 오염시키는 경우다([그림 5-2], b 참조). 이는 아동자아가 성인자아의 일부를 빼앗아 버리기 때문에 합리성을 상실하고 단순히 그때의 감정이나 느낌에 사로잡혀 행동을 취하게 되는 것이다. 예를 들면, 입시생을 둔 어머니의 경우를 생각해 보자. 이 어머니는 자녀의 입시 실패에 대한 지나친 불안과 걱정을 가지고 있다. 자녀가 일류대학에 들어가지 못하면 인생이 끝나고 살아갈 이유가 없다고 생각하고 있기 때문이다. 그러나 합리적으로 생각하면 입시에 실패했다고 인생이 끝나는 것도 아니고, 일류대학에 들어간다고 해서 그 인생이 성공적이라고 볼 수도 없다. 하지만 이 어머니는 합리적인 사고를 하는 성인자아가 오염된 상태이기 때문에 아동자아의 특성인 감정에만 얽매여서 하루하루를 불행하고 초조하게 살아간다. 이러한 행동은 자신의 문제에만 그치지 않고 자녀에게도 영향을 줄 것이고, 두 사람은 함께 불행하게 될 것이다. 이와 같은 감정 외에도 공상이나 망상이 나타나기도 한다. 성인자아의 오염으로 인해 현실감각이 결여되어 지나친 환상과 망상을 하게 되는 경우도 있다.

셋째, 성인자아가 부모자아나 아동자아를 오염시키는 경우다([그림 5-2], c 참조). 즉, 성인자아가 너무 강력하게 자신을 장악하기 때문에 부모자아나 아동자아의 생활방식이 탄압을 받는 경우다. 먼저 부모자아가 오염된 경우에는 도덕이나 양심, 규칙 등이 합리적이라고 보이는 생각에 의해 용인된다. 예를 들면, 어떤 아동이 길을 건너려는데 횡단보도가 꽤 먼 거리에 설치되어 있었다. 이때 부모자아가 기능을 한다면 무단횡단을 하지 않고 횡단보도로 걸어가야 할 것이다. 그런데 이 아동은 '저기까지 걸어가려면 시간도 많이 걸리고 다리도 아프니 그냥 무단횡단을 하는 것이 현명한 일이지.' 라고 생각하면서 아무런 거리낌없이 규칙을 위반한다. 이것이 바로 성인자아에 의해 부모자아가 오염됨으로써 보이는 행동이다. 다음으로 아동자아가 오염된 경우에는 개인의 감정이나 느낌이 부족하고, 느껴야 할 상황에서 이해력이 좋은 평론가처럼 행세한다. 예를 들면, 길을 가다가 보도블록에 핀 작고 아름다운 들꽃을 발견했다고 하자. 아동자아가 기능을 발휘하면 멈춰서 "야, 정말 예쁘구나. 향기도 좋고."라고 할 것이다. 그러나 성인자아에 오염된 경우는 "도로가 정비되어 있지 않구나. 지저분하게 여기저기 풀이 돋아나 있고."라고 반응을 보일 것이다.

(2) 배 타

자아 상태의 경계가 두꺼운 벽처럼 지나치게 경직되어 하나 또는 그 이상의 자아 상태들의 기능이 차단된 경우를 배타 또는 제외(exclusion)라고 한다([그림 5-3] 참조).

배타에는 여러 형태가 있다. 첫째, 아동자아와 성인자아가 제외되어 부모자아에 고착되는 경우다([그림 5-3], a 참조). 이는 배타적 부모자아 상태로서 다른 사람에 대해 비판적이고 훈계적이며 권위적 태도를 나타내며 즐거움이나 감정이 결여되어 있다.

둘째, 성인자아와 부모자아가 제외되어 아동자아에 고착되는 경우다([그림 5-3], b 참조). 이는 배타적 아동자아 상태로서 규칙이나 가치관과는 상관없이 자신의 기분이나 그때그때의 감정에 따라 행동한다. 더구나 합리적이고 논리적인 사고도 하지 않는다. 다만 감정에 충실한 경우다.

셋째, 부모자아와 아동자아가 제외되어 성인자아에 고착되는 경우다([그림

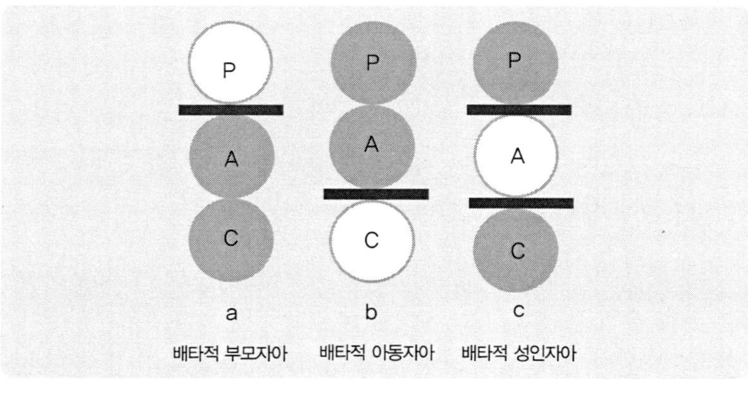

그림 5-3 배타의 예

5-3], c 참조). 이는 배타적 성인자아 상태로서 규칙이나 가치관 등과는 상관없이 지나치게 합리적이며 객관적이고 감정 표현이 없는 컴퓨터와 같은 특성을 나타낸다. 역시 감정이나 느낌이 제외되어 있다.

이 외에 한 가지 자아만 제외되고 두 가지 자아가 기능하는 경우도 배타에 속한다. 예를 들면, 부모자아만 제외된 경우 성인자아와 아동자아는 기능을 하지만 무책임하고 양심이나 규칙을 모르는 행동을 하는 경우가 많다. 또한 성인자아만 제외된 경우에도 부모자아와 아동자아는 기능을 하지만 논리적이고 합리적인 기능이 상실되어 있으므로 객관적이고 현실적인 행동을 하기 어렵다. 아동자아만 제외된 경우에는 성인자아와 부모자아만 기능을 하기 때문에 자신의 삶을 즐기거나 삶 속에서 기쁨을 느끼는 것에 대해 죄악시하기도 한다. 따라서 자신의 욕구는 아랑곳하지 않고 타인의 욕구에만 민감하게 반응을 보임으로써 자기 내부의 자아가 채워지지 못하는 갈증을 경험하게 된다. 이러한 부모는 자녀에게 지나치게 집착하고 자녀의 자아를 놓아주지 않는 과보호를 하게 된다.

2. 교류분석

교류(transaction)란 말은 원래 '거래' '흥정' 을 의미하지만 대화, 의사소통, 거래, 교류 등으로 번역된다. 번은 자극과 반응으로 구성된 인간의 의사소통의 가장 작은 단위를 교류라고 정의하였다. 따라서 교류분석(transcational analysis)은 '자신의 삶의 입장에 따라 서로가 주고받고 있는 의사소통을 이해하고 분석하는 방법' 을 의미한다(노안영, 2005). 교류분석은 부모, 성인, 아동자아를 응용하여 일상적인 서로의 의사소통(말, 태도, 행동)을 이해하고 분석하는 것이다. 교류를 분석하는 이유는 자신에 대한 이해를 증진시키고, 서로 간에 어떠한 관계를 맺고 살아가는지를 분석하고 스스로의 의식적인 노력을 통하여 바람직한 의사소통, 즉 교류를 이루고자 하는 데 있다. 교류는 상보적 교류, 교차적 교류 그리고 이면적 교류의 세 가지로 구분할 수 있다.

1) 상보적 교류

상보적 교류(complementary transaction)란 어떤 자아 상태에서 보내지는 발신자의 메시지에 대해 기대한 대로 수신자가 반응을 보냄으로써 자극과 반응이 평행선을 이루는 것을 말한다. 이러한 교류는 자연스럽고 솔직하며 이치에 맞는 것이라고 할 수 있다. 일반적으로 상보적 교류가 이루어질 때는 ① 공감을 얻었다고 느끼고, ② 기분이 좋고, ③ 받아들이고 싶다는 만족감을 얻고, ④ 상대방이 이야기를 잘 듣고 있다고 느끼고, ⑤ 상대방에게 친밀감을 느끼며, ⑥ 안정감 등을 느끼게 된다.

예를 들면, [그림 5-4]에서는 부모자아 대 부모자아의 상보적 교류를 보여준다.

- 어머니 A: 요즘 아이들은 왜 그렇게 버릇이 없는지 모르겠어요. (P → P)
- 어머니 B: 맞아요, 우리가 클 때는 그렇지 않았는데요. (P → P)

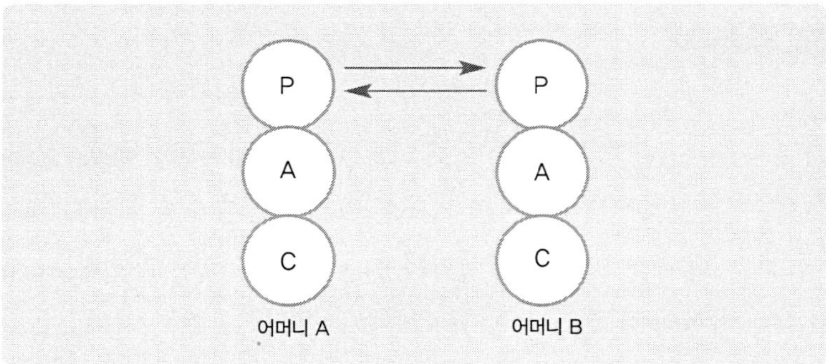

그림 5-4 상보적 교류: 부모자아 대 부모자아

[그림 5−5]에서는 성인자아 대 성인자아의 상보적 교류를 보여 준다.

• 어머니: 영어학원에 몇 시에 가니? (A → A)
• 자　녀: 7시에 가요. (A → A)

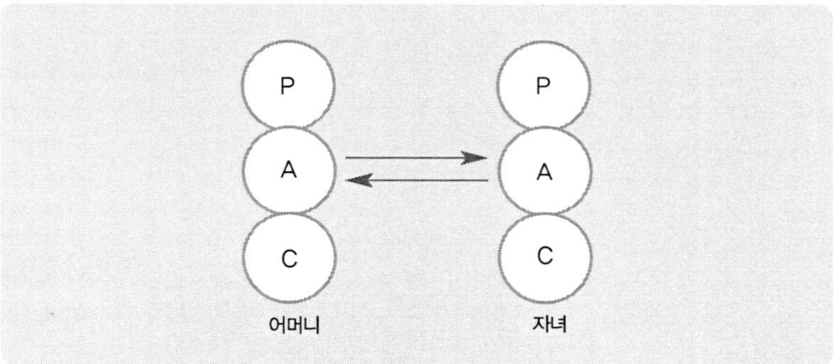

그림 5−5　상보적 교류: 성인자아 대 성인자아

[그림 5−6]에서는 아동자아 대 아동자아의 상보적 교류를 보여 준다.

• 자　녀: 엄마, 오늘은 정말 공부하기가 너무 싫어요. (C → C)
• 어머니: 그럼 오늘은 나랑 같이 실컷 놀자. (C → C)

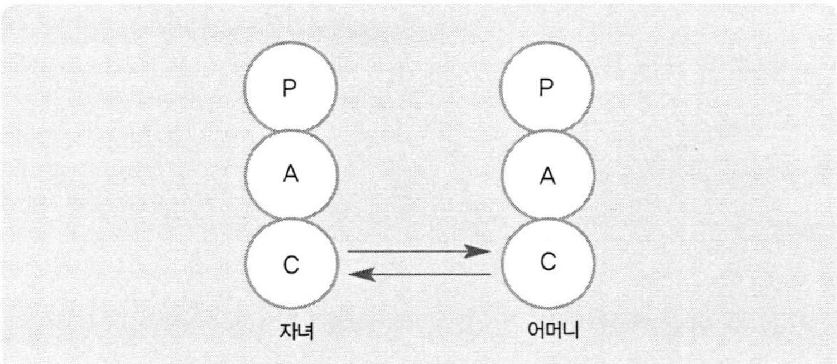

그림 5−6　상보적 교류: 아동자아 대 아동자아

[그림 5-7]에서는 아동자아 대 부모자아의 상보적 교류를 보여 준다.

- 자　녀: 친구랑 다투었더니 너무 속상해요. (C → P)
- 어머니: 속상한 너의 기분을 알 것 같구나. 한번 속시원히 이야기해 보렴. (P → C)

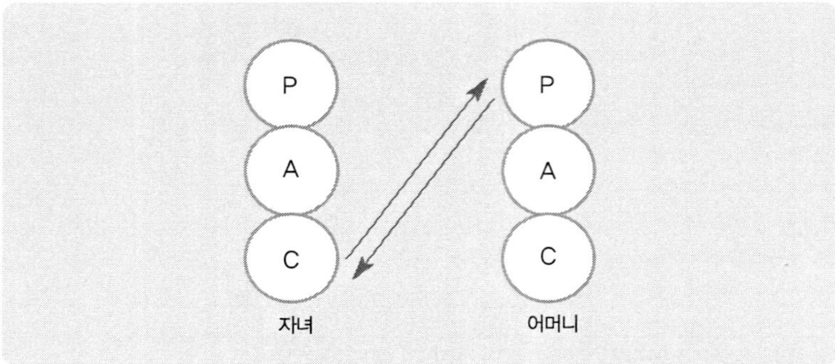

그림 5-7　상보적 교류: 아동자아 대 부모자아

[그림 5-8]에서는 성인자아 대 부모자아의 상보적 교류를 보여 준다.

- 자　녀: 엄마, 이 컴퓨터 게임 하는 방법을 가르쳐 주실래요? (A → P)
- 어머니: 그럼, 너라면 충분히 이해할 수 있을 게다. 가르쳐 주마. (P → A)

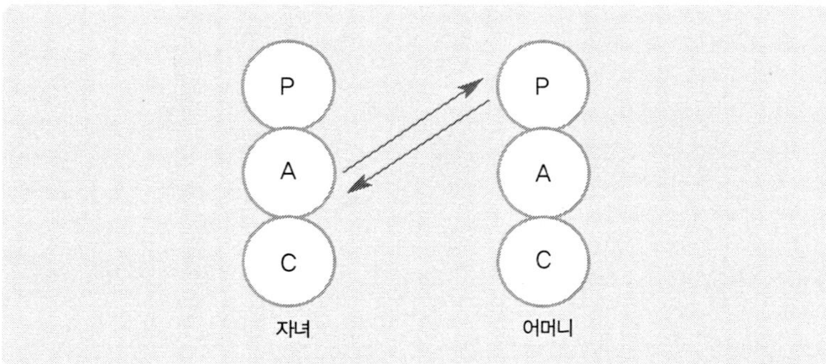

그림 5-8　상보적 교류: 성인자아 대 부모자아

[그림 5-9]에서는 아동자아 대 성인자아의 상보적 교류를 보여 준다.

- 자　녀: 엄마, 플루트를 배우는 것은 정말 제게 맞지 않는 거 같아요. (C → A)
- 어머니: 그래, 너는 호흡이 짧은 편이라서 플루트가 적당하지 않겠구나. (A → C)

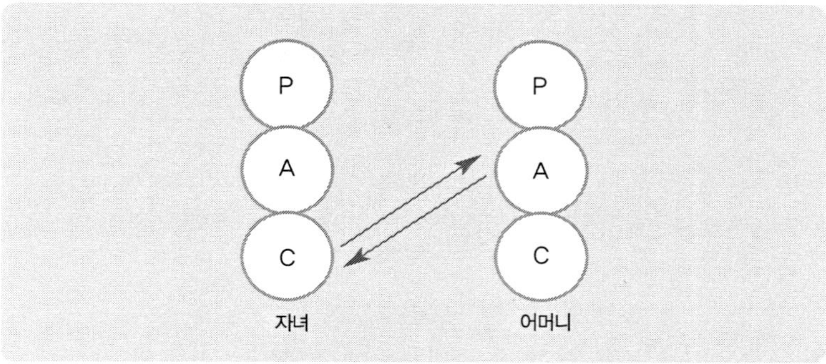

그림 5-9　상보적 교류: 아동자아 대 성인자아

2) 교차적 교류

교차적 교류(crossed transaction)란 상대방에게 의사를 표현하면서 기대했던 반응과는 다른 예상 외의 반응이 오는 경우다. 즉, 자극과 반응이 기대한 자아 상태에서 되돌아오지 않아 자극과 반응의 선이 교차하고, 그로 인해 두 사람 간의 의사소통이 중단되는 경우다. 이때 발신자는 무시당한 느낌이 들거나 침묵하게 되고, 화제를 바꾸거나 때로 싸움이 일어나기도 한다.

[그림 5-10]은 성인자아 → 성인자아 대 부모자아 → 아동자아의 교차적 교류다.

- 자　녀: 지금부터 빨리 숙제를 하지 않으면 안 돼요. (A → A)
- 어머니: 미리미리 하지 않고 이제야 허둥거리는구나. (P → C)

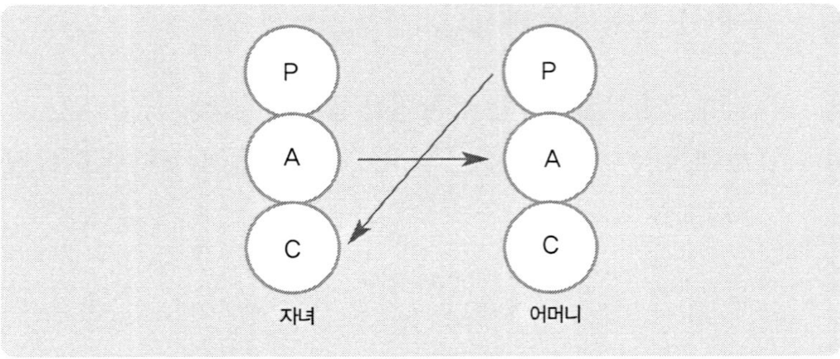

그림 5-10 교차적 교류: 성인자아 → 성인자아 대 부모자아 → 아동자아

[그림 5-11]은 아동자아 → 부모자아 대 아동자아 → 부모자아의 교차적 교류다.

- 자 녀: 엄마 이 도시락 반찬은 너무 맛이 없어요. (C → P)
- 어머니: 그러면 내일부터는 네가 만들어서 도시락을 싸려무나. (C → P)

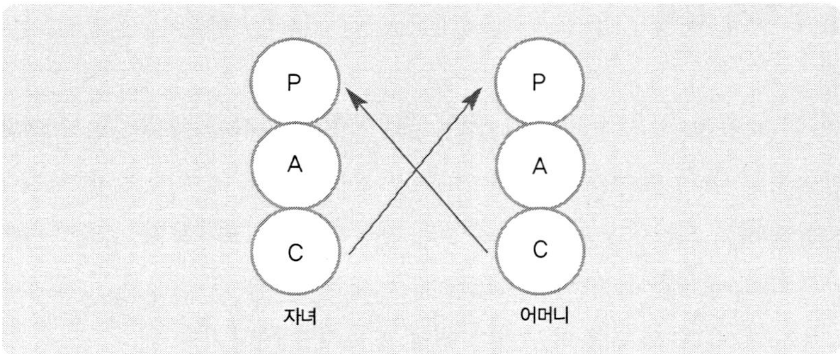

그림 5-11 교차적 교류: 아동자아 → 부모자아 대 아동자아 → 부모자아

[그림 5-12]는 부모자아 → 아동자아 대 부모자아 → 아동자아의 교차적 교류다.

- 어머니: 제발 네 방을 깨끗이 정돈하고 살아라. (P → C)
- 자　녀: 엄마나 집안을 좀 더 잘 정리하고 사세요. (P → C)

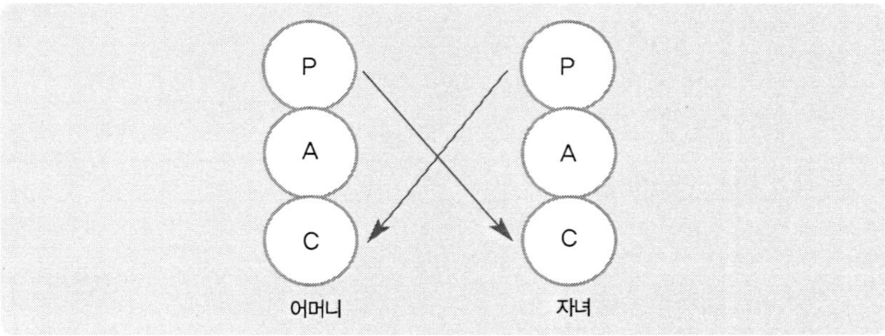

그림 5-12　교차적 교류: 부모자아 → 아동자아 대 부모자아 → 아동자아

3) 이면적 교류

이면적 교류(ulterior transaction)란 말로 표현된 것은 아무렇지도 않은 표면적 메시지이지만, 실제로 그 이면에 숨겨진 메시지가 상대방의 반응을 불러일으키는 경우를 의미한다. 즉, 표면적 메시지인 사회적 메시지와 숨겨진 메시지인 심리적 메시지 두 가지가 동시에 보내지는 경우다. 따라서 이면적 교류는 상보적 교류나 교차적 교류와는 달리 동시에 2개 이상의 자아 상태를 포함하고 있다.

표면적 메시지

- 어머니: 벌써 8시란다. 자, 잘 시간이구나. (A → A)
- 자　녀: 왜 자야 하는데……. (A → A)

숨겨진 메시지

- 어머니: 빨리 혼자되어 조용히 TV를 보고 싶다. (C → C)
- 자　녀: 나는 엄마랑 함께 놀고 싶은데……. (C → C)

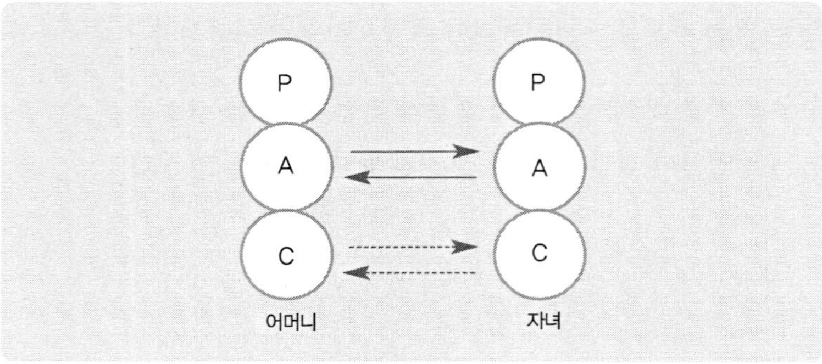

그림 5-13 이면적 교류

3. 인간의 욕구-스트로크

교류분석에서는 인간 행동의 동기로서 욕구를 설명하면서 가장 기본적인 욕구의 하나를 자극에 대한 욕구라고 하고 있다. 이를 교류분석에서는 스트로크(stroke)라고 한다. 즉, 심신이 성장하는 데 필요한 신체적 접촉, 마음의 접촉을 의미한다. 가볍게 어깨를 어루만지는 것, 어깨를 토닥거리는 것, 이야기 상대가 되어 주는 것, 수긍하는 뜻으로 가볍게 고개를 끄덕이는 것을 포함해서 '상대방의 존재나 가치를 인정하기 위한 언행이나 작용' 이라고 할 수 있다. 이는 타인과의 관계 속에서 채워지는 것으로 어린 시절에는 부모와의 신체적 접촉을 통해 주로 채워지며, 성장하면서는 사회적 관계 속에서 심리적 접촉을 통해 주로 채워지고 형성된다. 인간은 관계를 추구하는 존재로서 관계 속에서 끊임없이 스트로크를 추구하고 갈망하기에 긍정적인 스트로크는 인간의 성장에 있어서 소위 중요한 '보약' 이라고 할 수 있다.

스트로크를 충족하는 방법은 인간의 발달단계마다 차이가 있다. 이를 교류분석에서는 자극갈망, 인정갈망, 구조갈망으로 나누어 설명한다.

1) 자극갈망

자극갈망(stimulus hunger)은 접촉의 욕구를 일컫는 것으로서 발달단계에서 영아기에 주로 나타난다. 영아는 안기고 싶어 하고 볼을 비비거나 몸을 비비는 등의 신체적인 접촉의 욕구가 강하다. 이러한 신체적 접촉을 통하여 친밀감을 나누고 싶어 한다. 특히 어머니와의 관계에서 육체적 긍정적 스트로크, 즉 안아 주고 볼을 비벼 주고 어루만져 주는 스킨십이 중요한다. 만일 이러한 기본적인 욕구가 충족되지 않으면 심신의 발달에 저해를 가져온다. 정서적, 감각적 박탈은 유아의 신체적 기관의 변화에도 영향을 준다. 예를 들면, 보육원에 있는 부모가 없는 아이들에 대한 스피츠(Spitz, 1945)의 연구에서 신체적 자극이 결여된 아이들이 소위 모성결핍증후군을 나타내어 성장이 지체되고 사망하는 결과를 보인 것을 들 수 있다. 이러한 결과는 이 시기에 얼마나 접촉을 갈망하고 자극을 원하는지를 보여 주는 것이다. 따라서 영아를 돌보는 어머니는 이 시기에 영아가 자극을 충분히 경험하도록 돕는 양육행동을 해야 할 것이다.

2) 인정갈망

인정갈망(cognition hunger)은 승인의 욕구라고 할 수 있다. 이는 마음의 접촉을 갈망하는 것이다. 아이가 말로 자신을 표현하게 되는 유아기가 되면 피부의 접촉을 통한 자극에서 칭찬을 받거나 부모가 고개를 끄덕임으로써 보여 주는 언어나 동작에 의한 애정 표현 내지는 인정을 갈망하게 된다. 즉, 덜 신체적이고 좀 더 언어적인 경향을 보이면서 그러한 방식의 스트로크를 받고 싶어 한다. 따라서 부모는 아이가 언어적 상호작용을 갈망하고 인정을 요구할 때 적극적으로 반응해 줌으로써 아이가 자기 자신에 대해 긍정적으로 여기며 자신을 아끼고 소중히 여기는 태도를 기르게 해 줄 수 있다. 만일 승인의 욕구를 갈망하는 아이에게 그것을 주지 않으면 아이는 '나의 존재는 중요한 의미를 갖지 못하는구나.' 라고 여기게 되고 열등감과 부정적인 느낌으로 스스로를 바라보며 결국 자신을 사랑하지 않는 낮은 자존감을 가지고 평생을 살아가게 된다.

3) 구조갈망

구조갈망(structure hunger)은 인간이 삶을 유지하는 동안에 자신에게 주어진 시간을 어떻게 보낼 것인가 하는 방법을 찾고 발달시키고자 하는 욕구다. 즉, 자신의 인생을 의미 있게 보내고 싶어 하는 것을 시간의 구조화라고 하며 이를 구조갈망이라고 한다. 이는 주로 성인이 되어 사용하는 것으로 자신의 생활에 필요한 스트로크를 최대한도로 받기 위해 시간을 사용하는 수단인 것이다. 번에 의하면 인간은 무료함을 견딜 수 없어 하고 일생에서 다음의 여섯 가지 방법으로 시간을 구조화한다고 하였다.

(1) 폐쇄

폐쇄(withdrawal)는 자신을 타인으로부터 격리시키고, 대부분의 시간을 자신의 생각이나 공상, 상상으로 지내며, 자기 스스로가 스트로크를 주려는 자기애적인 것이다. 이러한 경향은 어린 시절 어머니와의 관계에서 스트로크가 부족했거나 잘못된 관계 형성에 기인한다. 유아기에 부모로부터 필요한 최소한의 스트로크를 받지 못하면 현실을 무시하고 자기만의 세계에 빠져 그것을 통해 위안을 얻으려 하기 때문이다. 폐쇄의 예로는 타인과의 의사소통보다는 혼자서 생각이나 백일몽에 잠기는 것, 우울한 상태로 지내는 것, 심신의 증상을 호소하면서 거의 모든 시간을 그 증상에만 사로잡혀 있는 건강염려증, 그리고 알코올중독이나 여타의 중독증 등이다.

(2) 의식

의식(ritual)은 일상적인 인사 관습에서부터 여러 다른 의식에 이르기까지 전통이나 관습을 따름으로써 겨우 스트로크를 유지하는 것이다. 의식이 폐쇄와 다른 점은 외부의 대상이나 관례, 전통을 통해 스트로크를 구한다는 점이다. 보통 외부의 대상은 특별한 개인이라기보다는 동류집단이다. 예를 들면, 동창회, 정기 연주회, 제사 등의 가족행사에 참여함으로써 간접적이고 최소한의 스트로크를 유지한다. 따라서 타인과 깊이 관련을 맺는 일이 없어 상처를 받을 일도 없고 결과의 예측이 가능하기 때문에 어떻게 보면 안전하게 시간을 보내는 방법일 수 있다. 그러나 이 편리한 의식도 굳어지면 '강박적' 인 행위가 되어 스스로 어떻게 해 볼 수 없는 지경까지 이르기도 한다.

(3) 활동

활동(Activity)은 스트로크를 얻기 위한 시간의 사용이 의식에 비해 사회적인 경향을 띤다. 이는 외부 대상에 접근하며 구체적인 형태로 스트로크를 교환하는 것이다. 그러나 활동이 풍부한 인간관계를 의미하지는 않는다. 활동은 성인자아 대 성인자아의 교류이며 도구를 매개로 한 관계이기 때문이다. 예를 들면, 가정에서 남편은 가족을 위해 직장에서 열심히 일하고, 부인은 남편과 아이들이 밖에서 충분히 활동하도록 가사에 힘쓴다. 각자가 '일' 이라는 도구를 통해 활동을 전개하며, 이러한 활동을 통해 스트로크를 받게 되는 셈이다. 그러나 이러한 활동이 적극적이고 친밀한 관계를 의미하지 않기 때문에 가족구성원들이 소외감을 경험하게 되고, 활동이 주어지지 않을 때(남성들의 경우, 퇴직) 시간의 구조화에 실패하면 쇠퇴나 우울함을 경험하게 된다.

(4) 잡담

잡담(pastime)은 시간을 보내는 방법의 하나로서 사실을 중심으로 한 정보의 교환이나 일시적인 가벼운 이야기(농담이나 일상생활, 가족에 대한 객관적인 이야기, 직업, 취미, 육아) 등을 하는 것이다. 이는 상대와 감정이나 속내를 나누는 대화라기보다는 무의식적, 의식적으로 관계를 유지하고 싶어서 시간을 보내는 방법이다. 때로 이러한 가벼운 이야기는 실제 이익이 없는 대화가 되기도 하므로 비생산적인 시간의 구조화이며 실망감을 주기도 한다.

(5) 게 임

게임(game)은 일종의 필요악과 같은 교류로서 인간관계에서 잡담 이상의 접촉을 구하는 방법의 하나다. 그러나 진실된 교류가 아닌 일종의 속임수라고 할 수 있다. 게임은 신뢰와 애정이 있는 진실된 교류를 원하지만 그것이 이루어지지 않을 때 부정적 스트로크를 교환하는 것이다. 게임을 하는 사람은 자신의 마음과는 다른 행동을 하게 된다. 예를 들면, 어릴 때 긍정적인 방법으로 순순히 스트로크를 얻을 수 없었던 여성은 아내로서 남편에게 응석을 부리고 애교를 부리고 싶지만 그렇게 하지 않고 남편에게 매몰차게 대하거나 무시하는 등의 방법으로 교류를 시도한다. 이러한 게임은 스트로크를 충분히 만족시켜 주지 못하기 때문에 다시 게임을 하게 만들고, 이는 만성화된 관계의 패턴으로 굳어지게 된다. 부모-자녀 관계에서도 이러한 게임이 만성화되는 것이다.

(6) 친 교

친교(intimacy)는 두 사람이 서로 신뢰하고 사랑하며 순수하게 배려하는 진실된 교류로 시간을 보내는 방법이다. 게임처럼 속임수를 사용하지도 않고 서로 간에 소외되지도 않는다. 이러한 형태로 시간을 보내는 것이 습관화되면 '자기긍정-타인긍정' 의 기본 자세를 갖게 된다.

4. 인생각본

교류분석에서는 앞의 세 가지 기본적 욕구로부터 확립된 것을 입장갈망(position hunger)이라고 한다. 입장갈망은 개인이 자신이 선택한 확립된 삶의 입장을 가지려는 요구로서 인생각본(life script)에 관련되어 있다.

각본이란 교류분석에서 사용되는 개념의 하나로, 쉽게 말하면 우리의 인생을 하나의 드라마에 비교하여 그 드라마에서 자신이 연기하는 역할을 일컫는다. 연기자가 각본에 의해 모든 행동과 사고를 하는 것처럼, 개인은 자신의 인생각본대로 살아가게 된다는 것이다. 그러면 그 각본은 누가 작성하는 것인가? 교류분석에서는 자기 자신이 작성한다고 믿는다. 그 각본의 작성에 영향을 주는 사람은 어린 시절의 부모이고, 그 후로는 인생 체험에 의해 강화되어 온 것들이다. 특히 부모가 자신을 대하는 태도, 즉 스트로크의 양과 유형은 각본에 지대한 영향을 준다. 이것이 곧 자기 자신에 대한 입장갈망이다. 예를 들면, 어릴 적에 부모로부터 거절당하고 비건설적인 메시지(우리나라의 부모들은 자녀들에게 욕을 하는 경향이 있다. 아동은 그 욕의 내용을 하나의 메시지로 받아들이고 욕의 내용과 동일한 삶을 살기를 선택하게 된다.) 등을 끊임없이 들어온 아동은 그 메시지를 따르기로 하고, 자기 파괴적인 각본을 형성하며 그러한 삶을 살아간다. 즉, 한번 형성되고 선택된 각본에 의해 우리는 행동하고 그 각본을 확인하고 실현하려는 방향으로 움직여진다는 점이다. 바로 그 각본대로 말이다.

인생각본은 몇 가지 관점에서 세 가지로 나눌 수 있다. 파괴적 각본, 평범한 각본 그리고 성공자의 각본이다. 파괴적인 인생각본을 갖는 아동은 자기 스스로가 목표를 달성할 힘이 없는 존재라고 생각하고 마음먹은 대로 되는 일은 하나도 없다고 생각한다. 그리고 실제 그렇게 행동한다. 책임을 지려고 하지 않고 누군가에게 책임을 전가하고 과거의 실패에 연연하며 그 실패가 곧 자기 자신이라고 믿는다. 평범한 인생각본을 갖는 아동은 눈에 띌 만한 일도 없이 그저 보통으로 인생을 살아가고 끝내고자 한다. 그들은 특별한 문제를 일으키지 않는 대신 사회적으로 공헌하고 기여하는 삶을 살지도 못한다. 그러한 힘이 있음에도 불구하고 자기의 힘과 에너지를 사용하려고 하지 않는다. 마지막으로 성공자의 인생각본을 갖는 아동은 인생의 목표를 스스로 결정하고 그것을 향해 전력을 다한다. 즉, 자기실현을 이루어 내는 각본을 가지고 그것을 실행하며 살아가고 또 그렇게 된다. 때로는 실패도 있지만 그에 굴하지 않고 꿋

꿋이 헤쳐 나가며 종국에는 성공하는 삶을 사는 것이다.

이와 같은 각본은 결국 어린 시절 부모에 의해 형성된 자아개념에 근거하여 만들어진 것이다. 따라서 부모는 자녀가 인생 성공자의 각본을 갖게 해 주어야 한다. 이는 부모의 자녀를 대하는 태도에 기인한 문제이기 때문이다.

5. 인생에 대한 기본적 태도

인생태도란 어릴 때 부모와의 스트로크를 바탕으로 생겨나는 자기 자신이나 타인, 세계에 대한 기본적인 반응태도 혹은 그에 기인하는 자아상이나 타인상을 말한다. 인생에 대한 기본적 태도 역시 부모로부터 어떤 스트로크를 어느 정도 받았는가에 따라 형성된다. 인생태도에는 자기부정-타인긍정, 자기부정-타인부정, 자기긍정-타인부정, 자기긍정-타인긍정의 네 가지 태도가 있다.

1) 자기부정-타인긍정(I'm not OK-You're OK)

출생과 더불어 무력한 존재인 인간은 타인의 도움을 받아야만 자신의 욕구충족이 가능하기 때문에 부모로부터의 애정적인 보살핌을 필요로 하게 된다. 그리고 부모의 애정 어린 인정의 자극들을 경험하기 때문에 타인에 대한 긍정적인 입장을 갖게 된다. 그러므로 타인이 자신보다 유능하다고 생각한다(You' re OK). 한편 자기 자신은 다른 사람의 도움이 없이는 생존 자체가 위협을 받기 때문에 좌절감을 느끼고 자신이 무능력하다는 입장(I' m not OK)을 취하게 된다. 이것이 바로 자기부정-타인긍정의 자세다. 이러한 태도는 자라면서 자기 자신에 대한 유능감을 느끼면서 극복되어 가지만, 그런 기회를 갖지 못한 아동은 계속 열등감을 느끼고 경쟁심이 없고 부모의 지시에 순응적이게 된다. 또한 타인과의 관계에서 불유쾌한 기분(안절부절못하거나 분노를 표현하거나 우울해하는 것 등)을 나타냄으로써 자신이 OK가 아니라는 것을 상대방에게 확인시키기도 한다. 이른바 '미운 아이'의 위치를 차지하고자 한다. 다른 경우에는 지나치게 권위에 순종하면서 충성을 다하여 자신의 부정적인 모습을 시인하는 것이다.

따라서 부모는 아동이 자신을 긍정적으로 생각하도록 하기 위해서 자녀를 지지하여 자신감을 갖게 하고, 지시적인 태도를 줄이며, 자녀가 자율적인 태도를 보일 때에 긍정적인 강화를 해 주는 것이 필요하다.

2) 자기부정-타인부정(I'm not OK-You're not OK)

유아는 걸음마를 시작하면서부터 주위 환경을 탐색하게 되는데, 이러한 과정에서 자신에 대한 자율감을 획득하게 된다. 그러나 부모가 이러한 탐색의 시도를 허용하지 않고 통제를 하거나 지시만을 하게 되면 실패감과 자율성의 상실을 가져오고 무능력감과 부정적 감정을 갖게 한다(I' m not OK). 이와 더불어 지금까지 타인에 대해 가졌던 긍정적인 태도는 부정적으로 바뀐다. 특히 부모와 자녀 간에 기본적인 신뢰감이 형성되지 못했을 때 더욱 타인에 대해 부정적인 감정을 갖게 된다. 예를 들면, 대소변훈련과 관련된 부모의 과다한 통제와 지시는 유아로 하여금 부모에 대해서도 부정적인 태도를 갖게 한다(You' re not OK). 자신도 가치 없는 존재이지만 타인도 무가치하다고 생각하는 자기부정-타인부정의 기본적 태도를 갖는 것이다. 일단 '타인이 그르다'는 생각을 갖게 되면 이는 모든 사람에게 적용되고, 그들의 보살핌이 아무리 순수하다고 할지라도 거부하게 된다. 이러한 상태에서 계속적으로 타인으로부터 긍정적 강화나 격려를 받지 못하면 자기 자신이나 인생에 대해 무가치함을 느끼게 되고, 어디에도 좋은 것은 없다고 느끼는 절망적인 태도를 갖게 된다. 그로 인하여 자포자기나 반사회적 행동을 보이게 된다.

3) 자기긍정-타인부정(I'm OK-You're not OK)

좀 더 성장하여 외부의 도움 없이도 생존할 수 있는 자신감이 생기고 부모의 통제와 같은 외부 자극을 거부하게 되면서 형성되는 생활자세다. 이는 부모로부터 애정의 박탈을 경험했거나 심한 심신의 학대를 받게 된 경우 출생 초기의 자기부정-타인긍정의 자세가 도치되어 부모에 대해서는 부정적인 감정을 갖게 되는 반면, 자신을 보호하고 구하려는 의도에서 자신에 대해 긍정적인 자세를 갖게 된다. 즉, 그 고통을 감내하면서 갖게 된 자기애적인 아이가 몸에 지니는 태도다. 그들에게는 '네가 나를 혼자 내버려만 둔다면 나는 아무 문제도 없으며(I' m OK), 네가 나를 해쳤으므로 너는 나쁘다(You' re not OK).' 는 자세가 지배적이다. 이러한 인생태도는 의심 많은 사람이 취하는 태도다. 그들은 자기 성미에 맞지 않은 것을 배제하려고 하며 인정하지 않는다. 이런 생활자세가 지속되면 자신에 대한 우월감에 가득 차 타인을 무능력한 존재로 간주하고 타인을 무시한다. 예를 들면, 일상생활에서 자기의 아이나 배우자를 무지하다고 경멸하거나 친밀한 사이의 친구 간에도 결점을 끄집어낸다. 자기 자신에게는 대단히 관대하여 좋지 않는 일이 발생되면 자기는 희생자나 피해자라고 생각하고 모두 남의 탓으로 책임을 전가한다. 심한 경우 비행이나 범죄행위 등을 보이기도 한다.

4) 자기긍정-타인긍정(I'm OK-You're OK)

자신도 가치 있고 타인도 가치 있다고 생각하는 바람직한 생활태도다. 이는 자신의 가치와 타인의 가치를 인정하고 존중하며, 친밀하고 직접적으로 상대방에 대해 순수한 배려를 하는 관계다. 타인을 무시하거나 지배하거나 이용하지 않으며, 또 자신을 비하하거나 미워하지도 않는다. 그리고 부족한 자신을 감추기 위해서 남에게 보이는 데 많은 에너지를 사용하지도 않는다.

이와 같은 기본적 태도는 인생 초기에 부모와의 관계에서 형성되는 기본적인 신뢰를 바탕으로 형성된 것이다. 따라서 어머니는 인류를 대표하여 자녀를 소중한 존재로 키워야 한다. 어머니로부터 소중하게 다뤄지는 자신을 본 아이는 자기긍정의 태도를 가질 뿐만 아니라 자신 이외의 사람이나 자신을 둘러싼 세계도 틀림없이 OK라고 깨닫고 살게 된다.

또한 부모로부터 그러한 기본적 인생태도를 몸에 익히지 못했더라도, 우리는 여러 가지 방법으로 자기를 훈련함으로써 자기긍정-타인긍정의 태도를 익힐 수 있다는 점을 생각해 보아야 할 것이다.

행동수정이론

행동주의 심리학에 기초하는 행동수정이론(behavior modification theory)은 부모역할이란 부모가 자녀에게 좋은 모델을 보여 주고 자녀의 부적절한 행동을 수정 또는 강화해 주는 것으로 보고 있다. 행동수정이론은 왓슨(Watson)과 스키너(Skinner)의 기여가 크다고 할 수 있다.

행동수정이론은 왓슨이 행동주의 심리학에 근거하여 『영아 및 아동의 심리학적 양육(Psychological Care of Infant and Child)』(1928)을 출판하고, 부모교육 강연을 자주 실시한 이후로 서구 사회에 커다란 영향을 미치게 되었다. 또한 심리학자이며 사회사상가인 스키너는 1948년 이후 하버드 대학교의 심리학 교수로 재직하면서 행동주의 심리학의 전통을 계승하고 발달시켰다. 특히 스키너의 저서인 『웰덴 투(Welden Two)』(1948)는 인간이 행해야 할 바람직한 행동과 유아발달에 대한 이해, 부모-자녀 관계에서의 이상적인 발달, 부모역할을 훈련하는 기술과 유아의 행동을 계획하여 변화시킬 수 있는 기술 등을 포함하고 있다. 이 책은 아동발달이론과 부모-자녀 관계에 행동주의이론을 적용시키는 데 활력소가 되었다. 이러한 이론적 발달은 부모로서의 기술을 훈련하는 행동 관리적 견해를 확대시킴으로써 행동수정이론을 부모교육 방법의 하나로 확장시켰다.

행동주의 심리학의 입장에서는 인간 행동이 개인과 환경의 상호작용을 통해 형성된다고 보기 때문에, 인간 행동을 변화시키기 위한 환경의 변화를 강조하였다. 따라서 행동주의 심리학에 근거한 부모역할이란 좋은 모델을 자녀에게 보여 주며, 바람직한 행동은 더욱 잘할 수 있도록 강화해 주고 바람직하지 못한 행동은 의도적 · 계획적으로 수정 · 변화되도록 훈련하는 것이다.

행동수정이론은 1940년대부터 현재에 이르기까지 일반 부모의 자녀 행동 형성 및 문제행동 수정, 특수한 문제를 가진 자녀의 행동 조성과 수정에 폭넓게 적용되고 있다.

행동수정이론을 적용한 부모교육은 강의를 중심으로 한 집단모임의 형태로 구성되어 있다. 부모들이 구체적인 행동주의적 기법을 배워서 적용할 수 있도록 워크북 활동이나 짧은 퀴즈방법을 사용한다. 또한 행동기법을 사용해 본 부모들의 경험을 교환하는 등의 프로그램을 그 내용으로 하고 있다. 특히 행동수정이론에서는 주입식 방법을 쓰는 것이 특징적인데, 부모들이 책을 읽고 주제에 따라 자신이 직접 써 보는 작업도 포함된다.

행동수정이론에서 부모교육 프로그램으로 활용되는 주입식 방법은 행동수정이론의 기본 원리와 개념 그리고 적용방법 등을 강의 형식으로 교육한 다음 과제를 부과하는 방식이다. 이와 함께 과제의 결과를 가지고 다음 모임에서 경험을 나누기도 하고, 자습교재 또는 프로그램 자습자료가 주로 활용된다.

행동주의를 적용한 부모교육 프로그램으로는 READ 프로그램, 부모는 교사 프로그램(Parents are Teachers, Becker, 1971), 반응적 부모훈련 프로그램(Responsive Parenting Program, Hall, 1976), 아이사랑 프로그램(For Love of Children, McIntire, 1971), 어린이와 함께 살기 프로그램(Living with Children, 유안진 외, 2000 재인용) 등이 있다.

'READ 프로그램' 은 정신지체장애아를 둔 부모들을 위해 개발된 프로그램으로 부모가 자녀에게 자조력, 사회성, 언어기술을 증진시킬 수 있도록 하는 데 목적을 두고 있다. 따라서 부모들은 이 프로그램을 통해서 강화와 보상으로 자녀들을 가르치게 되며, 지도자 없이 독서를 통해서 기술을 습득하고 적용하게 되어 있어서 부모들이 행동과 기술을 선택하고 스스로 행동원칙을 적용하게 된다.

'부모는 교사 프로그램' 은 부모가 당면한 자녀의 행동을 어떻게 강화시키고 벌주어야 하는지를 체계적으로 밝히고 있다. 부모가 보상을 줄 때는 일관성이 있어야 하며 가능한 한 일정한 문장을 연습하여 사용하게 한다. 이 프로그램은 부모에게 올바른 정의와 느낌을 갖게 하고 부모로서 자녀에 관해 관리해야 할 내용들을 가르쳐 주는 데 목적을 두고 있다.

'반응적 부모훈련 프로그램' 은 부모들이 행동관리 기술을 사용하도록 훈련시키기 위해 개발되었다. 이 프로그램은 교재 중심보다는 실습 중심으로 운영되며, 12주 동안 매주 2시간 정도 행동수정의 원리와 방법, 연습하기, 역할놀이 등의 훈련과정을 거친다.

'아이사랑 프로그램' 은 청소년을 둔 부모를 위한 프로그램으로 발달단계에서 직면하게 되는 문제행동의 수정원리를 가르치고 있다. 이 프로그램에서는 연령과 문제별로 행동수정 원리를 제시하고 구체적인 상황에 따라 적용할 수 있는 다양한 기법을 자세히 소개하고 있다. 즉, 상황에 따라 적용할 수 있는 강화물, 보상물, 처벌 등을 친절하게 소개하고 있으며, 십대 청소년의 행동수정에 효과적인 내용을 담고 있다.

'어린이와 함께 살기 프로그램' 은 부모가 가정에서 자녀에게 행동수정 원리를 적용하여 바람직한 행동은 증가시키고, 바람직하지 않은 행동은 감소시키는 데 목적을 두고 있다. 이 프로그램에서는 부적응반응뿐 아니라 적응반응도 자녀에게 가르칠 수 있다는 행동주의적 가정에 입각하여 바람직한 행동을 강화하는 개념을 사용한다. 교재의 프로그램 체제는 일련의 문장과 단락을 완성시키기 위해서 부모가 적절한 단어나 개념을 선택하여 제시된 개념에 적극적으로 반응하도록 구성되어 있다. 이렇게 개념을 익힌 후에는 사회적 행동과 비사회적 행동을 강화하는 특성과 사용기법, 자녀 행동의 기록 절차, 자녀가 부모 행동을 형성하는 방법, 강화의 기법 등을 훈련받게 한다. 이와 함께 예외적이고 극단적인 행동수정을 위한 처치 프로그램도 포함하고 있다.

행동수정이론에 입각한 부모교육의 다양한 기법들은 아동의 부적응행동을 수정하고 바람직한 행동을 조성, 강화하기 위해 상담센터 등에서의 개별적인 부모교육이나 집단부모교육에서 매우 활발하게 적용되고 있다.

1. 부모-자녀 관계에 대한 입장

부모교육에 있어 행동주의적 접근방법의 기본 가정은 인간의 행동은 학습의 결과라는 전제하에, 인간의 내부보다는 외부로 나타나는 행동에 관심을 가지며 바람직한 행동을 위해서는 학습된 행동을 수정하거나 변화시켜야 한다는 것이다. 따라서 자녀의 행동은 대부분 학습된 것이고 개인과 환경의 상호작용에 따른 결과라고 가정한다. 그리고 건전한 부모-자녀 관계를 위해서는 부모가 좋은 모델이 되는 것이 무엇보다 중요하고 환경을 변화시키는 일 또한 중요한 과제라고 보고 있다.

행동수정이론에서 부모의 역할은 모델로서의 역할이다. 좋은 모델이 제시될 때 모델링에 의해 자녀의 행동은 좋은 방향으로 형성된다는 것이다. 즉, 부모-자녀 관계 측면에서 모델링을 통한 바람직한 아동 행동의 결과는 자극과 반응을 반복하면서 바람직한 행동으로 형성되어 나가는 것을 의미한다.

행동수정이론을 적용하는 부모-자녀 관계에서는 부모가 자녀에게 모델 역할을 하고 자녀는 부모를 보고 모방하여 학습하기 때문에 자녀의 행동은 학습된 결과라고 볼 수 있다. 따라서 아동에게 문제행동이 생겼을 경우에는 먼저 근본적인 해결방법으로 부모의 행동, 즉 환경과의 상호작용을 어떻게 변화시킬 것인지를 분석하는 것이다. 부모가 자녀의 문제를 일관성 있게 관찰하게 되면 자녀가 가지고 있는 문제를 명확하게 파악할 수 있다. 그러므로 파악한 문제의 내용, 즉 문제행동의 빈도, 기간, 강도, 다른 행동과의 관계성 등을 기록하여 학습원리 또는 행동수정 원리를 적용해 나가면서 문제행동을 수정해야 할 것이다. 환경적 요인의 영향은 개인에게 변화를 가져오게 할 수 있으므로 개선된 환경은 자녀의 부적절한 행동을 바람직한 행동으로 변화시킬 수 있다.

한편 문제행동이란 아동이 행동을 지나치게 많이 하는 것을 과잉으로, 행동을 지나치게 적게 하거나 하지 않는 것을 결핍으로, 그리고 자신의 판단에 맞추어서 일관성 있는 행동을 지속하지 못하는 것을 유지라고 정의한다. 부모에게는 자녀의 문제행동 유형에 대한 진단과 평가를 할 수 있는 기술이 절대적으로 필요하다고 하겠다. 부모의 질 높은 행동이나 양육기술이 자녀를 변화시키지만, 부모 자신도 교육에 참여하여 양육 정보나 기술을 습득함으로써 변하게 된다. 이때 부모가 습득한 기술은 자녀에게 일관성 있는 태도를 유지하도록 하며, 이 일관성 있는 태도는 자녀의 문제행동을 변화시키도록 작용하게 된다.

행동수정 기법은 임상이나 교육 현장에서 널리 활용되고 있는 방법이다. 행동수정의 기초가 되는 기본 원리는 측정 가능한 행동을 조작적으로 정의하고 행동 발생을 관찰한 다음, 강화 절차를 계획하여 도입한 후에 계속해서 절차를 관찰하여 그 행동이 강화에 의해 영향받는지를 결정하는 것이다. 관찰 가능한 행동의 빈도, 지속 기간, 강도 등을 기록하고, 행동이 정말 강화에 의해 증대되고 있는지 그 증거를 얻기 위해서 강화를 체계적으로 중지하거나 재투입하여 강화를 단계적으로 끌어들이거나 사라지게 하는 과정으로 구분된다. 결과적으로 특수한 조건하에서 특수한 반응의 발생 가능성을 증가시키거나 감소시키도록 하는 절차에 의해 계획된다.

2. 부모교육의 원리

행동수정이론은 기본 원리와 행동관찰 기술, 평가능력을 훈련하여 자녀에게 적용함으로써 행동의 변화를 유도하는 데 그 목적이 있다.

부모들은 자녀를 관리하는 데 필요한 부모역할 기술을 습득하고 싶어 한다.

따라서 행동수정이론을 적용한 부모교육을 통해 부모는 자녀의 행동을 지도하고 발달시키며, 통제기술을 익혀 자녀를 변화시키는 역할을 하게 된다.

행동수정이론을 적용한 부모교육의 목적은 자녀의 행동을 평가하고 진단하기 위한 것이다. 즉, 자녀가 어떠한 행동을 지나치게 많이 한다든가, 적게 한다든가 혹은 바람직한 행동을 계속 유지하지 못한다든가 하는 등의 과잉(excess), 결핍(deficit), 유지(maintenance)와 관련이 있는 행동 유형을 평가하고 결정한다. 또한 부모로 하여금 자녀의 문제행동을 변화시킬 책임이 있다는 것을 받아들이도록 하는 데도 목적이 있다. 즉, 행동수정이론을 적용한 부모교육을 통해 기술을 습득해서 부모 자신도 변화될 것이라는 가정을 포함한다.

부모의 향상된 기술은 일관성 있는 태도를 유지하게 하고, 과잉행동을 보이거나 반응을 보이지 않는 것과 같은 부모의 잘못된 행동을 변화시키는 데 도움이 된다. 또한 자녀의 특정 행동에 관여하여 행동을 유지시키고 과잉행동이나 결핍행동을 변화시키는 기술을 적용할 수 있다. 자녀에 대한 부모의 행동평가가 옳다면 부모가 사용하는 행동수정 기술은 자녀의 문제행동을 변화시킬 수 있다.

1) 행동수정의 원리

행동수정은 다음의 세 가지 원리를 갖는다.

첫째, 부모의 행동을 모방하여 행동하게 된다는 모방학습이론(modeling theory)이다. 따라서 부모가 모범을 보이는 것이 중요하다.

둘째, 인위적으로 자극과 반응을 조정하는 조작적 조건형성이론(operant conditioning theory)이다. 이는 자녀가 어떤 행동을 했을 때 바람직한 행동은 보상을 통해 강화시키고 바람직하지 못한 행동은 불쾌한 경험이나 회피행동을 통해 소거시키는 방법이다.

셋째, 고전적 조건형성이론(classical conditioning theory)이다. 이는 자극과 반응을 짝지어 반복 제시함으로써 바람직한 행동에 대해서는 조건 형성을 통해 행동화시키고 부정적인 행동에 대해서는 소거시키는 방법이다.

이러한 세 가지 원리에 따라 자녀양육의 기술을 습득하게 하는데, 주로 목표행동을 선정하고 기록하여 목표에 부합하는 강화와 벌을 사용한다. 행동수정이론에서 제시된 원리를 요약하면, ① 새로운 행동의 강화, ② 새로운 행동의 발달, ③ 부적절한 행동의 중단, ④ 정서적 반응의 수정을 들 수 있다(정옥분, 정순화, 2008).

(1) 새로운 행동의 강화 원리

강화(reinforcement)란 특정한 행동을 증가시키기 위해 유쾌한 자극을 제시하거나 불쾌한 자극을 제거해 주는 것이다(한국유아교육학회편, 2000). 강화의 원리는 정적 강화와 부적 강화로 구분된다.

① 정적 강화

정적 강화(positive reinforcement)란 아동이 특정 행동을 한 후에 유쾌하거나 바람직한 긍정적인 자극을 주는 것이다. 즉, 아동이 바람직한 행동을 한 후에 아동이 좋아하는 보상을 띤 강화물(칭찬, 관심, 선물, 용돈 등)을 제공하여 바람직한 행동의 발생률을 향상시키는 과정을 말한다.

② 부적 강화

부적 강화(negative reinforcement)는 특정 행동을 한 후에 고통스러운 부정적 자극이 종료되도록 하는 것으로, 불쾌한 상황이나 자극을 중단시켜 바람직한 행동의 발생률을 향상시키는 과정을 의미한다. 즉, 괴로운 자극이 종료된다는 경험은 앞으로 비슷한 상황에서 같은 행동이 다시 일어나게 될 확률을 높이게 되는 것이다. 예를 들면, 동생을 때려서 벌을 받아야 할 상황일 때 동생과 화해를 하고 일정 시간 잘 데리고 놀아 주면 벌을 면제해 주는 것이다.

새로운 행동을 강화시킬 때는 몇 가지 유의해야 할 사항이 있는데, 이에 대해 살펴보면 다음과 같다.

첫째, 새로운 행동을 강화시킬 때 강화물은 새로운 행동을 한 직후에 즉시 제공되어야 하며, 혐오자극도 즉시 제거되어야 한다. 부모들은 자녀들이 새로운 행동을 시도했을 때 바쁘거나 무심해서 놓쳐 버리는 경우가 많다. 자녀들의 부적응행동은 민감성이 떨어지는 부모를 만났을 때 나타날 수 있기 때문에 행동수정을 시도할 때는 즉각적인 관심과 보상이 빠짐 없이 주어져야 한다.

둘째, 새로운 행동을 강화시킬 때 아동에게 보상하는 강화물은 일관성 있게 제공되어야 한다. 바람직한 행동반응이 나타났을 때 어떤 경우에는 강화물을 제시하면서 또 어떤 경우에는 강화물을 제시하지 않는다면 새롭게 습득된 행동의 지속성을 기대하기 어렵다. 부모들은 아이들의 변화에 처음에는 매우 기뻐하면서 강화물을 주지만, 2~3번 그 행동이 반복되면 둔감해져서 강화물을 잊어버리고 주지 않곤 한다. 이런 경우 새로운 행동이 지속되기 어렵다.

셋째, 새로운 행동을 강화시키는 강화물을 선택할 때 아동에게 가장 효과적이고 매력적인 강화물을 선택해야 한다. 어떤 아동에게는 강화물로서 효력을 가지고 있는 것이 또 다른 아동에게는 강화물로서의 효과를 기대하기 어려운 경우도 있다. 부모는 아이와 소원리스트(갖고 싶은 것, 하고 싶은 일 등)를 만들면서 아이가 정말 갖고 싶은 것이 무엇인지 파악해야 한다. 이러한 경험은 효과적인 강화물을 선택한다는 의미 외에도 자녀의 마음에 대해 잘 알 수 있게 된다는 부수적인 효과를 얻을 수도 있다.

넷째, 새로운 행동을 강화시키는 강화물의 양도 고려해야 한다. 강화물의 양이 너무 적으면 행동에 대한 강화 효과를 기대할 수 없지만 너무 많아도 강화물로서의 효력을 상실하게 된다. 따라서 강화물의 양은 처음에는 충분하게 주다가 점차 줄여 나가는 것이 행동의 지속효과가 높게 나타난다.

(2) 새로운 행동의 발달 원리

새로운 행동을 발달시키기 위한 원리는 아동에게 어떤 바람직한 행동을 처음으로 지도할 때 사용하는 방법으로 점진적 접근, 토큰강화 등을 들 수 있다.

① 점진적 접근

점진적 접근 원리란 아동이 과거에는 전혀 하지 못했던 행동을 새롭게 가르치기 위해서 행동이 숙달될 때까지 그 하위단계들을 계속 강화해 가면서 점진적으로 접근하는 방법으로, 행동형성(shaping)과 행동연쇄(chaining)의 기법을 들 수 있다.

행동형성이란 아동에게 새로운 행동을 처음으로 가르칠 때 쓰는 방법으로, 가르치고자 한 목표행동을 한 번에 달성하기 힘든 경우에 사용한다. 예를 들면, 자기표현을 잘 못하는 아동에게 처음에는 아동이 좋아하는 강화물이 앞에 보이도록 놓은 후 아동이 강화물을 쳐다보기만 해도 그것을 주고, 그다음에는 손을 내밀면 주고, 또 그다음에는 손을 내밀면서 "주세요"라고 말해야 강화물을 주는 방법이다. 행동형성은 아동의 식사지도나 옷 입히기, 언어지도 같은 일상생활 지도에 많이 사용되고, 특히 정신지체나 자폐아동의 신변처리 지도, 자기표현이나 자기주장을 잘 못하는 아동과 공포증이 있는 아동 등에 효과적이다.

행동연쇄는 새롭게 지도해야 할 행동을 쉽게 만들어 주기 위해 행동을 여러 단계로 나누어 단계적으로 가르치는 방법이다. 간단한 행동은 2~3단계로 나누고, 복잡한 행동은 10단계 이상으로 나누어 지도할 수 있다. 예를 들면, 신발끈을 묶는 방법을 처음으로 가르친다면 그 과정을 다음과 같이 3단계로 나누어 지도할 수 있다.

- 1단계: 끈을 양쪽으로 당긴다.
- 2단계: 리본 모양으로 매듭을 만든다.
- 3단계: 끈을 묶는다.

이렇게 해도 행동습득을 어려워한다면 단계를 더 세분화하는 것이 바람직하다.

행동연쇄 방법을 실시할 경우 아동이 어떤 단계를 잘못 수행할 때는 즉시 고쳐준 후 처음 단계로 되돌아가서 충분히 연습시킨 후 다음 단계를 수행한다. 그러나 지나치게 이전 단계에 오래 머물게 되면 다음 단계로 넘어가는 데 지장을 줄 수 있다. 따라서 한 단계에서 다음 단계로 이행하는 기준은 새로운 행동이 연속적으로 4~5회 성공하거나, 80% 정도의 성공률을 보이는 것이다. 또한 아동이 성취할 수 있는 수준을 낮게 설정하여 강화물을 충분히 보상받을 수 있게 해야 효과적이다.

행동연쇄 방법은 이 닦기, 배변훈련, 식사지도 같은 생활습관 형성이나, 자전거 타기와 악기 사용 등과 같은 일상생활 기술을 새롭게 가르칠 때 사용한다. 기질적인 문제가 있어서 소근육협응이 서툴거나 시지각협응이 잘 안 되는 아동의 경우 단계를 세분하여 반복적으로 훈련하는 것이 도움이 될 수 있다.

② 토큰강화

토큰강화는 돈이나 물건 같은 실제적인 강화물 대신에 토큰(token)이나 스티커 등을 사용하여 약속된 보상을 획득할 수 있는 방법이다. 토큰으로는 별표, 스티커, 도장(참 잘했어요), 플라스틱 조각 혹은 점수 등을 사용할 수 있다. 약속한 바람직한 행동을 했을 때 강화물로 토큰을 주면 아동이 일정한 양을 모아서 자신이 원하는 물건이나 활동 등과 교환하게 된다. 토큰강화 원리는 행동이 일어난 즉시 강화물을 제공할 수 있으며, 사용하기가 간편할 뿐만 아니라 모은 토큰을 통해 자신의 행동이 바람직하게 변화되고 있다는 사실을 알게 됨으로써 아동에게 동기유발 효과가 크다. 또한 장기간 저축함으로써 아동이 평소에 간절히 원하는 보다 값진 물건으로 교환할 수 있으므로 행동변화가 장기적으로 유지될 수 있다.

토큰강화를 실시할 때는 먼저 아동과 부모는 어떤 행동을 했을 때 토큰을 받을 것인지, 얼마나 받을 것인지 등에 관해 서로 의논하여 결정해야 한다. 토큰을 받을 수 있는 목표행동은 5~6가지 정도로 정하는 것이 적절하며, 그 가운데 3~4가지 행동은 아동이 쉽게 성취할 수 있는 행동으로 결정하고 나머지 2~3가지 행동은 부모가 바람직하게 변하길 희망하는 행동으로 결정하는 것이 좋다. 또한 토큰과 교환할 강화물을 아동과 상의하여 결정하는 것이 중요하다. 이때 아동과 약속한 것은 반드시 지켜야 한다. 따라서 현실적으로 실행 가능한 범위에서 강화물을 결정하고, 지키기 어려운 보상을 제시하는 것은 피하도록 한다. 그리고 아동이 모은 토큰으로 강화물을 바꾸는 것을 가족이나 또래 아동들이 보게 하면 경쟁심을 자극하여 새로운 행동변화의 효과가 보다 높게 나타난다.

토큰강화는 아동이 일상생활에서 새로운 습관을 가지도록 훈련하는 데 유용하다. 아동이 충동적이거나 끈기가 없어서 토큰을 모을 만한 준비가 되지 않았을 때는 매일 보상물을 주는 방식으로 훈육하다가, 욕구를 지연할 능력이 생기면 2~3일, 1주일 등으로 간격을 늘려 나가는 것이 바람직하다. ADHD 아동들은 일상생활훈련이 거의 되지 않는 경우가 많은데, 이 경우 토큰강화법이 효과적이다.

(3) 부적절한 행동의 중단 원리

자녀의 부적절한 행동을 수정하기 위해서는 많은 행동수정 방법이 개발되었다. 부적절한 행동을 중단시키는 방법으로는 소거, 타임아웃, 처벌, 포화, 권리박탈 등이 있다.

① 소거

소거(extinction)는 학습된 부적절 행동도 그 행동에 대한 강화가 지속적으로 이루어지지 않는다면 점차 소멸된다는 원리에 근거한다. 즉, 부적절한 행동에 대해 관심을 보이지 않고 무시함으로써 문제행동을 감소시키는 것이다. 소거란 아동이 부적절한 행동을 했을 때에 부모나 교사가 이러한 행동에 대해 "……하지 말아라" 라고 타이르는 말, 꾸중하는 말, 체벌을 가하는 것과 같은 관심을 중단하고 부적절한 행동을 무시하는 것을 말한다. 예를 들면, 부모의 관심을 끌기 위한 목적으로 징징거리는 아동이 있다고 가정해 보자. 이러한 상황에서 징징거리는 행동을 무시하고 오히려 징징거리지 않는 행동에 관심을 보여 주는 것이 보다 효율적이다.

한편, 소거의 방법을 적용하는 과정에서 처음에는 부적절한 행동이 감소되다가 갑자기 그 부적절한 행동이 폭발적으로 증가하는 경우가 있는데, 다시 원 상태로 돌아오기 때문에 문제행동이 악화될까 봐 관심을 보이는 일이 없도록 주의해야 한다. 또한 소거는 아동에게 주어지는 모든 강화물을 중지할 수 있을 때에 사용하는 것이 효과적이다. 즉, 소거의 방법을 사용하는 과정에서 비록 어머니가 아동의 부적절한 행동을 무시한다 하더라도 가족 구성원이나 교사가 이러한 행동에 관심을 보여 준다면 소거는 비효과적이다.

② 타임아웃

타임아웃(time out)이란 아동이 처해 있는 상황으로부터 잠시 격리되어 있는 단시간을 의미한다. 즉, 아동이 처한 상황이 부적절한 문제행동을 유발하는 요인이라고 판단될 경우 부모나 교사가 문제행동이 일어나는 즐거운 상황으로부터 아동을 일시적으로 격리시켜 자기 통제를 학습하게 하는 방법이다.

타임아웃을 사용할 때는 현재 상황이 격리되는 것을 싫어할 만큼 즐거운 상황이어야 하고, 격리되는 곳에는 아동이 좋아할 만한 장난감이나 물건을 두지 말아야 하며, 격리되는 동안 행동도 엄격하게 통제되어야 한다. 또한 아동의 연령에 따라 타임아웃 시간을 고려해야 한다. 격리 시간은 짧게는 30초에서 길게는 5~10분 정도로, 10분 이상이 되면 타임아웃의 효력을 상실하게 된다. 그리고 격리되는 것 자체가 관심끌기의 효과를 거두어서는 안 된다. 따라서 타임아웃을 시킬 경우 격리 이외에 처벌을 가하는 것과 같은 관심을 보여 주는 행동은 자제하고 무시하는 것이 좋다.

③ 처벌

처벌(punishment)은 불쾌한 자극을 제시함으로써 부적절한 행동이 일어날 확률을 감소시키는 원리다. 즉, 육체적 혹은 심리적 고통을 주어서 부적절한 행동을 하지 않도록 유도하는 방법이다. 따라서 아동 스스로 바람직한 행동을 하고 싶도록 적극적으로 유도하기 보다는 고통을 회피하기 위해서 문제행동을 하지 않도록 지도하는 방법이다. 처벌은 부적절한 행동을 감소시키는 데 매우 효과가 있지만, 처벌에서 오는 부작용이 높기 때문에 불가피한 경우에만 사용해야 한다. 즉, 처벌은 처벌이 무서워 문제행동을 억제시켰을 뿐 다시 재현되기 쉽다. 또한 아동이 부모의 처벌이 무서워서 한 가지 부적절한 행동을 중단할 경우 그 행동이 다른 문제행동으로 대치될 수도 있다. 그리고 처벌은 아동으로 하여금 모방학습을 통해 공격성을 증가시키고 처벌을 한 사람이나 처벌받은 장소를 싫어하게 하며, 처벌받는 상황을 피하기 위해 거짓말을 하는 등의 부적절한 행동을 유발할 수 있다.

처벌이 효과적으로 이루어지기 위해서는 한 번에 한 가지 부적절한 행동만을 행동수정 대상으로 해야 하고, 아동에게 어떤 상황이나 어떤 행동이 처벌을 받게 되는지 그 기준을 사전에 미리 확실하게 알려 주어야 한다. 또한 처벌은 부적절한 문제행동이 일어난 즉시 주는 것이 좋다. “나중에 집에 가서 혼내준다.”, “아빠에게 이를 거야.” 등으로 처벌을 지연하는 것은 부적응행동을 중단시키지 못한다.

④ 포화

포화(satiation)는 아무리 좋은 것도 지나치면 싫증난다는 원리다. 아동의 부적절한 행동을 중단시키려면 그 행동에 싫증이 날 때까지 계속하도록 허용하거나 강요해야 한다. 예를 들면, 옷소매를 자꾸 씹는 버릇이 있는 아동에게 양옷소매가 헤질 때까지 완전히 씹으라고 몇 개의 옷을 한꺼번에 주는 식이다.

⑤ 권리박탈

권리박탈(response cost)은 아동이 선호하는 권리를 미리 준 후, 약속을 어길 경우 주어진 권리를 박탈함으로써 부적절한 행동을 수정하는 원리다. 예를 들면, 아동에게 컴퓨터 게임이나 만화영화 시청 시간을 매일 한 시간으로 정해 준 후, 약속을 어겼을 경우 다음 일주일간 컴퓨터 게임이나 만화 시청을 금

지시키는 방법이다.

권리박탈을 실시할 때는 아동이 대가가 타당하다고 받아들여야 하므로, 자녀와 사전에 치러야 할 대가를 미리 협의하고 약속하는 것이 좋다. 지불해야 하는 대가의 수준이 지나치게 높거나 낮으면 자녀는 부적절한 행동을 새롭게 변화하려는 의욕을 상실하게 되므로 대가가 적절한 수준인지 고려해야 한다.

(4) 정서적 반응의 수정 원리

정서적 반응을 수정하기 위한 원리로는 체계적 둔감법과 이완법을 들 수 있다.

① 체계적 둔감법

체계적 둔감법(systematic desensitization)은 불안이나 공포를 일으키는 특정한 상황들을 위계적으로 상상하게 하거나 실제 당면하게 함으로써 특정 상황에서의 불안이나 공포로부터 벗어나게 하는 행동수정 원리다. 체계적 둔감법은 아동으로 하여금 불안감을 주는 자극에 직면하게 하되, 갑작스럽게 직면하게 하는 것은 심리적 부담을 줄 수 있으므로 아동이 편안한 상태일 때나 유쾌한 활동을 하고 있는 동안에 점진적으로 직면하도록 하는 방법이다. 예를 들면, 강아지에 물린 경험이 있는 아동이 강아지를 생각하거나 강아지란 말만 들어도 공포감을 느낀다면, 부드러운 털부터 강아지에 이르기까지 자극이 되는 모든 상황을 위계화한다. 다음 단계는 아동이 가장 좋아하고 편안하게 느끼는 강화물을 주어 정서 상태를 평안하게 안정시킨 후에 불안자극이 가장 약한 부드러운 털부터 아동에게 노출시킴으로써 강아지에 대한 불안이 차츰 사라지게 한다.

② 이완법

이완법(relaxation)은 아동이 경험하는 불안을 감소시키는 방법으로 아동이 보다 편안한 상태를 유지할 수 있도록 이완된 분위기를 조성함으로써 행동을 수정하는 원리다. 이완법에는 편안한 마음을 가질 수 있는 감미로운 장면이나 즐거운 상황의 상상을 통해서 긴장을 풀고 불안을 감소시키는 방법과 근육을 긴장시켰다 이완시키는 방법을 반복하면서 생리적으로 우리 몸을 이완시켜 정신적인 불안을 감소시키는 방법이 있다. 예를 들면, 편안한 음악을 듣게 하거나 즐거웠던 일을 집중적으로 상상하게 함으로써 불안한 생각을 없애 버리고 편안한 마음을 갖도록 도와주는 방법이다. 근육이완법은 얼굴부터 시작하여 이마의 근육을 10초 동안 긴장시킨 후 다시 10초에 걸쳐 서서히 풀어 주는 방법을 3~5회 반복한 후 눈, 코, 등의 순서로 몸통, 다리의 근육까지 같은 방법으로 근육을 긴장시켰다 이완시키는 과정에서 불안을 해소시키는 것이다.

2) 행동수정의 단계

행동수정이론은 행동수정 원리를 적용하여 아동의 행동을 관리하는 데 목적이 있기 때문에 행동지도의 단계가 중요하다. 이러한 행동지도 단계는 목표행동의 설정과 관찰, 행동기록, 행동분석, 강화와 벌이다. 행동지도 단계는 부모가 자녀의 바람직한 목표행동을 설정하고 행동을 관찰한 후에 이를 기록하고 분석한다. 그다음에는 강화와 벌을 통해서 행동을 수정해 감으로써 행동조성과 모방학습 등이 이루어지도록 한다.

(1) 목표행동의 설정과 관찰

부모가 자녀의 행동을 변화시키려고 계획할 때 우선적으로 해야 할 일은 좀 더 구체적이고 관찰 가능한 행동으로 표현하는 일이다. 즉, 목표행동을 설정하고 행동에 대한 조작적인 정의를 내려야 한다. 이를 위해서는 자녀의 행동을 관찰하여 행동이 발생하는 상황을 파악해야 한다. 예를 들면, 식탁 예절을 가르치려고 한다면 '식사시간에 일어나서 돌아다니지 않는다.' 와 같은 구체적인 행동목표를 설정한다.

목표행동이 설정된 후에는 그 행동들이 왜 일어났는지, 아동 자신의 노력이 필요한 것 외에도 환경 자체를 조정해야 할지를 파악할 필요가 있다. 예를 들어, 식사시간 중 아동이 제일 좋아하는 TV만화를 틀어 놓는다면 아동이 만화를 시청하러 식탁을 자주 떠나는 것은 아동의 문제라기보다는 환경을 조절해야 할 문제다. 따라서 부모가 자녀의 행동을 수정하고자 할 때는 자녀의 행동을 파악하여 빈도는 물론 환경에 대한 관찰까지 해야 한다. 이러한 관찰과 분석이 이루어져야만 수정해야 할 행동을 선별하여 자녀 행동수정의 목표행동이 설정될 수 있기 때문이다.

(2) 행동기록

목표행동이 설정되면 행동의 우선순위를 정하여 자녀의 행동을 수정할 필요가 있다. 아동의 행동을 수정할 경우 가장 효과적인 방법 중의 하나는 목표행동을 결정한 다음 그것을 관찰하고 기록하는 일이다. 자녀의 행동기록을 하는 경우에는 아동의 행동을 디지털카메라, 슬라이드 등으로 기록하는 자동기록 방법이 있고, 심리적 기법을 활용한 직접 측정 등이 있다. 그렇지만 부모의 경우는 가정에서 관찰기록을 하는 것이 바람직하다. 이때 부모는 아동의 행동을 평가하여 수정할 계획을 세워야 하기 때문에 되도록 자세히 기록하는 것이 좋다. 관찰기록을 할 때는 행동수정을 하고자 하는 목표행동의 빈도, 지속성, 특성 등에 관해 객관적이고 정확하게 기록해야 한다. 이때 관찰기록지를 사용하는 것이 편리하다.

(3) 행동분석

관찰된 자녀의 행동을 분석하는 것으로서 행동 자체와 행동을 유발하는 선행자극(antecedent), 행동 뒤에 오는 후속자극(consequences)을 찾아내는 과정이다.

행동을 유발시키는 선행자극과 행동을 증감시키는 강화의 역할을 하는 후속자극이 무엇인지 알게 되면 행동을 변화시킬 수 있는 행동수정 계획이 원활하게 진행된다.

자녀가 그 행동을 주로 언제, 어느 정도로 하는지, 그리고 그 행동을 할 때 주위에서 어떤 일들이 일어나고 있었는지, 그 행동이 발생한 다음 후속자극으로서의 강화자극은 어떤 것이었는지의 상황을 세밀하게 분석한다. 이러한 분석은 자녀의 행동을 어떻게 변화시킬지 전략을 짜는 데 도움이 된다.

(4) 강화와 벌

강화(reinforcement)와 벌(punishment)은 자녀의 행동을 증감시키는 후속자극이며, 행동조성(shaping)과 모방학습(modeling)은 새로운 행동을 학습하도록 하는 선행자극이 된다.

강화에는 정적 강화와 부적 강화가 있다. 정적 강화는 자녀의 바람직한 행동을 더욱 증진시키고자 할 때 칭찬, 미소 또는 물건을 주어 그 행동을 더 하고 싶도록 하는 방법이고, 부적 강화는 자녀가 싫어하는 대상물을 줄여 주거나 없앰으로써 강화하는 방법이다. 강화물에는 음식물이나 장난감과 같은 물적 강화물과 칭찬, 미소, 안아주기, 쓰다듬기와 같은 사회적 강화물, 그리고 스티커나 토큰 등과 같은 것을 모아서 보상을 받을 수 있는 토큰강화가 있다. 강화는 행동을 증진시키기 위한 후속자극인 반면, 벌은 행동을 감소시키기 위한 후속 자극이다. 따라서 벌은 어떤 바람직하지 않은 행동이 일어난 후 곧 어떤 사건을 주어서 그 행동을 약화시킨다. 꾸짖음, 체벌, 싫어하는 일 시키기, 특권 박탈, TV 못 보게 하기 등이 벌로 주어질 수 있다. 신체적 체벌은 가능한 한 사용하지 말고, 사용할 때는 아주 조심스러워야 한다. 그리고 어떤 상황에서든지 모든 아동에게 사용할 수 있는 벌에 대한 신호를 정해서 사용해야 한다.

3) 행동수정을 할 때 유의점

- 칭찬의 효과를 높이기 위해 눈을 맞추거나 쓰다듬어 주는 등 신체적인 접촉을 병행하는 것이 좋다.
- 보상을 제공하는 시기는 빠를수록 효과적이다.
- 자녀의 작은 노력에도 민감하게 인정해 주어야 한다.
- 자녀가 행한 행동 자체를 구체적으로 언급해 주는 일이 바람직하다.

제3부

부모교육 프로그램

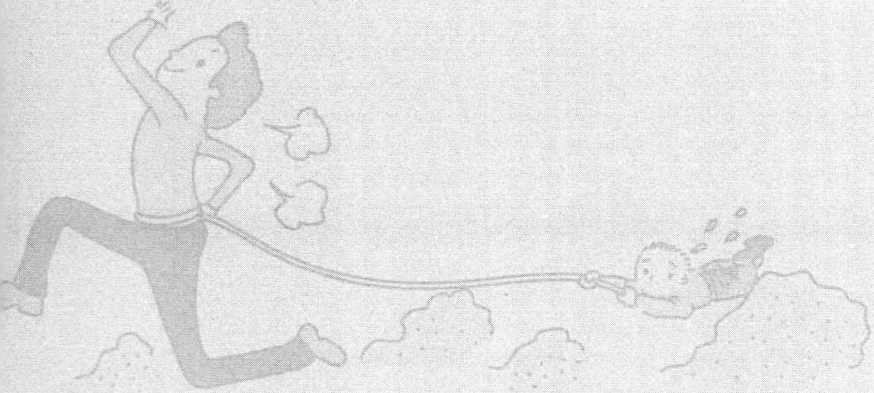

|훈|련|중|심|부|모|교|육| 제7장

부모효율성훈련(PET)

부모효율성훈련(Parent Effectiveness Training: PET)은 고든(Gordon)에 의해 개발된 부모교육 이론 및 프로그램이다. 고든은 부모와 자녀 간에 발생하는 대부분의 문제들이 이를 효율적으로 다루지 못하는 데 원인이 있다고 여겼다. 따라서 부모-자녀 관계를 개선시킬 수 있는 효과적인 방법과 기술을 부모에게 교육시킴으로써 문제 해결에 도움을 주고자 하였다.

고든은 시카고 대학에서 심리치료사로 일했으나 자신의 정신의학적 지식은 아동의 정서적 문제를 치료하는 데 부족하다는 생각을 갖게 되었다. 그는 자녀의 정서적 문제는 정신의학적 문제가 아닌 부모와의 인간관계 문제로 보아 심리치료보다는 양자관계를 개선시킬 수 있는 부모교육이 필요하다고 하였다. 자신의 고향 캘리포니아 패서디나에서 17명의 부모집단을 조직하여 부모효율성훈련을 실시하면서 시작된 PET는 전국적으로 확산되었다. 처음에는 주로 자녀와의 관계가 악화된 부모들이 참여하였으나, 점차 자녀문제를 예방하는 데 도움이 되는 기술을 교육하는 프로그램으로 인식되어 다양한 문제를 지닌 부모들과 예비부모들이 참여하게 되었다. 우리나라에서도 1982년 한국심리상담연구소가 부모훈련 한국지부(K.I.E.T.)를 계약, 개설하여 널리 보급해 오고 있다.

PET프로그램에 이어 교사효율성훈련(Teachers Effectiveness Training: TET), 지도자효율성훈련(Leader Effectiveness Training: LET), 청소년효율성훈련(Youth Effectiveness Training: YET) 등 대상에 따라 인간관계 향상에 초점을 맞춘 프로그램들이 계속 개발, 보급되어 왔다.

PET에서는 부모-자녀 관계가 원만해지려면 효율적인 의사소통을 해야 하는데 이를 위한 기술이 필요하다고 본다. 따라서 다음과 같은 교육을 8주에 걸쳐 실시한다.

1. 수용선 수준 파악하기

PET에서는 자녀의 행동에 대한 부모의 느낌은 계속해서 변화하기 때문에 항상 일관성이 있어야 한다는 것을 비합리적인 것으로 여겨서, 부모가 자녀를 대할 때 자기 입장에 따라 자주적으로 행동하도록 가르친다. 즉, 자녀의 행동을 이해하고 수용하는 수준이 달라질 수 있으므로 때에 따라 어느 정도인지를 파악하는 단계를 거치게 된다.

자녀의 행동을 수용하는 정도는 다음의 세 가지 요인에 따라 달라질 수 있다. 첫 번째 요인은 부모 자신의 현재 기분이나 행동, 욕구 등이다. 예를 들면, 큰 소리로 웃고 떠드는 자녀의 행동이 평소에는 수용할 수 있었던 행동이지만, 자신이 과제를 하기 위해 정신을 집중해야 할 상황에서는 수용할 수 없는 행동으로 분류된다는 것이다.

두 번째 요인은 자녀의 행동이 일어나는 시간이나 장소와 같은 환경적 요인이다. 예를 들어, 자녀가 공을 차는 행동이 운동장에서 이루어진다면 수용될 수 있지만 거실에서 이루어진다면 수용하기가 힘들 것이다.

세 번째 요인은 자녀와 관련된 요인으로 자녀의 연령이나 특성 등에 따라 달라질 수 있다. 예를 들면, 어린 자녀가 큰길에서 혼자 노는 것은 수용할 수 없지만 고등학생 자녀가 큰길에서 혼자 노는 것은 문제가 되지 않는다.

이와 같이 수용과 비수용을 구분하는 것은 이 세 가지 요인의 상호작용 결과에 따라 끊임없이 변동한다고 할 수 있다. 따라서 수용할 수 있는지, 수용할 수 없는지에 대한 구분이 먼저 이루어져야 한다.

연습해 봅시다

자녀의 행동을 수용할 수 있는지, 수용할 수 없는지를 명확히 분류할 수 있는 능력이 선행되어야 그 행동에 대해서 부모가 어떤 태도를 취할 것인가를 결정할 수 있다.

1. 자녀 행동 제시하기

자녀의 여러 가지 행동을 생각해 보고 다섯 가지를 적어 보시오.

예) 종윤이가 노래를 부르고 있다.
종윤이가 밥을 먹고 있다.
종윤이가 동생을 때린다.
종윤이가 TV를 보고 있다.

연습) 자녀의 행동

1)

2)

3)

4)

5)

2. 자녀 행동 분류하기

앞에 적었던 자녀의 행동을 분류해 보시오. 이때 왼쪽 칸에는 당신을 편하게 만들거나 기쁘게 하는 경우로 수용할 수 있는 자녀의 말과 행동을 적고, 오른쪽 칸에는 당신의 신경을 건드리거나 귀찮게 하는 경우로 수용할 수 없는 자녀의 말과 행동을 적는다.

수용할 수 있는 행동	수용할 수 없는 행동
당신을 편안하게 만들거나 기쁘게 하는 행동	당신의 신경을 건드리거나 귀찮게 하는 행동
예) 종윤이가 노래를 부르고 있다.	예) 종윤이가 동생을 때린다. 종윤이가 TV를 보고 있다. 종윤이가 밥을 먹고 있다.
연습)	연습)

3. 자녀의 행동 수용에 영향을 미치는 요인

앞에서 자녀의 행동에 대한 수용 여부는 다음의 세 가지 요인에 의해 좌우될 수 있다고 하였다. 즉, 앞의 예문에서 종윤이가 밥을 먹고 있는 행동은 어떤 경우에는 수용 영역에 들어갈 수 있는 행동이지만 이 예문에서는 비수용 영역에 포함시켰다. 이 경우는 학교에 지각할 것 같은데 밥만 먹고 있는 종윤이의 행동에 엄마의 마음이 불편하여 비수용 영역에 포함시킨 것이다. 이처럼 같은 행동도 세 가지 요인(자신의 영향, 환경의 영향, 자녀의 영향)에 따라 그 수용 정도가 달라질 수 있다.

다음 각각의 경우를 읽고 수용과 비수용 영역 중 하나의 칸에 표시해 보시오(당신의 결정은 주변의 다른 부모와 같아야 하는 것이 아니다).

1) 자신의 영향

	자신의 영향	수용	비수용
예	• 행동: 혜미(중3)가 주말에 생일파티를 해 달라고 조른다. • 자신: 하루 종일 김장을 하느라 피곤하고 만사가 귀찮다.		✓
	• 행동: 혜미(중3)가 주말에 생일파티를 해 달라고 조른다. • 자신: 지난주에 집안 대청소도 했고 주말엔 한가하다.	✓	

	자신의 영향	수용	비수용
연습 1	• 행동: 집에 들어서자마자 아영(5세)은 안아 달라고 한다. • 자신: 아이의 손이 지저분해서 옷에 더러운 것이 묻을 것 같다.		
	• 행동: 집에 들어서자마자 아영(5세)은 안아 달라고 한다. • 자신: 하루 종일 아이의 모습이 아른거려 겨우 참았다.		
연습 2	• 행동: 지수(3세)가 동화책을 읽어 달라고 한다. • 자신: 감기 몸살로 머리가 매우 아프다.		
	• 행동: 지수(3세)가 동화책을 읽어 달라고 한다. • 자신: 책을 좋아하는 지수가 대견스럽다.		

2) 환경의 영향

	환경의 영향	수용	비수용
예	• 행동: 지혜(5세)가 노래를 크게 부른다. • 환경: 어린 동생이 이제 겨우 잠이 들었다.		✓
	• 행동: 지혜(5세)가 노래를 크게 부른다. • 환경: 식구들이 모두 앉아서 노래를 들을 준비를 하고 있다.	✓	

	환경의 영향	수용	비수용
연습 1	• 행동: 지민이(4세)가 장난감을 사 달라고 조른다. • 환경: 지금은 여윳돈이 없다.		
	• 행동: 지민이(4세)가 장난감을 사 달라고 조른다. • 환경: 그렇지 않아도 하나 사 줄려고 마음먹고 있었다.		
연습 2	• 행동: 경찬이(초4)가 공차기를 하고 있다. • 환경: 거실에는 어항과 값비싼 도자기들이 있다.		
	• 행동: 경찬이(초4)가 공차기를 하고 있다. • 환경: 학교 운동장에 친구들도 많이 있다.		

3) 자녀의 영향

	자녀의 영향	수용	비수용
예	• 행동: 수정이(3세)가 소파에서 막 뛴다. • 자녀: 이제 두 돌이 지났고 가벼워서 소파가 부서질 염려는 없다.	✓	
	• 행동: 수정이(초4)가 소파에서 막 뛴다. • 자녀: 4학년으로 몸무게가 많이 나가서 소파가 부서질 염려가 있다.		✓

	자녀의 영향	수용	비수용
연습 1	• 행동: 경찬이(초3)가 게임을 계속하고 있다. • 자녀: 내일까지 중간고사 기간이다.		
	• 행동: 경찬이(초3)가 게임을 계속하고 있다. • 자녀: 해야 할 과제를 다 했고 중간고사도 아주 잘 보았다.		
연습 2	• 행동: 우진이(초1)가 아이스크림을 사 달라고 조른다. • 자녀: 지금 감기에 걸려 병원에 다니고 있다.		
	• 행동: 우진이(초1)가 아이스크림을 사 달라고 조른다. • 자녀: 날씨가 너무 더워 먹고 싶은 생각이 든다.		

2. 문제의 소유 가려내기

부모 자신의 관용성이 어느 정도인지 파악한 후에도 계속 문제로 남아 있기 때문에 문제가 누구에게 있는지 문제의 소유를 파악하는 일은 문제 해결에 중요한 단계가 된다.

문제의 소유란 그 문제로 인해 고통받는 자가 누구인가를 말하는 것으로 세 가지 경우로 나누어질 수 있다. 먼저 문제의 소유자가 자녀인 경우다. 이는 부모에게는 전혀 문제가 되지 않으나 자녀 자신에게 문제가 되는 경우로, PET에서는 자녀가 스스로 문제를 해결할 수 있도록 도와주는 방법을 사용하도록 부모를 훈련시킨다. 두 번째는 부모와 자녀 누구도 문제의 소유자가 아닌 경우, PET에서는 이러한 문제없는 영역을 넓혀 가기 위한 다양한 방법과 기술을 부모들에게 훈련시킨다. 마지막은 문제의 소유자가 부모인 경우다. 이는 자녀의 행동이 부모에게 불쾌감과 분노를 일으키게 하는 경우로, 부모가 자녀의 행동을 수용할 수 없다. 이때는 자녀와의 유대관계를 유지하면서 행동을 받아들일 수 있도록 변화시키는 기술을 부모에게 훈련시켜 이 영역을 좁혀 가도록 한다.

〈표 7-1〉 문제의 소유 가려내기

문제의 소유	내용	해결을 위한 기술	부모의 수용 여부
자녀의 문제	부모가 수용할 수 있는 행동이지만 자녀에게 문제가 되는 경우(부모에게는 문제가 되지 않지만, 자녀 자신에게는 수용할 수 없는 부분)	자녀가 스스로 문제를 해결하도록 도와주는 기술	수용 영역
문제없는 영역	부모, 자녀에게 문제가 되지 않는 것들(부모가 수용할 수 있는 행동이면서 자녀에게도 문제가 되지 않는 것들)	자녀들과 좋은 관계를 지속시킬 수 있는 기술들(이 영역을 증대시키는 것이 목적)	
부모의 문제	부모가 수용할 수 없는 자녀의 행동들, 자녀의 행동이 부모에게 문제가 될 때(거부 감정이 생길 때)	자녀와의 유대관계를 유지하면서 행동을 받아들일 수 있도록 변화시키는 기술	비수용 영역

연습해 봅시다

자녀의 행동에 대한 수용 여부를 분류한 다음 문제의 소유자가 누구인가를 가려내는 것은 아주 중요한 일이다. 왜냐하면 문제의 소유자에 따라 적용되는 기법이 다르기 때문이다. 여기서는 문제의 소유자를 알아내는 연습을 하고자 한다.

다음의 경우 누구의 문제로 분류할 수 있겠는지 표시해 보시오.

	상황	자녀의 문제	문제없는 영역	부모의 문제
예	자녀가 자기만 게임 CD가 없다고 투덜거린다.			V

	상황	자녀의 문제	문제없는 영역	부모의 문제
연습 1	자녀가 난센스 퀴즈를 알아맞히라고 하는데 당신은 지금 생각해야 할 문제가 많아 머리가 너무 아프다.			
연습 2	자녀가 이번 주말에 친구의 생일에 초대받았다고 좋아한다.			
연습 3	자녀가 이번 방학 때도 스키장에서 스노우보드를 타겠다고 한다. 그런데 작년에 스노우보드를 타다가 크게 다친 적이 있기 때문에 걱정이다.			
연습 4	당신이 항상 즐겨 보는 연속극을 보고 있는데 자녀가 만화영화를 보겠다고 졸라 댄다.			
연습 5	자녀가 매일 저녁 무섭다고 울면서 당신 부부의 침실로 기어 들어온다.			
연습 6	자녀가 숙제를 다 마치기도 전에 친구의 전화를 받고 나가려고 한다.			
연습 7	자녀가 옆집에 이사 온 여학생에 대해 당신에게 이야기하고 있다. 호감이 가는 모양이다.			

3. 반영적 경청

문제의 소유자가 자녀일 경우 최선의 방법은 자녀의 말을 들어 주는 것이다. 따라서 PET에서는 부모가 효과적으로 자녀의 말을 들어 주는 기술을 배우게 된다.

들어 주는 방법을 살펴보면 다음과 같다. 첫 번째는 '조용히 들어 주기(소극적 경청)' 방법이다. 이 방법을 사용함으로써 자녀는 말할 수 있는 기회를 갖게 되어 자신의 감정을 부모에게 표현하게 된다. 이로 인해 처음에 나타냈던 문제보다 더 깊고 더 근본적인 문제에 접근할 수 있게 된다. 그러나 침묵을 지키는 것만이 최선은 아니며 자녀가 적극적인 무엇을 원할 수도 있음을 알아야 한다. 부모가 진정으로 자녀의 말에 주목하고 있음을 입증시켜 줄 필요가 있다. 즉, 잘 듣고 있음을 알리는 언어적 · 비언어적 신호를 보내는 것이 필요하다. 이는 두 번째 방법인 '인식 반응하기'로, 아직도 자녀의 말에 관심이 있고 계속 말해도 좋으며 자녀와 많은 것을 공유할 준비가 되어 있음을 알리는 신호인데 머리를 약간 수그린다거나, 미소를 보낸다거나, '음음', '오, 그래' 등과 같은 신호를 보내는 것이다.

세 번째는 자녀가 마음의 문을 여는 데 도움을 주는 언어를 사용하여 계속 말하도록 격려하는 방법이다. 이 경우는 판단이나 비평, 질책의 의미 없이 문제를 함께 걱정하고 싶다는 뜻만 전달해 준다. "그것에 대해 말하고 싶니?" "넌 어떻게 생각하고 있는지 궁금하구나." "그것에 관해 좀 더 말해 볼까?" 등의 말로 격려해 준다.

네 번째는 자녀가 마음을 열게 하는 말보다 몇 배의 효과가 있는 또 다른 방법으로 '반영적 경청' 또는 '적극적 경청' 방법이다. 이것은 소극적 경청보다 훨씬 효과적이고 효율적인 기술로, 메시지를 포함하지 않고 다만 자녀가 말한 메시지를 반영해 주거나 다시 자녀의 말을 확인하는 종류의 언어적 반응이다. 다시 말해, 반영적 경청은 자녀의 이야기를 비판하거나 판단하지 않고 그대로 수용하고, 자녀의 감정을 진심으로 이해하고 노력하는 태도를 가지며 적극적으로 의사소통에 참여하는 것이다. 따라서 자녀의 사고방식이나 느낌을 정확하게 이해하여 일시적으로 자녀의 입장이 되어 생각하는 것이다. 결과적으로는 이러한 과정을 통해 문제가 해결된다.

반영적 경청과정은 다음 3단계로 이루어진다.

① 자녀가 말, 태도, 말씨 또는 신체적 표현을 통하여 문제를 가지고 있다는 단서를 전달한다.
② 부모는 관찰할 수 있는 단서로 암호를 해독하고, 자녀가 어떤 문제로 어려움을 겪는지 추측해서 느낌이나 생각을 자녀에게 말해 준다.
③ 자녀는 부모의 말을 피드백하면서 자신의 감정을 확인하거나 혹은 그 감정을 거부할 경우 보다 분명한 신호를 다시 보내고자 한다. 이러한 의사소통 과정이 효과적으로 진행될 때 자녀가 소유한 문제 영역은 줄어들 것이다.

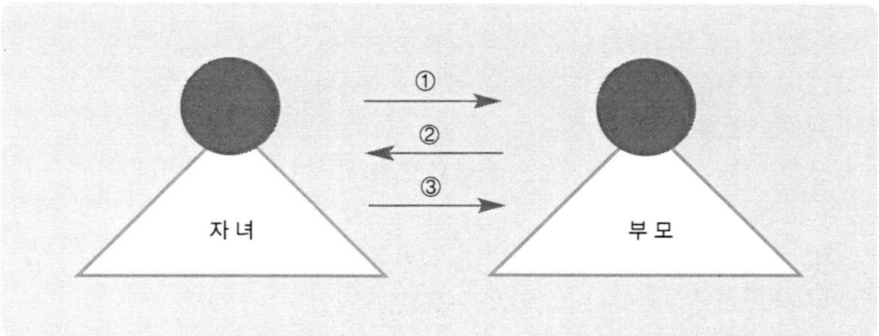

그림 7-1 반영적 경청과정

자녀가 문제를 소유한 경우 의사소통의 걸림돌에 넘어지지 않도록 주의해야 한다. 흔히 부모들은 자녀와의 대화에서, 특히 자녀에게 문제가 있는 경우에 자녀에게 도움을 주려는 의도에서 〈표 7-2〉와 같은 대화를 많이 하게 된다. 그러나 이러한 의사소통 유형들은 문제를 해결하기보다는 오히려 문제를 복잡하게 만들고 자녀와의 관계를 악화시키는 결과를 초래하기 쉽다. 즉, 도움을 주려던 부모의 노력은 가끔씩 역으로 작용하거나 걸림돌이 되어 자녀의 고민을 해결하는 데 실패하게 된다. 그러므로 자녀에게 문제가 있다고 판단될 경우에는 〈표 7-2〉와 같은 유형의 대화를 주의해야 한다. 그러나 이러한 걸림돌도 문제없는 영역에서 사용될 경우 유해하기보다는 오히려 적절하고 생산적인 것이 되기도 한다.

〈표 7-2〉 12가지 의사소통의 걸림돌

1. 명령, 강요: 자녀에게 어떻게 하도록 명령하거나 지시한다.
   (예: "문 닫아라." "숙제해라")
2. 경고, 위협: 자녀에게 어떠한 행동을 하면 어떠한 결과가 생길지 말한다.
   (예: "만일 또 한 번 그런 행동을 하면 가만두지 않겠어.")
3. 훈계, 설교: 자녀에게 해야 할 일과 해서는 안 될 일을 알려 준다.
   (예: "학생이 공부하는 것은 당연한 거야.")
4. 충고, 해결방법 제시: 자녀에게 답이나 해결책을 제공한다.
   (예: "선생님에게 직접 여쭤 보면 될 것 아니니?")
5. 논리적인 설득, 논쟁: 부모의 지식을 논리적으로 말함으로써 설득하려고 한다.
   (예: "남들은 그렇게 생각하지 않아, 네가 그렇게 느끼는 것뿐이야. 자신감을 가져라.")
6. 비판, 비평, 비난: 자녀를 부정적으로 판단하거나 평가한다.
   (예: "네 생각은 틀렸어.")
7. 칭찬, 찬성: 자녀를 무조건 긍정적으로 판단하고 자녀의 의견에 동의한다.
   (예: "너는 뭐든지 잘해.")
8. 욕설, 조롱: 자녀에게 욕을 하거나 수치심을 심어 준다.
   (예: "이 바보야, 그것도 못하니? 내가 그럴 줄 알았다.")
9. 분석, 진단: 자녀의 행동을 분석하고 부모 스스로가 진단을 내려 말한다.
   (예: "네가 그렇게 말했기 때문에 친구들이 그랬을 거야.")
10. 동정, 위로: 자녀의 감정과는 상관없이 기분을 맞추려고 애쓴다.
    (예: "걱정하지 마, 다 잘될 거야.")
11. 캐묻기와 심문: 문제 해결에 도움이 되는 정보를 얻기 위해 질문한다.
    (예: "누구누구 있었니?" "왜 갔지?")
12. 화제 바꾸기, 빈정거림, 후퇴: 자녀가 다른 데로 신경을 쓰게 하려고 화제를 바꾸거나 문제의 본질과 다른 대화를 한다.
    (예: "다 잊어버려." "어, 이게 무슨 냄새야?")

연습해 봅시다

지금까지 여러분은 자녀의 행동에 대해 수용할 수 있는지의 여부와 과연 누구에게 문제가 있는지 그 소유자를 가려낼 수 있도록 연습해 보았다.

이 프로그램에서는 문제의 소유자에 따라 가장 효과적인 기법이 다르다고 앞서 소개한 바 있다. 여기서는 자녀에게 문제가 있다고 판단되었을 경우 사용하는 반영적 경청법과 이 경우에 사용하면 안 되는 의사소통의 걸림돌에 대하여 연습하기로 한다.

1. 의사소통의 걸림돌

가정에서 당신이 흔히 사용하는 의사소통의 예를 세 가지 적고, 그 의사소통이 어떤 유형의 걸림돌에 해당하는지 분류해 보시오. 그리고 사용한 결과가 어떠했는지를 적어 보시오.

의사소통의 예	걸림돌 유형	결 과
1)		
2)		
3)		

과 제

한 주간 가정에서 당신이 사용한 의사소통의 걸림돌을 적고 그 결과가 어떠했는지를 적어 보시오.

의사소통의 예	걸림돌 유형	결 과
1)		
2)		
3)		

2. 반영적 경청

다음 상황에서 자녀의 느낌이나 생각은 어떠한지, 이러한 경우 전형적인 부모의 잘못된 태도(의사소통의 걸림돌 사용)는 무엇이며, 자녀가 보낸 호소에 대한 부모의 피드백(부모의 바른 태도, 반영적 경청)은 어떠해야 하는지에 대해 살펴보고 연습해 보시오.

예 1) 영란이(초4)가 학교에서 돌아오자마자 투덜거린다. "오늘 선생님은 괜히 나만 야단치셔."
• 자녀의 느낌이나 생각: 나만 야단치는 선생님이 밉다. 화가 난다. • 의사소통의 걸림돌: "네가 잘했는데도 선생님이 그랬겠니? 앞으로는 조심해." • 반영적 경청: "선생님이 괜히 야단치는 것 같아 화가 나는구나."
예 2) 인수(5세)는 병원에서 예방주사를 맞지 않겠다며 울고 있다. "엄마, 주사를 꼭 맞아야 해요?"
• 자녀의 느낌이나 생각: 주사를 맞기 싫고 아플까 봐 두렵다. • 의사소통의 걸림돌: "주사를 맞아야 몸이 건강해지는 거야. 우리 인수는 용감해서 잘 참을 거야." • 반영적 경청: "주사가 아플까 봐 걱정이 되는구나. 아플까 봐 두렵기도 하고."

연습 1) 영미(중1)는 메이커 신발을 사 달라고 날마다 짜증이다. "친구들은 다 메이커 신발 신고 다니는데 창피해 죽겠어."
• 자녀의 느낌이나 생각: • 의사소통의 걸림돌: • 반영적 경청:
연습 2) 동진이(중3)는 내일부터 중간고사인데 공부를 안 해서 성적이 떨어질까 봐 걱정하고 있다.
• 자녀의 느낌이나 생각: • 의사소통의 걸림돌: • 반영적 경청:
연습 3) 종화(초6)는 이번 주말에 친구 생일파티가 있는데 자기만 쏙 빼고 초대했다고 울상이다.
• 자녀의 느낌이나 생각: • 의사소통의 걸림돌: • 반영적 경청:

과 제

한 주간 가정에서 당신이 사용한 반영적 경청의 사례를 적고, 그 결과가 어떠했는지를 적어 보시오.

4. 나-전달법

문제의 소유자가 부모일 경우 '나-전달법(I-message)'을 사용해서 도움을 받을 수 있다.

부모가 문제를 가졌다는 것을 아는 제일 좋은 접근방법은 자녀의 행동을 수용하기 힘들거나 자녀가 하는 행동이 마음에 들지 않는 경우, 즉 자녀의 행동에 대해 불쾌감을 갖게 되는 경우, 자기 속에 욕구불만, 반발심, 거절 등의 감정이 생겼을 때 부모 자신의 문제라고 판단하는 것이다. 이러한 경우에 효과적인 대화방법으로 PET에서는 '나-전달법'을 사용하도록 그 기술을 훈련한다.

PET에서 강조하는 '나-전달법'은 자녀의 행동으로 인해 부모 자신은 어떻게 느끼고 있는지를 객관적으로 전달하는 것으로, 자녀를 탓하지 않고 단순히 자녀의 행동에 대한 느낌을 설명하는 것이다. 이는 자녀로 하여금 부모에게 문제가 되는 자신의 행동을 스스로 고쳐서 부모-자녀 관계가 악화되지 않고 문제를 해결할 수 있게 해 준다. 부모에게 문제가 되는 자녀의 행동에 대해 비판, 질책, 훈화를 하기보다는 'I-message'를 보내어 협동을 구하는 태도로 자녀의 판단을 신뢰한다는 의미를 전달하여 의사소통을 원활하게 하는 것이다. 이 방법은 자녀의 행동을 비난하지 않고 부모의 진실한 마음과 감정을 드러내기 때문에 자녀가 방어적이지 않고 책임감을 느끼게 되어 문제의 해결이 가능하게 된다.

'나-전달법'은 문제를 유발하는 자녀의 행동은 무엇인가, 그 행동이 부모에게 어떤 영향을 끼치고 있는가, 그 결과에 대해 어떤 느낌을 가지고 있는가 등에 대해 말해 주는 것이다. 이 방법은 부모가 수용할 수 있는 방향으로 자녀가 행동하도록 영향을 주게 되어 그 효과가 매우 크다.

'나-전달법'의 구체적인 방법은, 첫째 부모에게 거부감을 주는 자녀의 행동을 비난하지 않고 묘사하며 둘째, 그 행동이 부모에게 끼치는 구체적인 영향을 전달하며 셋째, 그때의 부모의 느낌과 감정을 자녀에게 전달하는 것이다.

'나-전달법' 을 실행할 때 주의해야 할 점은 그때의 부모 자신의 감정을 조절하는 일이다. 자녀의 행동으로 인해 부모의 감정이 너무 격앙되어 있을 때는 자녀의 행동을 비난하지 않고 묘사하기가 어렵기 때문에 부모가 자신의 감정을 어느 정도 통제할 수 있을 때까지 잠시 뒤로 물러난다. 부모가 자신의 감정을 조절할 수 있어야만 '나-전달법' 을 효과적으로 사용할 수 있다.

〈나-전달법의 단계〉

- 1단계: 수용할 수 없는 자녀의 행동에 대한 비난 없는 서술
- 2단계: 부모인 나에게 끼치는 구체적인 영향
  - 다른 일을 위해 써야 할 시간, 정력, 돈을 쓰게 한 것
  - 하고 싶거나 해야 하는 일에 대한 방해
  - 신체나 감각을 괴롭게 하는 경우
  - 유용한 것, 즐거움 등의 손실
- 3단계: 부모의 느낌, 감정

연습해 봅시다

1. 나-전달법의 세 가지 구성요소

다음 예문을 보고 각 상황에서 나-전달법의 세 가지 구성요소를 알아봅시다.

예) 엄마가 중요한 전화를 받고 있는데 네가 큰 소리로 떠드니까(행동) 무슨 소리인지 알아들을 수가 없어서(구체적인 영향) 몹시 화가 난다(감정).
연습 1) 네가 침대에서 계속 뛰면(　　　　) 침대가 망가질까 봐(　　　　) 걱정되고(　　　　), 아래층에서 시끄럽다고 할까 봐(　　　　) 불안하다(　　　　).
연습 2) 매일 게임을 하고 있으면(　　　　) 성적이 떨어질 것이고(　　　　), 눈도 나빠질 텐데(　　　　), 엄마는 그게 매우 걱정된다(　　　　).

2. 나-전달법의 연습

다음 상황을 읽고 각 상황에서 나-전달법을 사용해 보시오.

연습 1) 종민이(초3)는 방과 후 곧장 집으로 오기로 약속해 놓고 오늘 두 시간이나 늦게 왔다. 두 시간 동안 엄마는 종민이를 찾으러 다녔고 매우 걱정했다. 요즈음 부쩍 유괴사건에 대한 뉴스가 잦아졌다.
연습 2) 희주(중1)는 어항에 먹이를 주기로 되어 있었으나 깜빡 잊어버려 금붕어가 모두 죽어버렸다. 그런데 이런 일은 이번이 처음은 아니다.

과 제

한 주간 가정에서 당신이 사용한 나-전달법의 사례를 적고 그 결과는 어떠했는지를 적어 보시오.

5. 무승부법

부모-자녀 간의 갈등은 일상생활에서 피할 수 없다. 이러한 경우 갈등을 해결하는 기술로 '무승부법(no-lose method)'의 사용을 제안한다.

부모-자녀 간에 갈등이 발생했을 경우, 승부적 태도는 부모가 권위적 태도를 취하여 승자가 되거나 혹은 자녀가 허용적 태도를 취하여 승자가 되거나, 둘 중 하나를 택해야 하는 갈등을 겪게 된다. 권위적 태도는 부모가 정한 해결책을 가지고 자녀를 설득하거나 힘과 권위를 행사하여 복종하도록 함으로써 갈등을 해결하는 방법이다. 반면 허용적 태도는 갈등 상황에서 자녀가 부모에게 주장하는 바를 부모가 거절할 경우, 자녀가 자신의 힘을 이용하여 부모를 이기려고 하고 결국 부모가 져서 갈등이 해결되는 경우다. 이러한 방법은 양쪽 다 자기 방식만을 고집하게 되고, 상대방의 욕구를 고려하지 않거나 상대방에 대한 존중도 없어 부모-자녀 관계 형성에 나쁜 영향을 미치게 되므로 효과적인 갈등 해결법이라고 볼 수 없다.

이에 비해 PET에서 제시하는 '무승부법'은 갈등 상황에서 최종의 해결책을 모색하기 위해 부모와 자녀가 함께 참여한다. 이때 비판적으로 평가해서 가능한 해결방안을 결정하게 되므로 문제에 대한 효과적인 해결책이라고 보고 있다. 이는 부모와 자녀가 함께 합의한 결정이므로 누구도 저항하지 않고 승자도 패자도 없이 해결되는 방법이다. 결과에 대해 양쪽 모두가 받아들일 수 있기 때문에 양쪽이 모두 승자가 되는 것이다. 따라서 효과적인 갈등 해결책이라고 볼 수 있는데, 그 구체적인 이유는 다음과 같다.

- 자녀가 해결에 적극성을 보이기 때문이다. 즉, 자녀는 문제에 대해 강제적인 것이 아닌 자신이 결정한 일을 실천하고 싶어 한다.
- 문제에 대해 창의적이고 고차원적인 좋은 해결책이 발견되기 때문이다. 즉, 양쪽의 욕구를 모두 만족시키고 실행에 옮기기 쉬우며 질적으로 높은

해결책을 찾을 수 있다.

- 자녀의 생각과 애정이 더해져 결국 자녀의 사고능력을 향상시키는 훈련의 효과를 가져오기 때문이다. 즉, 자녀는 스스로 생각하게 되는데, 문제의 해결을 위해 같이 생각하는 동안 깊은 애정과 자애로운 감정이 생겨 더 가까워지고 대립된 감정이 해소되며 패배하지 않았다는 자부심에 기분도 좋아지게 된다. 더불어 자기 욕구를 고려하여 권리를 존중해 준 상대방에 대해 포근한 느낌을 갖게 되므로 관계가 좋아진다.
- 강제를 사용할 필요성이 없어지기 때문이다. 즉, 자녀가 동의한 결과이므로 자발적으로 실천할 것이고, 이에 해결책의 실천을 강요할 필요가 없다.
- 자녀의 특별한 행동 원인의 핵심까지 알아낼 수 있으므로 문제의 본질이 더욱 확실해지기 때문이다. 즉, 자녀 행동의 기본적인 원인을 인식하게 되므로, 자녀 스스로가 더이상 문제행동을 유지할 필요가 없다.

|훈|련|중|심|부|모|교|육| 제8장

효율적 부모역할 수행을 위한 체계적 훈련(STEP)

효율적 부모역할 수행을 위한 체계적 훈련(Systematic Training for Effective Parenting: STEP)은 미국 플로리다 주의 의사소통 및 동기유발훈련 연구소의 딩크마이어(Dinkmeyer)와 아리조나 대학교의 상담가 맥케이(McKay)에 의해 1976년 개발된 프로그램이다. 이 프로그램은 부모-자녀 관계에서 생기는 여러 가지 문제를 효과적으로 해결할 수 있는 실질적 접근방법을 제시하고 있다.

또한 민주사회에서 민주적으로 자녀를 훈육하는 방법을 기본으로 하고 있으며 아들러 학파의 원리에 기초한다. 특히 드라이커스(Dreikurs)의 민주적 부모교육이론에서의 '아동 행동목표'를 강조한다. 기노트(Ginott)의 인본주의적 부모교육이론과 고든(Gordon)의 반영적 경청, 나-전달법 그리고 번(Bern)의 교류분석이론 및 행동수정이론 등이 적용되었다. 우리나라에서는 『당신도 유능한 부모가 될 수 있다(STEP)』(이경우 편역, 1985)로 출간된 바 있다.

STEP는 10~12명 내외의 부모들을 대상으로 집단으로 운영된다. 집단은 훈련받은 지도자에 의해 진행되며, 교재는 부모용 지침서와 지도자용 지침서로 이루어져 있다. 1회 2시간씩 9주 동안에 걸쳐 진행하면 효과적이다. 공부할 내용의 제시, 문제 상황에 적용시켜 보기 및 질문으로 구성되어 있고, 마지막에 금주의 활동이 제시되어 있다. 금주의 활동은 가정에서 실행하고 다음 회기에 그 경험담을 나누어 보도록 되어 있다.

STEP의 효과는 크게 다음 세 가지로 요약된다.

- 양육에 대한 지식을 증가시켜 준다. 과거 부모들이 사는 세대와는 다른 민주적 사회에서 살아가는 부모들에게 자녀의 양육에 대한 새로운 지식과 지도방법을 제안해 준다.
- 가족관계의 개선을 가져온다. 부모들이 자녀와 좀 더 효과적인 관계를 가질 수 있도록 돕기 위해 마련된 것으로 이를 통하여 상호존중을 바탕으로 한 친밀한 관계를 유지하는 기반을 갖게 된다.
- 자녀와의 의사소통 증진에 효과적이다. 우리나라의 유교적 전통은 자신의 마음을 표현하지 않는 것이다. 그러나 인간관계에서 가장 중요하고 필요한 것은 마음을 터놓고 자기 자신을 보여 주며 이야기하는 것이고, 상대방은 그것을 수용함으로써 친밀한 관계를 형성하는 것이다. 이 프로그램을 통하여 부모와 자녀 간의 의사소통 방법에 대해 실질적으로 배움으로써 원활하고 편안한 의사소통이 가능해질 것으로 기대된다.

이러한 STEP는 다음과 같은 내용을 포함하고 있다.

1. 자녀 행동의 이해

STEP는 자녀의 모든 행동에는 사회적인 목적이 있다는 것을 전제한다. 인간은 인생의 주목적을 소속감에 두고, 의사를 결정하는 사회적 존재로서 중요한 위치를 찾고 유지하기 위해 끊임없이 노력한다는 것이다.

문제행동을 나타내는 아동은 좌절된 아이로서, 긍정적인 방법으로 인정받거나 소속감을 느낄 수 없다고 생각하여 오히려 부정적인 행동을 함으로써 소속감을 느끼려고 한다. 즉, 부정적인 행동에는 원하는 목적이 반드시 있다는 것이다. 이 목적을 부모가 알아내면 그에 적절한 지도를 할 수 있다.

아동이 잘못된 행동을 하는 목표는 관심 끌기, 힘 행사하기, 앙갚음하기, 무능함 보이기다(자세한 설명은 3장 참조). 이러한 자녀의 행동목표를 부모가 잘 파악한다면 그에 적절한 대처를 함으로써 자녀 행동을 긍정적으로 변화시킬 수 있다. 아동의 행동목표를 파악하는 데 도움을 주는 것은 다음과 같다.

첫째, 갈등을 느끼는 과정에서 부모 자신이 스스로의 느낌이나 감정을 살펴보는 것이다. 부모는 자신의 감정에 대한 점검을 통해서 자녀 행동의 목표를 짐작해 볼 수 있을 것이다. 먼저 자녀가 부당하게 관심 끌기를 하고 있다면 부모는 짜증이 나거나 귀찮다고 느끼게 된다. 이러한 부모의 감정은 자녀 행동의 목표를 알아차리는 데 도움을 준다. 또 부모가 자신의 권위에 도전을 받았다는 생각이 들면서 화가 난다면 자녀가 힘 행사하기를 하는 것으로 짐작해 볼 수 있다. 자녀의 행동으로 인해 부모가 마음이 상하고 가슴이 아프다면 자녀가 앙갚음하기 행동목표를 달성하고자 하는 것으로 볼 수 있고, 부모가 좌절감이나 절망감을 느껴 자녀를 포기하고 싶은 마음이 든다면 자녀가 무능함 보이기 행동목표를 달성하고자 하는 것으로 생각할 수 있다. 따라서 부모는 자신이 느끼는 감정에 대해 민감하게 살펴보고 인식하는 것이 필요하다.

둘째, 자녀가 잘못된 행동을 하였을 때 부모가 자녀를 지도하기 위하여 취하는 행동에 대한 자녀의 반응을 살펴보는 것이다. 먼저 자녀가 관심 끌기를 하고 있다면, 부모의 지도에 대해 자녀는 잘못된 행동을 일시적으로 중단하는 것 같으나 이내 다시 잘못된 행동을 하게 된다. 즉, 자녀 행동의 원인을 제거하지 않았으므로 문제행동은 계속 나타나게 된다. 따라서 이때 부모는 자녀 행동의 목표를 이해하고 적절한 지도를 수행해야 한다. 예를 들면, 부모는 자녀의 부당한 관심 끌기 행동을 무시하고, 긍정적인 행동을 하는 경우에만 충분한 관심을 보여 주는 방법을 사용할 수 있다.

다음으로 부모가 자녀의 행동에 대한 지도를 수행했음에도 불구하고 자녀와의 갈등이 반복되고 관계가 점점 더 악화되며 힘겨루기가 계속되고 자녀가 더 공격적으로 되어 간다면, 자녀의 행동목표로서 힘 행사하기를 짐작할 수 있다. 이때 부모는 힘겨루기에 말려들지 않아야 한다. 즉, 계속 반복되는 갈등의 고리를 단절하는 것이 필요하다. 부모는 냉정한 태도를 가지고 자녀의 문제에 대해 이야기를 나누어야 한다. 자녀에게 도움을 청하거나 상호 협력하게 함으로써 힘을 건설적으로 사용하는 방법을 보여 주고 가르쳐야 한다.

자녀가 잘못된 행동을 지속적으로 반복하면서 복수심을 나타낸다면 앙갚음하기로 생각할 수 있다. 이때 부모는 마음의 상처를 얻고 그것을 되돌려 주고자 하는 복수심을 느낄 수 있다. 따라서 자녀가 앙갚음하기를 하고 있다고 생

〈표 8-1〉 자녀 행동의 이해

행동 목표	자녀의 잘못된 생각	부모의 감정	부모의 지도에 대한 자녀의 반응	부모가 취할 대안
관심 끌기	나는 내가 눈에 띄고 관심을 끌 때만 소속감을 느낀다.	짜증나고 귀찮다.	일시적으로 중단한다. 그러나 조만간 다시 시작한다.	고의적으로 관심을 받고자 하는 잘못된 행동은 무시하고, 긍정적인 행동을 한 경우에만 충분한 관심을 보여 준다.
힘 행사 하기	내가 모든 것을 내 마음대로 할 수 있을 때, 누구도 나를 지배할 수 없다는 것을 보여 줄 수 있을 때에만 소속감을 느낀다.	화가 난다.	악순환적 행동이 계속되고 점점 더 공격적으로 되어 간다.	갈등(싸움)에 말려들지 않는다. 냉정을 되찾은 후에 그에 대해 이야기한다. 자녀에게 도움을 청하거나 협동하게 함으로써 힘을 건설적으로 사용하는 방법을 가르친다.
앙갚음 하기	내가 상처받은 만큼 나 역시 다른 사람에게 그 상처를 되돌려 주겠다. 나는 사랑받지 못하고 있다.	속상하다.	더욱 심하게 잘못된 행동을 함으로써 복수심을 나타낸다.	상처를 되돌려 주려는 마음을 자제한다(벌을 주거나 언어적, 정서적, 신체적 폭력을 사용하지 않는다). 갈등 상황에서 벗어나 자녀에게 신뢰와 사랑을 보여 준다.
무능함 보이기	나에게 아무것도 기대하지 않게 함으로써만 소속감을 느낀다. 나는 패배자이며 무기력하다.	절망감을 느끼고 자녀를 포기하고 싶다.	수동적이 된다. 어떤 노력을 시도하는 것을 거부하고 포기한다.	포기나 동정을 하지 않고, 자녀를 비난하지 않으며, 작은 시도라도 긍정적으로 반응한다. 격려를 아끼지 않는다.

출처: 이경우 편역(1985). 당신도 유능한 부모가 될 수 있다(STEP).

각되는 경우에는 부모가 먼저 사랑과 용서를 보여 주는 것이 필요하다. 상처를 되돌려 주지 않고 자녀에게 신뢰와 사랑을 보여 주는 것이다.

마지막으로 부모의 지도에 대해 자녀가 매우 수동적이 되면서 어떤 노력도 시도하기를 거부한다면 무능함 보이기를 하고 있는 것으로 볼 수 있다. 이때 부모는 좌절감을 느끼기도 하겠지만, 이를 극복하고 자녀에게 새로운 힘을 북돋아 주는 역할을 해야 한다. 즉, 아주 작은 것이라도 자녀의 시도나 노력에 대해 격려하고 긍정적으로 반응하는 것이다.

이와 같이 부모가 자녀의 행동목표를 파악하고 적절하게 대처한다면 자녀의 잘못된 행동을 긍정적인 행동으로 바꾸는 데 도움을 주게 된다(〈표 8-1〉 참조).

연습해 봅시다

다음의 예를 보고 상황에 따른 자녀의 행동목표, 부모의 느낌과 행동, 그에 대한 자녀의 반응, 부모의 대안을 기록하시오.

1. 관심 끌기

예 1) 정아(6세)는 신발을 신을 때마다 발이 잘 들어가지 않는다고 징징거리면서 엄마에게 빨리 와서 해 달라고 요구한다.	
자녀의 행동목표	관심 끌기
부모의 느낌과 행동	귀찮고 짜증이 나며 잔소리를 하게 된다.
자녀의 반응	행동이 그치지 않고 매번 요구한다.
부모의 대안	먼저 관심 끌기에 반응을 보이지 않는다. 짜증을 내거나 징징거리면서 요구할 때는 들어주지 않는다고 미리 말한 후 반드시 그렇게 한다.
예 2) 효진이(초1)는 엄마가 전화를 하고 있는데 와서 무언가를 해 달라며 요구한다.	
자녀의 행동목표	관심 끌기
부모의 느낌과 행동	짜증이 난다. 조금 기다리라고 주의를 준다.
자녀의 반응	계속해서 해 달라며 조른다.
부모의 대안	엄마가 요구를 들어줄 상황일 때는 들어줄 수 있지만 지금은 들어줄 수 없으니 기다리라고 말하고, 관심 끌기에 반응을 보이지 않는다.

2. 힘 행사하기

예 1) 효성이(초2)는 어질러 놓은 가방과 책을 치우라는 엄마의 이야기를 들은 척도 하지 않고 놀이터에 놀러 나간다.	
자녀의 행동목표	힘 행사하기
부모의 느낌과 행동	효성이가 부모의 말을 무시하는 것 같아서 화가 치밀어 오른다. 소리를 지르고 화를 낸다.
자녀의 반응	토라져서 방문을 꽝 닫고 자신의 방으로 들어가 버린다.
부모의 대안	화가 치밀어 오를 때 정서적으로 한 걸음 뒤로 물러선다. 안정을 취한 후 조용히 집의 규칙을 설명하고 치우게 한다. 치우지 않으면 논리적 결과를 사용하여 대가를 치르게 한다.

예 2) 은수(7세)에게 빨랫감을 빨래통 속에 가져다 놓으라고 했지만 싫다면서 매번 목욕탕에 벗어 놓는다.	
자녀의 행동목표	힘 행사하기
부모의 느낌과 행동	말을 듣지 않는 것 때문에 속상하고 화가 난다. 빨리 가져다 놓으라고 소리를 지르거나 은수의 어깨를 잡고 흔든다.
자녀의 반응	큰 소리로 울면서 절대 시키는 대로 하지 않는다.
부모의 대안	화가 치밀어 오르거나 아이를 때리고 싶을 때 한발 물러선다. 왜 빨랫감을 빨래통에 넣어야 하는지를 설명하고 정중히 도움을 요청한다. 나-전달법, 논리적 결과를 사용한다.

3. 앙갚음하기

예 1) 효숙이(6세)에게 동생을 때리지 말고 양보하라고 이야기하자, "엄마는 나만 미워해요. 난 엄마가 싫어요."라고 소리를 지른다.	
자녀의 행동목표	앙갚음하기
부모의 느낌과 행동	속상하고 화가 난다. 아이가 미운 생각이 든다. 그래서 "나도 네가 꼴도 보기 싫다."라며 반격을 한다.
자녀의 반응	"엄마 싫어, 가."라면서 엉엉 운다. 그리고 동생을 더 세게 때리며 달아난다.
부모의 대안	속상하게 한 아이에게 상처를 되돌려 주고 싶은 마음, 즉 반격을 하고 싶은 마음에서 한발 물러선다. 아이의 마음을 알아 준다(예: "네게 양보하라고 하니까 부당하다고 느낀 게로구나, 속상하기도 하고.").

4. 무능함 보이기

예 1) 현세(초2)는 혼자서 과제나 준비물을 챙기려 하지 않고 무조건 엄마에게 해 달라고 한다.	
자녀의 행동목표	무능함 보이기
부모의 느낌과 행동	힘이 쭉 빠지면서 한숨이 절로 나온다. 그냥 다 해 주게 된다.
자녀의 반응	아무것도 하려고 하지 않는다.
부모의 대안	절대 자녀를 포기하거나 전부 해 주지 않는다. 과제나 준비물을 챙기는 일 중에서 현세가 할 수 있는 가장 쉬운 것부터 하게 한다.

예 2) 현성이(초1)는 가위질을 하려다 말고 "난 항상 선이 삐뚤어져요. 못하겠어요, 해 주세요."라고 말한다.	
자녀의 행동목표	무능함 보이기
부모의 느낌과 행동	한숨이 나오면서 해 주게 된다.
자녀의 반응	가위질뿐만 아니라 무엇이든 못한다고 주장하며 해 달라고 요구한다. 스스로 아무것도 하려고 하지 않는다.
부모의 대안	선이 삐뚤어져도 스스로 하는 것이 멋진 일이라고 격려한다.

연습 1) 성진이(초2)는 등교 시 매번 늦장을 부려 촉박한 시간에 집을 나선다.
• 자녀의 행동목표: • 부모의 느낌과 행동: • 자녀의 반응: • 부모의 대안:
연습 2) 성호(5세)는 동생(3세)과 잘 노는 듯 싶다가도 동생의 장난감을 빼앗아 달아난다.
• 자녀의 행동목표: • 부모의 느낌과 행동: • 자녀의 반응: • 부모의 대안:
연습 3) 혜숙이(4세)는 식사시간에 딴전을 피우거나 돌아다녀 자꾸 주의를 듣는다.
• 자녀의 행동목표: • 부모의 느낌과 행동: • 자녀의 반응: • 부모의 대안:

연습 4) 태준이(3세)는 엄마가 잠을 재워 주지 않는다면서 투정을 부린다.
• 자녀의 행동목표: • 부모의 느낌과 행동: • 자녀의 반응: • 부모의 대안:

연습 5) 해빈이(초5)는 동생과 놀면서 동생 잘못을 고자질하고 문제가 생길 때마다 엄마를 부른다.
• 자녀의 행동목표: • 부모의 느낌과 행동: • 자녀의 반응: • 부모의 대안:

연습 6) 정민이(6세)는 유치원에만 다녀오면 슈퍼마켓에 가자고 조르고 떼를 쓴다.
• 자녀의 행동목표: • 부모의 느낌과 행동: • 자녀의 반응: • 부모의 대안:

연습 7) 한별이(5세)는 잠자리에 들기 전에 화장실에 다녀오라고 하면 괜찮다면서 가지 않고 자다가 잠자리를 적신다.
• 자녀의 행동목표: • 부모의 느낌과 행동: • 자녀의 반응: • 부모의 대안:

연습 8) 준석이(3세)는 젖은 옷을 벗기고 갈아입히려고 하자 절대로 벗지 않겠다면서 떼를 쓴다.
• 자녀의 행동목표: • 부모의 느낌과 행동: • 자녀의 반응: • 부모의 대안:

연습 9) 성은이(초1)는 TV를 그만 보라는 엄마의 말을 듣지 않고 계속 보고 있다.
• 자녀의 행동목표: • 부모의 느낌과 행동: • 자녀의 반응: • 부모의 대안:

연습 10) 상준이(4세)는 엄마가 마음에 드는 옷을 입히려고 하면 자기 마음에 들지 않는다면서 한사코 울면서 거부한다.
• 자녀의 행동목표: • 부모의 느낌과 행동: • 자녀의 반응: • 부모의 대안:

연습 11) 은성이(5세)는 자신이 어질러 놓은 장난감을 치우지 않으면 다음번에는 가지고 놀 수 없게 하겠다는 엄마의 말에 "엄마 미워, 외할머니집에 가 버려."라며 운다.
• 자녀의 행동목표: • 부모의 느낌과 행동: • 자녀의 반응: • 부모의 대안:

연습 12) 희진이(7세)가 장난감 가게에서 비싼 장난감을 사 달라고 요구하자, 엄마가 너무 비싸서 사 줄 수 없다고 하였다. 그러자 "난 엄마 싫어, 이모집에서 살 거야." 라며 소리지른다.
• 자녀의 행동목표: • 부모의 느낌과 행동: • 자녀의 반응: • 부모의 대안:

연습 13) 석진이(초4)는 운동을 배우고 악기를 배우는 것을 시작해도 흥미를 갖지 않고 아무런 열의를 보이지 않는다.
• 자녀의 행동목표: • 부모의 느낌과 행동: • 자녀의 반응: • 부모의 대안:

연습 14) 인표(6세)는 놀이시간에 벽에 기대어 다른 아이들이 노는 것을 바라보거나 그저 바닥만 쳐다보고 있다.
• 자녀의 행동목표: • 부모의 느낌과 행동: • 자녀의 반응: • 부모의 대안:

2. 자녀 이해와 부모 자신의 이해

자녀와 부모 자신의 이해를 위해서는 다음 세 가지를 이해해야 한다. 첫째, 정서에 대한 이해다. 자녀는 부모와의 관계에서 자신의 정서와 감정을 이용한다. 따라서 부모는 아동이 부모를 조정하기 위해 감정을 이용하려고 할 때 반응하지 않음으로써 그 악순환에서 빠져나올 수 있다. 둘째, 생활방식에 대한 이해다. 즉, 아동의 생활방식을 형성하는 요인들을 이해하는 것이다. 그 요인으로는 가정 분위기와 가치관, 성역할, 가족 간의 위치 등이 있다. 셋째, 자신의 부모됨을 살펴보는 것이다. 예컨대, 자신이 부모로서 완벽한 부모를 추구하는지, 책임감 있는 부모를 추구하는지 점검하는 것이다.

완벽한 부모의 특징은 간섭 또는 감독과 과잉보호를 하는 것이다. 부모는 자신의 기준을 설정하고 그에 적합한 아이로 키우기 위해 끊임없이 잔소리와 충고를 늘어놓고 통제를 한다. 타인에게 보이는 자신과 자녀에 대해 민감하게 반응하며 완벽한 부모로 인정받고 싶어 한다. 한편으로는 자녀를 위해서 모든 일을 해 줘야 한다고 생각하고, 그렇게 하지 못했을 때 죄의식을 느껴 과잉보호를 하게 된다. 따라서 자녀의 요구를 들어주고 자녀에게 지나치게 몰두하게 된다.

이러한 부모의 행동은 결정적으로 자녀의 독립심을 키워 주지 못한다. 자녀가 스스로 선택하고 결정하며 그 일에 대해 책임을 지는 방법을 배울 기회를 박탈하는 것이다. 부모로부터 독립하지 못한 아동은 스스로 자신의 독립을 포기하게 되고, 결국 무기력한 아이가 된다.

이에 반해 책임 있는 부모는 부모의 책임과 자녀의 책임을 구분할 수 있다. 또한 그들은 자녀의 인격을 존중하면서 자녀의 독립성을 최대한 인정해 준다. 그러므로 자녀에게 선택의 기회를 주고 상호존중을 바탕으로 자녀를 격려한다. 더불어 자녀가 선택한 것에 대해 스스로 책임을 질 수 있는 기회를 제공한다. 이러한 방식으로 양육된 아동은 자신을 사랑하며 존중할 줄 알게 된다. 또한 스스로 선택하고자 하고 그에 대한 책임감을 발달시킬 수 있다. 더 나아가 자신을 존중하는 것을 바탕으로 타인을 존중할 줄 알게 되고, 원만하고 바람직한 사회적 관계를 유지·발전시킬 수 있는 사람으로 자라게 된다.

〈표 8-2〉 완벽한 부모와 책임 있는 부모의 비교

부모됨의 유형	부모의 신념	부모의 행동	자녀의 성격
완벽한 부모	나는 자녀보다 우월한 존재로서 자녀를 통제하고 감독해야 한다.	자녀를 책임지려 한다. 과잉보호를 한다. 독선적이다. 복종을 요구한다. 자녀를 이기려고 한다.	책임을 회피하고 자율성이 없으며 무능력하다. 다른 사람이 베풀어 주기를 원한다. 반항한다. 분노의 감정을 느낀다. 거짓말이나 도둑질을 한다.
	나는 완전한 부모가 되어야 한다.	다른 사람에게 좋은 부모로 보여야 한다. 자녀가 다른 사람들에게 좋게 보이고 칭찬을 들어야 한다. 모든 것에서 완전을 요구한다.	다른 사람의 의견에 대해 걱정한다. 자신이 결코 훌륭하지 않다고 믿는다. 좌절을 느낀다.
	나보다 자녀가 중요하므로 나는 자녀에게 희생해야 한다.	지나치게 자녀에게 몰두한다. 자신의 욕구에 대해서는 관심이 없고 자녀의 요구를 들어준다. 자녀에게 안 된다고 말할 때 죄책감을 느낀다.	다른 사람의 권리를 존중하지 않는다. 사회적 관계를 잘 형성하지 못한다. 받기를 기대한다.
책임 있는 부모	자녀는 나와 동등한 인격체로서 스스로 선택하고 결정할 수 있다.	자녀를 믿고 존중한다. 자녀의 독립성을 격려하고 선택의 기회를 준다. 자녀가 공헌하기를 기대한다.	자신을 존중한다. 자신감을 갖고 결정하는 것을 배운다. 자율성과 책임감을 발달시킨다.
	나는 인간이므로 불완전한 것이 당연하다.	현실적인 기대를 하고 현실적인 기준을 갖는다. 격려한다. 다른 사람의 평가에는 관심이 없다. 인내심이 있다.	시도하다가 실수하면 다시 도전한다. 용기가 있다. 다른 사람의 평가보다 자신의 내적 힘을 믿는다. 다른 사람에 대해서도 인내한다.
	나 자신을 포함한 모든 사람이 중요하다고 믿는다.	상호존중과 기여를 격려한다. 시중을 들지 않는다. 안 된다고 할 때를 안다.	다른 사람의 권리도 존중한다. 훌륭한 사회적 관계를 가진다.

연습해 봅시다

다음 예를 참고하여 완벽한 부모와 책임 있는 부모를 분류하시오.

사 례	완벽한 부모	책임 있는 부모
예 1) 나는 인숙이(6세)가 피아노 학원에 가지 않겠다고 하자 큰 소리로 화를 내면서 으름장을 놓았다.	V	
예 2) 정석이(초1)의 선생님으로부터 정석이가 준비물을 잘 챙겨 오지 않으니 어머니가 관심을 가져 달라는 편지를 받았다. 자존심이 상한 나는 그 후로 정석이의 모든 준비물을 챙겨 준다.	V	
예 3) 수현이(5세)가 놀이를 하려고 할 때는 바지가 더럽혀지더라도 스스로 선택한 놀이를 하게 한다.		V

사 례	완벽한 부모	책임 있는 부모
연습 1) 나는 은주(7세)가 큰 소리로 이야기를 하자 여자아이가 너무 시끄럽다면서 핀잔을 주었다.		
연습 2) 수정이(초2)가 무엇이든지 나에게 해 달라고 요구하면 무엇이든 해 준다.		
연습 3) 근성이(초3)가 내 말에 대꾸를 하거나 주장을 하면 속상하고 화가 치민다.		
연습 4) 수현이(5세)가 자기 맘에 드는 옷이라면서 그 옷만 입겠다고 하면 화가 치밀어 아이를 밀어 버린다.		
연습 5) 현우(6세)가 스스로 옷을 입고 양치질을 할 수 있다고 생각하기 때문에 해 주지 않는다.		
연습 6) 찬우(초2)는 학교에서 돌아오면 친구들 사이에 있었던 일들을 장황하게 이야기한다. 나는 천천히 그리고 끝까지 그 이야기를 듣고 있다.		
연습 7) 정우(초4)가 그림대회에서 상을 타지 못했다면서 한숨을 쉬고 있다. 나는 정우에게 누구나 모든 것을 다 잘할 수는 없다고 이야기하면서 정우의 등을 토닥거려 주었다.		

3. 격려: 자신감과 가치감 길러 주기

자녀는 격려를 통하여 자신감과 가치감을 키우게 된다. 그러나 부모들은 흔히 잘못된 태도와 행동을 가지고 있는데, 그것은 부정적인 기대, 비합리적인 높은 기준, 형제간에 경쟁시키기, 과욕, 이중 기준 등이다. 부모는 이러한 잘못된 행동을 버리고 격려하는 태도를 가져야 한다. 격려하는 방법으로는 자녀를 있는 그대로 수용하기, 고자질을 무시하기, 긍정적 태도를 보이기, 자녀를 믿어 주기, 장점과 잘하는 것 및 공헌한 것에 관심 보이기, 노력과 성취를 인정하기, 칭찬하기보다는 격려하기 등의 방법이 있다(자세한 내용은 9장의 '3. 기를 꺾지 말고 격려하기' 를 참고).

4. 의사소통: 반영적 경청, 부모의 생각과 느낌의 표현

부모는 자녀에 대해 효과적인 경청자가 되어야 한다. 그 방법으로는 반영적 경청, 비언어적 표현에 대한 반응 등이 있다. 또한 부모가 자신의 생각과 느낌을 표현하는 방법으로는 나-전달법이 있다(자세한 내용은 7장의 '3. 반영적 경청' 과 '4. 나-전달법' 을 참고).

5. 대안 찾기

아동과의 관계에서 문제에 직면했을 때 그 대안을 탐색하도록 도와주는 것은 중요한 문제해결 방법이다. 즉, 아동으로 하여금 문제를 규명하고 해결하는 데 유익한 적절한 방안을 선택할 기회와 경험을 제공하는 것이다.

대안 찾기는 다음과 같은 단계로 이루어진다.

- 1단계-반영적 경청하기: 아동의 감정을 분명히 이해하기 위하여 반영적 경청 방법을 사용한다.
- 2단계-대안 설정하기: 브레인스토밍(brainstorming)을 통해 대안을 찾는다. 가능한 모든 대안을 비난 없이 수렴한다.
- 3단계-아동이 해결책을 선택하도록 돕기
- 4단계-결과 예견하기: 예상되는 결과에 대해 논의한다.
- 5단계-해결방안을 선택하기: 무엇을 결정했는지 알아본다.
- 6단계-재평가 시간 계획하기

〈대안 찾기에서 유의할 점〉

- 너무 빨리 대안 찾기로 들어가지 않는다. 자녀가 자신의 감정에서 평정을 찾고 준비가 되어 있어야 한다.
- 브레인스토밍 과정에서 제시되는 모든 대안에 대해 비난없이 받아들인다. 현실적으로 부적절한 대안이거나 불합리하게 보이는 대안이더라도 그 대안을 통하여 또 다른 대안이 산출될 수 있으므로 흔쾌히 대안으로 받아들여 준다.
- 아동이 대안을 유출해 내지 못할 때는 부모가 제안할 수 있다. 그러나 직접적인 제안보다는 가상적인 어투의 제안(예: 만일 ~을 한다면 어떨까?)을 한다. 가능하면 제안을 극소화한다.
- 모든 과정에서 개방적인 의사소통이 이루어져야 한다.

연습해 봅시다

다음 예를 참고하여 아래 상황에 적절한 대안 찾기를 실행하시오.

예) 당신의 자녀는 영미(초4), 영숙(초1), 영철(5세)이다. 가족이 외출을 하려고 하는데 영미와 영숙이는 극장에, 영철이는 백화점에 가고 싶어 한다. 어떻게 할 것인가?

대안의 설정	결과의 예견		해결방안의 선택
	영미 영숙	영철	
1) 영철이가 양보하고 극장에 간다.	○	×	
2) 영미와 영숙이가 양보하고 백화점에 간다.	×	○	
3) 먼저 백화점에 갔다가 극장에 간다.	×	○	
4) 영미와 영숙이가 영철이를 설득한다.	○	×	
5) 영미와 영숙이가 평소에 영철이가 갖고 싶어 하던 학용품을 주고 영철이를 회유한다.	○	○	○
6) 세 명이 의견을 통합할 때까지 외출을 안 한다.	×	×	
7) 아버지가 결정한 대로 따르기로 한다.	×	×	
8) 아버지는 영철과, 어머니는 영미, 영숙이와 외출한다.	×	×	
9) 오늘은 영철이의 의견을 따르고 다음에 외출할 때는 영미, 영숙이의 의견을 따르기로 한다.	×	×	

연습 1) 성호(초3)와 성근이(초1)는 같은 방을 쓰고 있다. 그런데 성호는 자신의 물건을 성근이가 허락도 없이 사용한다면서 속상해한다. 어떻게 할 것인가?			
대안의 설정	결과의 예견		해결방안의 선택
	성호	성근	

<table>
<tr><td colspan="5">연습 2) 어머니는 은주(초2)와 형진이(초4)가 자신의 물건을 아무렇게나 다루고 잃어버린 후 매번 사 달라고 하는 것이 속상하다. 어떻게 할 것인가?</td></tr>
<tr><td rowspan="2">대안의 설정</td><td colspan="3">결과의 예견</td><td rowspan="2">해결방안의 선택</td></tr>
<tr><td>은주</td><td>형진</td><td>어머니</td></tr>
<tr><td></td><td></td><td></td><td></td><td></td></tr>
</table>

연습 3) 아버지는 효정이(7세)와 효진이(초2)가 아침에 늦잠을 자고 여러 번 깨워야 일어나는 것에 대해 불만이다. 어떻게 할 것인가?				
대안의 설정	결과의 예견			해결방안의 선택
	효정	효진	아버지	

연습 4) 어머니는 영은이(초4)와 영진이(초6)가 집안일을 전혀 거들지 않는 것에 대해 불만스러워한다. 어떻게 할 것인가?				
대안의 설정	결과의 예견			해결방안의 선택
	영은	영진	어머니	

6. 책임감 훈련방법

아동이 책임감을 갖도록 하기 위해서 사용하는 훈육방법으로는 '논리적 결과' 가 있다. 논리적 결과는 아동으로 하여금 사회적인 질서로부터 현실을 배우게 하는 것이다. 아동은 논리적인 결과로부터 상호 권리와 존중을 인식하게 된다. 또한 자기의 잘못된 행동에 대해 논리적으로 따라오는 결과가 있다는 것을 알게 된다. 벌과 논리적 결과는 다르다. 벌은 권위자인 부모가 자녀의 행동에 대해 임의적이고 개인적으로, 그리고 도덕적 판단이 내포된 상태에서 제시하는 것이다. 또한 과거의 행동에 관심을 두며 자녀를 경멸하고 사랑의 유대관계를 위협하는 것으로 인격을 하락시키는 것이다. 그러나 논리적 결과는 아동의 행동에 대한 논리적인 대가를 경험하게 하는 훈육방식이다(자세한 내용은 9장의 '5. 책임감을 발전시키기' 를 참고).

7. 가족모임

가족모임은 듣기, 서로 긍정적인 감정을 표현하며 격려하기, 가족끼리 공평하게 일 분배하기, 관심 · 느낌 · 불만 표현하기, 갈등 해소와 재차 발생하는 문제 다루기, 가족 레크리에이션 계획하기 등의 기회를 제공한다(자세한 내용은 9장의 '7. 가족모임' 을 참고).

|훈|련|중|심|부|모|교|육| 제9장

적극적 부모역할훈련(AP)

'적극적 부모역할훈련(Active Parenting: AP)' 프로그램은 1983년 팝킨(Pokin)에 의해 개발된 '적극적 부모역할 토론 프로그램'을 개정한 부모교육 프로그램으로서, 초기에는 2~12세 자녀를 둔 부모를 대상으로 한 '현대의 적극적 부모역할훈련(Active Parenting Today)'과 청소년 자녀를 둔 부모를 대상으로 한 '십대의 적극적 부모역할훈련(Active Parenting of Teens)'으로 이루어졌다. '십대의 적극적 부모역할훈련'에는 청소년기의 반항, 약물, 성과 관련된 행동을 효과적으로 다루는 기법이 첨가되어 있다.

최근에는 급변하는 21세기의 자녀지도에 유용한 자료를 첨가, 보완하여 개정한 『부모코칭 프로그램: 적극적 부모역할, Now』(홍경자 외, 2007)가 개발 보급되면서 5~12세 자녀의 부모들에게 더욱 효과적이고 실용적인 부모교육을 실시하고 있다. AP는 최초로 DVD를 통하여 부모교육을 실시하였고, 더 나아가 집단토론, 역할놀이, 연습하기, 독서 과제, 가족화목 활동 등을 통한 상호작용적인 다중 접근의 학습법을 토대로 훈련을 실시한다.

지금까지 수백만 명의 부모가 이 훈련에 참가하였고, 수만 명의 지도자가 활동하고 있다. 한국에서는 홍경자(1995, 1996, 2007)가 AP 프로그램을 도입하여 1995년 이래로 지속적으로 부모들을 대상으로 한 AP 훈련 및 지도자 훈련을 실시하고 있다(www.gocounseling.co.kr).

AP는 부모역할은 곧 예방이라는 측면에서 시작되었고 두 가지 신념에 기초한다. 즉, 현대의 민주사회에서 자녀교육을 잘하는 것이 매우 중요하다는 것과 자녀교육을 잘하는 것은 매우 어렵다는 것에 기초를 두고 있다.

AP는 아들러(Adler), 드라이커스(Dreikurs)의 이론을 핵심으로 하고, 로저스(Rogers)의 공감적 이해, 카커프(Carkhuff)와 고든(Gordon)의 의사소통 기법인 반영적 경청과 나-전달법을 포함시켰다. 또한 기노트(Ginott)의 인본주의, 엘리스(Ellis)의 RET, 에릭슨(Erikson)의 연구 결과가 활용되었다. AP는 6~8주 동안에 진행되는 집단 형식의 프로그램으로 운영되며, 사회교육원 등에서는 8~15주로 운영되기도 한다. 통상 8회를 기준으로 한 회기당 3시간으로 운영되는데, 첫 회기에는 프로그램의 소개가 이루어지고 내용은 1~6부로 이루어져 있다. 내용의 순서에 따라 진행되며 각 장은 작은 소주제를 중심으로 한 내용들로 나누어져 있다. 소주제에 따라 토론, 역할놀이, 경험 나누기 등의 활동이 실시되고 그 내용에 관련된 DVD 상영이 있다. DVD 내용은 우리가 실제 생활에서 겪게 되는 자녀와의 문제를 짤막한 단막극으로 보여 주는 것이다. DVD를 보고 느낀 바를 토론하고, 배운 기술을 적용(실습)해 보는 순으로 진행된다. 각 장이 끝나는 후반부에는 '가족화목 활동' 이라는 부분이 있다. 다음 회기에 참석하기 전까지 집에서 가족과 함께 해 볼 수 있는 활동 내지는 놀이를 계획하는 것이다. 그리고 각 가정으로 돌아가 실행한 후 다음 회기에 그 경험들을 함께 나눈다.

이러한 AP의 효과는 다음과 같다.

- 부모와 자녀 간의 유대관계를 돈독히 하도록 돕는다.
- 부모가 자녀에게 민주사회에서 꼭 필요한 자존감, 용기, 책임감, 협동심 등의 기본 자질을 심어 줄 수 있도록 돕는다.

• 담배, 술, 약물, 폭력의 위험을 자각하고, 이에 대해 자녀에게 어떻게 말할 것인가와 같은 예방활동 과정에서 부모가 할 수 있는 역할을 알려 준다.

AP는 다음과 같은 내용을 포함하고 있다(홍경자, 1995, 1996, 2007).

1. 적극적 부모

부모역할은 우리의 자녀들이 그들이 살고 있는 사회 안에서 생존하고 번영하도록 보호하고 준비해 주는 것을 목적으로 한다. 이는 자녀가 스스로 자기 앞길을 헤쳐 나갈 수 있는 독립적인 인간이 되도록 준비해 주는 것이다. 이 일에 부모는 적극적으로 지도자적 역할을 담당해야 한다.

부모의 역할은 '군주형(autocratic style)−독재자(dictator)' '허용형(permissive style)−심부름꾼(doormat)' '민주형(democratic style)−적극적 부모(active parent)' 로 나눌 수 있다. 적극적 부모는 자녀를 훈육할 때에도 존엄성을 가지고 대하며, 자녀가 부모에게 자신의 생각과 감정을 공손하게 표현할 수 있는 권리가 있음을 인정한다. 또한 '한계 안에서의 자유' 를 자녀에게 허용한다. 여기서의 자유란 아동이 선택할 수 있는 자유를 말한다. 선택의 자유를 제공하는 것은 그들의 힘을 크게 북돋아 주는 것이다.

특히 적극적 부모는 민주적 환경에서 생존하고 성장해 나가기 위해서 자녀에게 네 가지 자질을 함양시켜 주고자 한다. 그 자질은 용기, 자아존중감, 책임감 그리고 협동심이다.

2. 용기와 자아존중감

우리가 생활 속에서 부딪히는 문제를 '사건' 이라고 볼 때 그 사건에 대한 생각은 우리의 감정을 장악하고 행동으로 연결된다. 즉, 생각은 느낌을 낳고 그것은 곧 행동으로 연결된다. 이를 AP에서는 '생각하기-느끼기-행동하기 회로' 라고 한다. 이 회로에는 실패회로와 성공회로의 두 가지 종류가 있다. 실패회로란 어떤 사건이 발생했을 때 그에 대해 부정적이고 두려운 생각이 들어 낙심하게 되고, 결국은 사건을 극복하지 못하고 회피하는 것을 뜻한다. 반대로 성공회로란 동일한 사건의 경우라도 그것을 극복하리라는 긍정적인 생각이 생기면, 두려움이 느껴지더라도 그것을 극복하려는 용기가 생기고 결국은 사건을 극복할 수 있게 되는 것을 말한다.

사건에 대해 그것을 극복하리라는 긍정적인 생각은 자아존중감에서 비롯된다. 자아존중감은 자신을 귀하게 여기며, 능력 있고 사랑스러운 인간으로 성공하게 될 것이라는 신념이다. 이러한 신념은 위험을 감수할 용기를 가져온다. 높은 자아존중감은 용기를 가져오고, 낮은 자아존중감은 절망감과 두려움을 낳아 낙담을 가져온다.

부모는 자녀가 성공회로를 돌리도록 도와주어야 한다. 즉, 부모는 자아존중감과 용기를 북돋아 주어야 한다. 그리고 이는 격려를 통하여 가능해진다.

3. 기를 꺾지 말고 격려하기

많은 부모들이 자녀에게 용기를 북돋아 주는 대신에 용기를 꺾는 행동을 한다. 그것은 자녀의 능력을 믿지 않는 것이며, 지나치게 기대하거나 과잉보호하는 것이다. 구체적으로는 부정적인 기대감, 실수 지적하기, 완벽주의(너무 많은 것을 기대함), 과잉보호(어리다고 느끼며)를 하는 것이다. 이러한 행동 대신에 부모에게 필요한 것은 격려하기다. AP는 격려를 강조한다.

격려하기의 구체적인 방법은 다음과 같다.

첫째, 자신감을 보여 준다. 자신감을 보여 주기 위해서는 자녀의 능력에 적합한 책임감을 부여하고, 때때로 자녀의 견해나 충고를 구한다. 아이가 조금

만 노력해도 할 수 있는 일을 기다려 주지 못하고 대신해 준다면, 이는 아이가 할 수 없다고 믿는 것과 마찬가지다. 그러므로 부모는 끼어들어 해 주고 싶은 충동을 억제해야 한다.

둘째, 자녀의 강점을 다져 준다. 우리는 먼저 부모로서 자녀의 장점을 얼마나 간과해 왔는지를 발견해야 한다. 만일 부모가 자녀가 잘못한 것보다 잘하는 것에 관심을 기울인다면 자녀에게 엄청난 격려가 된다. 얼마만큼 자녀가 진보했는지, 또 어떤 것에서 성공적인 경험을 하고 있는지를 찾아내서 이야기해 준다. 또한 다음 단계로 나아가도록 격려한다. 이때 완전을 목표로 삼지 말고 진보 자체를 목표로 하는 것이 필요하다. 대부분의 부모가 격려의 과정에서 범하는 실수는 자녀가 최종적으로 도달해야 할 목표에 이르렀을 때까지, 또는 완벽하게 완성될 때까지 기다린다는 것이다. 그러나 성공의 열쇠는 목표의 도달과정을 작은 단계로 쪼개어 단계별 노선에서 끊임없이 격려를 보내는 것이다. 성공하기 위해서는 동기유발이 필요하므로 우리는 자녀가 성공에 이르는 도상에서 무수한 작은 성공을 경험할 수 있게 해 주어야 한다. 이것이 자녀로 하여금 자아존중감을 구축하고 삶의 목표를 향하여 전진할 수 있는 힘을 준다.

셋째, 자녀를 존중한다. 아이는 부모가 자기를 무조건적으로 수용해 주기를 바란다. 자신이 이기거나 지거나, 시험에 합격하거나 실패하거나, 기쁠 때나 슬플 때나 부모는 언제나 자기 편이라는 것을 느끼고 싶어 한다. 이러한 느낌은 한번 정해지면 평생을 간다. 따라서 어렸을 때 아이를 귀하게 여기지 않거나 혹은 귀하게 여긴다고 하더라도 함부로 대하는 경우, 그 어머니는 평생 아이를 함부로 대하게 되고 아이도 역시 스스로를 함부로 대하며 존중하지 않는다. 그러나 부모가 자기를 받아들인다고 느끼는 아이는 든든한 울타리와 같은 자아존중감을 갖게 된다. 따라서 부모는 자녀를 존중해야 한다. 자녀를 존중하기 위해서는 인간의 가치와 그릇된 행동의 개념을 구별하는 것이 필요하다. 또한 아이의 가치와 성취를 구별하며 아이의 독자성, 독특성에 대하여 감사하는 것이 필요하다.

넷째, 자녀의 독립심을 자극한다. 아이가 자라면 부모는 아이의 독립성을 인정해 주어야 한다. 아이가 할 수 있는 모든 것을 할 수 있도록 인정하고 기다려야 하는 것이다. 아이가 할 수 있는 일인데도 어머니가 대신 해 주는 것은 삼가야 한다. 부모가 대신 해 주는 것은 아이가 스스로 할 수 있는 힘을 지닌 존재임을 부인하는 것이고, 아이는 그것을 그대로 받아들여 자신의 힘을 인식하지 못하고 결국 독립심을 갖지 못하게 된다. 따라서 응석을 받아 주지 않도록 하고 상호 의존성(소속감)을 길러 주어야 한다.

〈표 9-1〉 기 꺾기와 격려하기의 내용

기 꺾기	격려하기
부정적인 기대를 갖기	자신감을 보여 주기
실수를 지적하고 책망하기	힘을 북돋아 주기-강점을 다져 주기
완벽주의(과잉기대)	자녀를 존중하고 가치를 인정하기
과잉보호(과소기대)	독립심을 자극하기

연습해 봅시다

1. 기 꺾기와 격려하기

다음 예를 참고하여 각각의 상황에 맞게 기 꺾기와 격려하기(기 살리기)를 연습해 보시오.

예 1) 바이올린을 배워 보겠다는 성수(초2)에게	
기 꺾기	"넌 내가 볼 때 음악에 소질이 없는 것 같아. 그만두는 게 어떻겠니?" – 부정적 기대감
격려하기	"네가 새로운 것을 배워 보겠다니 기쁘다. 열심히 해 보렴." – 자신감을 북돋아 주기
예 2) 방학 동안의 시간표를 짜서 의기양양하게 보여 주는 민정이(초4)에게	
기 꺾기	"네가 정말 이 시간표대로 할 수 있을 것 같니? 어림없는 소리다." – 부정적 기대감
격려하기	"이 시간표대로 하면 시간을 합리적으로 이용할 수 있겠구나. 멋진 계획표다." – 자신감을 북돋아 주기

연습 1) 그림대회에 나가는 효정이(초3)에게	
기 꺾기	
격려하기	
연습 2) 아침에 스스로 일어나지 못하는 상혁이(초3)에게	
기 꺾기	
격려하기	
연습 3) 가족을 위해 신발 정리를 하겠다는 희경이(6세)에게	
기 꺾기	
격려하기	

연습 4) 새로운 놀이를 하고 있는 정민이(초1)에게	
기 꺾기	
격려하기	
연습 5) 할머니댁에 가려고 하는데 교통수단을 제안한 정아(초1)에게	
기 꺾기	
격려하기	
연습 6) 블록을 쌓고 있는 정은이(4세)에게	
기 꺾기	
격려하기	
연습 7) 동화책을 큰 소리로 읽고 있는 종범이(초2)에게	
기 꺾기	
격려하기	
연습 8) 많은 분량의 숙제를 하면서 절반을 끝내고 한숨을 쉬고 있는 태준이(초3)에게	
기 꺾기	
격려하기	
연습 9) 태권도 승급을 위해 매일 연습했으나 승급시험에서 탈락한 성호(초1)에게	
기 꺾기	
격려하기	
연습 10) 벗은 옷을 정돈하지 않고 그대로 놓아둔 민정이(초2)에게	
기 꺾기	
격려하기	

과 제

한 주 동안에 격려하기를 실천해 보고 격려했던 상황과 날짜, 그리고 격려의 말을 기록하시오.

자녀 이름	날 짜	격려의 상황	격려의 말

2. 격려의 편지 쓰기

〈예시〉

사랑하는 정은이에게

지난 주말에 너와 함께 버스를 타고 할머니집에 갔을 때 난 대단히 흐뭇했단다. 창가의 자리에 앉고 싶었던 네가 동생에게 그 자리를 흔쾌히 양보해 주었던 일과 차 안에서 내내 조용하게 앉아 있었던 너를 보면서 말이다.

또 할머니댁에서 넌 동생에게 아주 친절하게 대해 주었지.
네 동생이 안전한지 잘 지켜봐 주었고 네가 찾아낸
곰 인형을 가지고 함께 사이좋게 놀아 주었어.
네 동생이 참으로 행복해했을 거야.
나도 너의 의젓한 모습을 보면서 즐거웠단다.

너는 이 세상에서 단 하나뿐인 나의 딸이란다.
날마다 예쁘게 자라나는 너의 모습을 보면서
엄마와 아빠는 대단히 행복하단다.
그리고 너를 주신 하나님께 감사 드린단다.

사랑하는 엄마가

과 제

격려의 편지를 써 보시오.

4. 자녀를 이해하기

아동의 성격을 형성하는 요인은 크게 유전과 가정환경으로 나누어진다. 가정환경적 요인의 하나로 가족구도가 있다. 이는 가족 내에서의 자녀 수와 출생 순서다. 더 나아가 가족 내에서 차지하는 아이의 위치가 아니라 자기 위치에 대한 아이의 관점이 아이의 성격 형성에 영향을 준다. 즉, 부모가 자녀 지도를 하면서 취한 태도 여하에 따라 자녀의 성격이 결정된다는 것이다.

특히 자녀의 행동을 이해하는 데 있어서 우리는 그 원인보다는 목표 차원에서 이해하는 것이 필요하다. AP에서는 부모가 자녀 행동을 이해하면 자신들의 사고 및 행동양식을 쉽게 바꿀 수 있다고 믿는다. 자녀의 행동목표는 접촉, 힘, 보호, 물러서기이며, 이를 부정적인 방식으로 달성하고자 할 때 부당한 관심 끌기, 반항, 복수, 부당한 회피가 나타난다. 또한 청소년의 경우에는 행동목표에 도전하기가 첨가된다. 건전한 도전을 즐기는 시기가 청소년기이기 때문이다. 그러나 부정적인 방식으로 목표를 달성하고자 할 때 나타나는 행동은 지나친 스릴을 추구하는 것이다(자세한 내용은 3장을 참고).

5. 책임감을 발전시키기

책임감이란 행동을 선택하고 그 선택의 결과를 수용하는 과정이다. 부모는 자녀에게 책임감을 길러 주어야 한다. 적극적인 부모는 자녀의 자유에 대한 욕구를 잘 인식하고 적당한 한계를 두고 허용한다. 그들은 자녀의 나이에 적합한 한계성과 책임감을 설정하고 있다.

자녀 지도에 있어서 부모는 자녀에게 상처를 주지 않으면서 가르치는 지도자적인 입장이 되어야 한다. 따라서 자녀가 개선의 여지를 보일 때마다 격려해 주는 것을 잊어서는 안 된다. 이를 위해서는 진심으로 사랑하는 마음으로 아이를 대하는 것이 선행되어야 한다.

효율적인 자녀훈육 방법의 단계를 살펴보면 다음과 같다.

첫째, 정중하게 요청을 한다. AP는 부모와 자녀 간의 상호존중을 중요시한다. 즉, 자녀에게 타인을 존중하는 법을 가르친다. 이는 부모가 모범이 되어 보여 줄 때 가장 효과적으로 가르칠 수 있다. 따라서 가장 기본적으로 자녀에 대한 존중을 바탕으로 훈육을 하는 것이다. 그래서 먼저 정중한 요청을 한다. 특히 두 사람의 관계가 긍정적인 경우에는 요청하는 것만으로도 아이의 행동을 변화시킬 수 있다. 부모가 무엇을 원하는지 자녀가 알지 못할 때에는 부모가 원하는 바를 자녀에게 부드럽게 요청하면 된다.

둘째, 나-전달법을 사용한다(자세한 내용은 7장을 참고).

셋째, 자연적 결과(natural consequence)를 사용한다. 이는 AP에서 대단히 강조하고 있는 부분이다. 자연적 결과란 자녀가 어떤 행동을 취했을 때 부모의 개입 없이도 자연적으로 일어나는 결과를 통하여 교훈을 얻는 것이다. 그러나 자녀에게 교훈을 주기 위해 자연의 섭리에 무조건 맡겨 버릴 수 없는 상황도 있다. 즉, 자연적 결과를 통해 교훈을 얻기에 위험 부담이 너무 큰 경우, 자연적 결과로 나타나는 행동의 결과가 당장 눈에 보이지 않고 시일이 많이 걸리는 경우, 그리고 자녀가 취한 행동의 결과가 자녀 자신이나 타인에게 피해를 주는 경우다.

〈자연적 결과〉

자연적 결과란 자녀가 어떤 행동을 취했을 때 부모의 개입 없이도 자연적으로 일어나는 결과다. 이를 사용할 때 주의할 점은 자녀를 구출하고 싶은 행동을 자제하고 잔소리를 하지 않는 것이다.

넷째, 논리적 결과(logical consequence)를 사용한다. 논리적 결과란 자녀가 가정의 규칙이나 부모의 지시를 따르지 않을 때 그 대가로서 따르는 결과(손해)를 논리적으로 경험하게 하는 방법이다. 즉, 자녀의 그릇된 행동과 연관 지어서 논리적으로 받게 되는 결과다. 이를 통하여 자녀는 책임감을 배우게 되고, 부모가 훈육자의 역할을 수행하게 된다.

〈논리적 결과〉

논리적 결과란 자녀의 그릇된 행동과 연관 지어서 논리적으로 받게 되는 결과다. 이는 책임감 있는 행동을 가르치기 위한 의도에서 조용하고 단호한 태도로 시행한다.

논리적 결과를 사용하는 요령은 다음과 같다.

첫째, 자녀에게 선택권을 준다. 자녀에게 어떤 행동을 할 수 있는 선택권을 주어 그 행동의 대가를 경험하게 하는 것이 매우 중요하다. 책임감을 배우는 것은 선택하는 법을 배운다는 뜻이다. 자녀가 선택한 행동의 결과를 경험하게 하는 것은 장차 보다 현명한 선택을 하도록 가르쳐 주는 것이다. 자녀가 그릇된 행동을 선택하면, 즉 자기실현의 부정적인 방법을 선택하면 그 행동은 자신이 취할 수 있는 여러 행동 중의 하나를 선택한 것이며, 따라서 그에 합당한 대가를 논리적으로 치러야 한다는 것을 보여 준다. 또한 자녀가 바람직한 행동을 선택하면, 즉 자기실현의 방법인 긍정적인 방법을 선택하면 긍정적인 결과를 맛보게 된다는 것도 동시에 강조한다. 구체적인 방법으로는 양자택일(너는 ~하거나 아니면 ~할 수 있다. 네가 결정해라.)이나 조건부(네가 ~하면, 너는 ~하게 된다.)의 방법이 있다.

둘째, 자기 행동의 결과로 치르는 대가를 설정하는 일에 자녀를 참여시킨다. 이는 어떤 문제가 생겼을 때 거기에 관련된 모든 사람이 참여하여 공동으로 풀어 나간다면 서로 협력적일 것이라는 관점에서 볼 때 유용한 방법이다. 뿐만 아니라 행동의 선택권이나 해결책에 대하여 자녀로부터 풍부한 아이디어를 제공받을 수 있다.

셋째, 결과는 논리적인 타당성이 있어야 한다. 논리적 결과의 방법을 사용하여 성공하려면 자녀가 치르게 될 대가가 자녀의 그릇된 행동과 논리적으로 관련이 있어야 한다. 그러한 결과로 대가를 치르게 된 것이라는 점을 자녀가 이해하면 원망하지 않고 따르게 된다.

넷째, 부모가 실제로 실천할 수 있는 선택권만 제시해 준다. 부모가 문제를 소유하고 있을 때 부모 쪽에서 자녀에게 어떤 행동을 선택하게 할 것인가를 결정하게 된다. 부모로서 수용할 수 있는 선택권만을 주어야 한다.

다섯째, 부모는 단호하고 조용한 태도로 말한다. 자녀에게 행동의 선택권을 제시할 때나 자녀가 취한 행동의 결과로 어떤 대가를 따르도록 말할 때에는 단호하고 조용한 태도로 임하는 것이 중요하다.

여섯째, 일단 자녀에게 선택권을 주고 나서는 반드시 그대로 실천한다. 자녀에게 교훈을 심어 주기 위하여 논리적 결과의 방법을 사용하려거든 그대로 실천해야 한다. 만일 자녀가 부정적인 태도(그릇된 행동)를 계속하면 즉각적으로 그 결과를 경험하도록 시행한다.

일곱째, 자녀가 부모를 시험해 본다는 사실을 유념한다. 자녀의 그릇된 행동을 좋은 방향으로 전환시키고자 시도할 때에는 자녀가 당분간 여전히 그릇된 행동을 할 것이라고 기대하는 것이 타당하다.

여덟째, 자녀에게 자기 행동의 결과를 경험한 이후에 새로운 기회를 다시

〈논리적 결과의 사용방법〉

1. 자녀에게 선택권을 준다.
   -양자택일
   -조건부
2. 자기 행동의 결과로 치르는 대가를 설정하는 일에 자녀를 참여시킨다.
3. 결과는 논리적인 타당성이 있어야 한다.
4. 부모가 실제로 실천할 수 있는 선택권만 제시해 준다.
5. 부모는 단호하고 조용한 태도로 말한다.
6. 일단 자녀에게 선택권을 주고 나서는 반드시 그대로 실천한다.
7. 자녀가 부모를 시험해 본다는 사실을 유념한다.
8. 자녀에게 자기 행동의 결과를 경험한 이후에 새로운 기회를 다시 한 번 준다.

한 번 준다. 자녀가 자신이 선택한 행동의 결과를 깨닫도록 지도하는 것이 목적이므로 그와 같은 기회를 다시 한 번 주어야 한다. 다만 자기가 처음에 선택한 행동의 대가를 경험한 다음에 그 기회를 다시 주도록 한다.

연습해 봅시다

1. 자연적 결과

다음 예를 참고하여 자연적 결과를 연습해 보시오.

예) 민수(6세)는 밥을 먹고 싶지 않다며 저녁을 먹지 않는다.	
자연적 결과	저녁을 먹지 않으면 배가 고플 것이고 다음 식사시간에는 먹게 될 것이다.
당신의 반응	"식사시간이 끝난 후에는 밥을 새로 차릴 수 없단다. 먹고 싶지 않으면 그렇게 하렴."

연습 1) 민주(초1)가 늦잠을 자서 지각할 것 같다.	
자연적 결과	
당신의 반응	
연습 2) 신원이(7세)는 놀이터에서 자전거를 탄 후에 가지고 오지 않았다.	
자연적 결과	
당신의 반응	
연습 3) 성우(초3)는 자신의 미술도구를 사용하고 정리하지 않았다.	
자연적 결과	
당신의 반응	

연습 4) 영미(초4)는 자신의 책상을 정리하지 않고 어질러 놓았다.	
자연적 결과	
당신의 반응	

2. 논리적 결과

다음 예를 참고하여 논리적 결과를 연습해 보시오.

예) 은주(초2)가 거실에 가방이나 옷을 아무렇게나 늘어 놓고 컴퓨터 게임을 하고 있다.	
논리적 결과	"너의 소지품을 정돈하든지, 아니면 내가 그것을 창고에 모두 넣어 버렸을 때 그것을 찾는 수고를 감수하든지 네가 선택해라."

연습 1) 다은이(6세)는 어머니와 외출해야 하는데 옷을 갈아입지 않겠다고 한다.	
논리적 결과	
연습 2) 상준이(초2)는 아침마다 깨워야 일어난다.	
논리적 결과	
연습 3) 찬영이(초2)와 찬희(7세)는 놀다가 싸움을 해서 울고 있다.	
논리적 결과	
연습 4) 희영이(초1)는 간식을 먹고 그릇을 싱크대에 가져다 놓지 않는다.	
논리적 결과	

6. 협동심을 키우기

협동이란 두 사람 이상이 공동의 목표를 향해서 상호 지지적인 방식으로 함께 일하는 것이다. 협동을 위해서는 적극적인 의사소통이 필요하다. 이 기법은 자녀가 자신의 문제를 처리해 나갈 때에 부모로 하여금 지지해 주게 하는 일련의 대화기술이다. AP에서는 다음과 같이 협동심을 키우기 위한 다섯 가지 기술을 제시한다.

- 적극적으로 듣는 것
- 감정에 귀 기울이는 것
- 감정과 이야기 내용을 연관시키는 것
- 대안을 찾아보고 결과를 평가하는 것
- 추후지도를 하는 것

7. 가족모임

민주사회에서는 언론의 자유가 있다. 적극적 부모는 자녀에게 발언권을 허용한다. 함께 대화를 나누고 가족 간에 토론을 함으로써 민주사회에서 필요한 자질을 키우게 할 수 있다. 가족 간 토론의 형태는 대화, 문제 해결을 위한 토론, 가족회의 등이 있다.

가족모임은 협동심과 책임감, 용기와 자존감을 키워 줄 수 있는 중요한 수단이다. 가족모임에 대한 자세한 사항은 다음과 같다.

- 먼저 가족모임을 언제 시작할 것인가의 문제다. 가족이 모두 모일 수 있

는 형편이 아니라면 참가하고자 하는 사람들부터 시작한다. 함께 사는 사람이라면 누구나 모임의 구성원으로서 참석할 수 있다. 모두 동의하는 편안한 시간과 장소를 선택하는 것이 좋다.

- 가족모임이나 가족회의는 가족 구성원에게 영향을 끼치는 문제를 다루고 계획을 짜기 위해서 일주일에 한 번씩 하는 것이 좋다. 시간은 20분에서 1시간 정도로 안건처리 순으로 진행한다.
- 가족회의에는 사회자와 서기가 있어야 한다. 첫 모임에서는 부모가 그 역할을 하지만 차차 순서대로 다른 가족 구성원이 그 역할을 분담한다.
- 전반적으로 개회사, 회의록 낭독, 구안건과 신안건의 제안, 용돈 주기, 실행 및 가족 간에 즐거운 시간 갖기의 순서로 진행된다.

8. 가족화목 활동

AP에서 중요시하고 강조하는 것은 가족화목 활동이다. 가족 구성원 간의 활동은 자기 가족만의 독특한 전통과 의식의 개발이며 가족문화를 형성하는 방법이다. 더 나아가 가족의 역사를 이루는 한 방법이다.

더불어 가족화목 활동은 자녀와의 관계를 돈독히 하는 최고의 방법이기도 하다. 즉, 부모와 자녀 간에 접촉을 시작하는 방법인 것이다. 부모가 자녀와의 관계를 풍요롭게 하면 할수록 부모는 자녀의 삶에 더욱더 많은 영향력을 끼칠 수 있다.

가족화목 활동의 하나로 재미있는 시간을 갖는 것이 있다. 적어도 매일 10분 이상 부모가 자녀와 함께 놀아 준다. 예를 들면, 공 던지기, 특별한 간식을 함께 만들기, 함께 게임하기, 간지럼 태우기, 외출 또는 산책하기, 농담하기나 유머, 이야기 나누기 등이다.

연습해 봅시다

1. 당신이 어린 시절에 부모와 즐겁게 보냈던 기억을 회상하고 적어 보시오.
2. 자녀와 함께 재미있는 시간을 보낼 계획을 세워 보시오.

|훈|련|중|심|부|모|교|육| 제10장

바람직한 자녀 지도를 위한 부모교육 프로그램

바람직한 자녀 지도를 위한 부모교육 프로그램은 한국청소년상담원의 전신인 청소년대화의 광장이 1993년부터 세미나와 콜로키움을 통해 부모교육에 관련된 원리와 방법들을 체계적으로 파악한 자료들과 유교, 불교, 기독교 등의 종교적 내용 및 철학, 심리학, 사회학, 문화인류학 등에서 축적한 가정교육의 원리 등을 추출한 것에 기초한다. 더불어 이 프로그램은 다른 민족의 가정교육과 사회 각계의 의견을 수렴하는 절차를 거쳐 개발된 것으로, 동양과 서양, 전통과 현대를 기초로 하여 우리 현실에 가장 적절한 자녀 지도서를 위해 개발되었다.

1994년부터 연차적으로 각 프로그램을 개발하였고, 입문서에 해당하는 총론(1권: 자녀의 힘을 북돋우는 부모)을 포함하여 총 5권(자녀의 힘을 북돋우는 대화, 바른 행동의 길 다지기, 생활의 기틀 세우기, 어울려 사는 지혜 기르기)으로 구성되어 있다.

이 프로그램은 부모들이 자기 자신과 자녀를 심층적으로 이해하고 자녀의 성장・발달 단계에 따라 변화하는 부모의 역할을 인식함으로써 청소년 자녀의 내적인 힘을 북돋아 주는 데 초점을 둔다. 또한 자녀들의 성숙을 위해 부모가 갖추어야 할 조건들을 스스로 검토함으로써 자녀 지도의 방향을 정립하게 하였으며, 부모들이 실제적인 지침으로 삼을 수 있는 구체적인 방법도 제시하였다.

이 프로그램은 10~20명 내외의 집단으로 운영되는 것이 적절하나, 상황에 따라 대형 강의도 가능하다. 하위 프로그램에 따라 회기나 시간은 차이가 있으나 대개 7~10회기(회기당 120분 내외)로 이루어져 있다.

들어가기, 전개하기, 마무리의 3단계로 이루어져 있는데, 들어가기에서는 자신의 생각과 태도를 체크리스트를 통해 점검하고, 전개하기에서는 배워야 할 내용들을 배우고 그에 비추어 자신을 돌아보는 내용으로 이루어진다. 그리고 마무리는 자신의 생각의 변화를 점검하는 단계로서 들어가기에서의 내용과 동일한 체크리스트를 사용하여 점검된다.

1. 자녀의 힘을 북돋우는 부모

자녀의 힘을 북돋우는 부모 프로그램은 부모됨의 길, 부모됨의 여섯 계단, 부모됨의 유형, 성숙을 위한 길 다지기, 자녀의 힘을 북돋우는 부모로 이루어져 있다(청소년대화의 광장, 1995a).

첫째 '부모됨의 길' 에서는 자신을 중심으로 부모, 배우자, 자녀와의 관계를 점검하고, 우리 아이는 어떤 아이인가, 내가 생각하는 부모로서의 나와 자녀가 보는 나는 어떠한가에 대해 점검해 본다.

둘째, '부모됨의 여섯 계단' 에서는 자녀의 성장단계에 따라 변화해야 할 부모역할의 변화를 이해하고 자신에게 적용시킨다. '부모됨의 여섯 계단' 은 다음과 같은 단계로 이루어진다.

- 1단계–준비하기(임신기): 이 단계에서는 아이가 아직 태어나지는 않았지만 부모는 마음의 자세를 갖추고, 여러 환경적 준비를 하며, 육체적으로

준비를 한다. 이 시기에 가장 중요한 것은 임신을 수용하는 것이다. 어머니가 아이를 가질 준비가 되어 있는지, 또는 아이의 존재를 얼마만큼 긍정적으로 수용하는지, 부부가 모두 아이를 갖는 것을 어떻게 생각하는지는 출산 후 아이와의 관계에 영향을 줄 수 있다. 따라서 이 시기에 태내의 아이에 대한 수용과 아이의 존재에 대한 기쁨을 갖는 마음자세가 중요하고, 아버지가 될 남편의 경우도 아내에게 정서적인 지지를 해 주어야 한다. 또한 부모가 되는 것은 여러 물질적, 신체적 자원을 필요로 한다. 따라서 어머니는 충분한 영양을 섭취해야 하고, 아이에게 최선의 조건을 제공하기 위한 경제적이고 물질적인 측면에서의 준비도 필요하다. 이 외에도 부모가 되는 것에 대한 나름대로의 이미지, 즉 어떤 부모가 될 것인가에 대한 생각이 필요하다.

- 2단계-돌보아 기르기(태어나서 3세까지): 이 시기의 유아는 어머니와 애착을 형성하게 된다. 아이는 생존을 위하여 부모의 전적인 보살핌과 부모와의 정서적 유대관계를 갖는 것이 필요하기 때문이다. 따라서 아이와 애착을 형성하는 어머니의 역할이 중요하며, 이를 통해 아이는 세상에 대한 기본적인 신뢰감을 형성하게 된다. 이러한 과정에서 아이와 서로 알고 적응하는 일이 이루어질 것이다. 이 시기에 부모는 이전에 형성했던 자신의 부모로서의 이미지를 현실과 일치시켜 부모로서의 정체감을 형성해야 한다. 부부간에도 자녀양육과 관련된 역할을 분담하는 한편 일과 가정에서의 역할을 조화시키는 것이 필요하다.
- 3단계-부모의 말 세우기(유치원에 다닐 무렵까지): 이 시기에는 부모가 권위를 세우는 일이 중요하다. 부모는 자녀의 행동에 대해 적절한 한계를 설정하고 그것을 지키도록 훈육해야 한다. 이를 통하여 아이는 규칙과 행동의 한계를 배울 수 있다. 또한 유치원에 다니게 되면서 부모와 떨어져 있는 시간이 증가하기 때문에 때로 심리적 위축이나 두려움 등을 나타낼 수도 있다. 이에 부모는 아이와 서서히 심리적, 신체적으로 분리를 시도하는 지혜가 필요하다.

- 4단계–설명하여 깨우치기(초등학교 시절): 이 시기에는 자녀에게 세상과 사물의 이치에 대해 설명하는 것이 필요하다. 옳은 것과 그른 것, 합당한 것과 합당하지 않은 것 등을 아이에게 설명하고 이해시키는 과정이 필요하다. 이는 자녀의 가치관 형성에 기초를 세우는 일이기도 하다. 자녀의 긍정적인 자아개념을 발달시키도록 도와주고 자녀가 성장함에 따라 가족의 역할과 권위도 재조정하는 일이 필요한 시기다.
- 5단계–자녀 존중하기(청소년기): 청소년이 된 자녀를 대할 때 성장한 사람으로서 존중하고 서로 의지하는 상호존중의 관계를 갖는 것이 필요하다. 구체적으로는 자녀의 심리적, 신체적 변화를 수용하여 자녀와 상호적인 대화를 하는 것과 신체적으로 성숙한 성적 욕구를 지닌 존재로서 받아들이고 대우하는 것이 필요하다.
- 6단계–독립시켜 내보내기(대학 이후): 자녀는 이 시기에 경제적, 심리적으로 부모를 떠나게 된다. 독립된 성인으로서의 삶을 살아갈 자녀를 떠나보내는 것은 때로는 힘든 일이다. 부모는 이러한 상황에 적응해야 하고 자녀의 배우자, 자녀와의 새로운 관계 형성이 필요하다.

셋째, '부모됨의 유형' 에서는 네 가지 부모 유형을 제시한다. 즉, 자애롭기만 한 부모, 엄격하기만 한 부모, 엄격하지도 자애롭지도 못한 부모, 엄격하면서 자애로운 부모로 나눈다. 이중에서 가장 바람직한 모형으로 네 번째의 엄격하면서 자애로운 부모 유형을 꼽는다.

첫 번째 유형인 자애롭기만 한 부모는 자녀의 모든 요구를 다 들어주고 자녀에게 양보하며 엄격하지 못하다. 자녀의 잘못된 행동을 참고 참다가 결국은 폭발하고는 스스로 죄책감을 느끼는 유형이다. 두 번째 유형인 엄격하기만 한 부모는 자녀가 잘못한 점을 지적하고 반드시 처벌을 한다. 또한 부모의 권위를 강조하며, 자녀가 권위에 의문을 제기하거나 자신의 생각을 주장하는 것을 허락하지 않는 유형이다. 세 번째 유형인 엄격하지도 자애롭지도 못한 부모는 자녀에게 무관심하고 비난도 하지 않는다. 부모역할에 대해 무기력하며 자녀

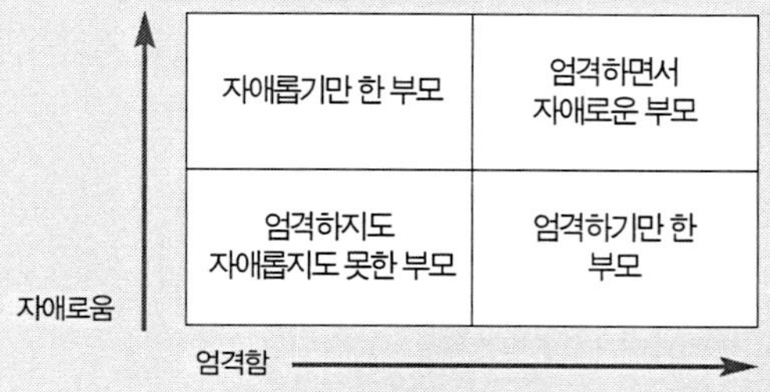

그림 10-1 부모됨의 유형

출처: 청소년대화의 광장(1995a). 자녀의 힘을 북돋우는 부모.

를 믿지 않는 유형이다. 네 번째 유형인 엄격하면서 자애로운 부모는 가장 바람직한 유형으로, 자녀가 문제를 일으킬 때 그것이 정상적인 삶의 한 부분이라고 생각하고 자녀에게 적절하게 좌절의 경험을 갖게 해서 자기 훈련의 기회로 삼도록 한다. 자녀를 완벽하게 만들려고 하지 않고 장점과 단점을 모두 소유한 한 인간으로 간주하며, 자녀가 잘못을 저지를 때 벌을 주지만 여전히 자녀의 잠재력을 인정하는 유형이다.

넷째, '성숙을 위한 길 다지기' 에서는 자녀의 성장에 따라 부모의 통제와 지지가 어떻게 나타나야 할 것인지를 그래프를 통하여 제시한다. 이때 부모의 통제는 자녀가 성장함에 따라 직선적으로 줄어들어야 하고, 자녀에 대한 부모의 사회적 지지는 자녀가 초등학교, 중학교 시기쯤에 가장 높아야 함을 제시한다. 또한 자녀의 발달수준에 따른 부모의 역할을 제시하는데, 자녀가 2단계일 때 주로 쓰는 훈육방법으로는 보여 주며 말해 주기, 이해시키며 가르치기, 모범 보이며 가르치기, 믿고 맡기기가 있다. 2 · 3단계에서는 자녀에게 실제 상황이나 실물을 보여 주며 말해 주는 방법이 많이 쓰이고, 3 · 4단계에서는 이해시키며 가르치기의 방법이 많이 쓰인다. 그리고 4 · 5단계에서는 자녀에게 부모가 직접 모범을 보이며 가르치는 방법이, 5 · 6단계에서는 자녀를 믿고 자녀의 판단에 맡기는 방법이 주요한 방법이다.

다섯째, '자녀의 힘을 북돋우는 부모: 성숙의 필수조건' 에서는 자녀의 힘을 북돋우기 위한 방법으로 자녀의 욕구에 대한 감수성, 공감적 이해, 무조건적 존중을 제시한다.

2. 자녀의 힘을 북돋우는 대화

자녀의 힘을 북돋우는 대화 프로그램은 대화의 원리와 마음의 표현으로 구성되어 있다.

먼저 대화의 원리는 로저스(Rogers, 1959)가 제시한 '진실성(congruence)' '무조건적 긍정적 관심(unconditional positive regard)' '공감(empathy)' 의 세 가지 핵심 원리와 카커프(Carkhuff)와 트럭스(Truax)가 제시한 대화의 실천원리인 '구체적으로 이해하기(concreteness)' 를 우리나라의 부모-자녀 상황에 맞도록 수정한 것으로, 진솔한 마음 전하기, 자녀 모습 받아들이기, 자녀 마음에 들어가기, 구체적으로 이해하기의 네 가지 원리로 구성되었다(청소년대화의 광장, 1995b).

첫째, '진솔한 마음 전하기' 란 자녀와의 관계에서 부모가 느끼는 느낌과 생각들을 있는 그대로 인식하고, 부모 자신의 느낌을 충분히 인정한 후 파괴적이지 않은 긍정적인 방식으로 표현하는 것이다. 이를 위하여 자녀와의 관계에서 경험하는 느낌이나 생각을 있는 그대로 인식하는 것, 자녀에 대한 분노 · 좌절 · 의심 등의 부정적인 측면까지도 왜곡하지 않고 인정하는 것이 필요하다.

둘째, '자녀 모습 받아들이기' 란 자녀를 한 인간으로서 존중하는 것을 바탕으로 자녀의 감정, 사고, 행동을 있는 그대로 받아들이는 것이다. 즉, 자녀가 어떤 문제를 지니고 있든지 개의치 않고 무조건 자녀를 하나의 인격체로서 존중하는 것을 의미한다. 이를 위하여 자녀의 성취, 경험, 잠재능력을 있는 그대로 수용하고 부모 자신의 평가기준을 개입시키지 않는 것이 필요하다.

셋째, '자녀 마음에 들어가기' 란 부모가 자녀의 입장이 되어 자녀를 이해하고, 부모가 마음의 귀를 열고 '마음의 소리' 를 들으며, 자녀의 입장에서 사물을 봄으로써 자녀의 생각과 감정을 이해하는 것이다. 이를 위하여 진실로 자녀의 마음을 알아보려는 정성 어린 태도와 자녀의 감정을 이해하는 능력을 길러야 한다.

넷째, '구체적으로 이해하기' 란 자녀와 대화할 때 실제적이고 사실적인 내용을 중심으로 대화가 이루어지도록 질문하고 이야기를 하는 것이다. 이를 위하여 자녀의 이야기를 적극적으로 경청하고 자녀의 이야기 중 애매모호하거나 이해되지 않는 부분은 질문하는 방법을 사용한다.

다음으로 마음의 표현은 '사랑하는 마음을 전하기' 와 '갈등 받아들이고 다루기' 로 구성되어 있다. 친밀한 관계에서 사랑하는 마음은 어찌 보면 당연한 것이다. 그러나 마음만 있다고 관계가 증진되는 것은 아니다. 마음을 표현하고 전달하는 것이 중요하다. 이것은 부모-자녀 관계에서도 마찬가지다. 이 프로그램에서는 구체적으로 사랑하는 마음을 전달하는 연습을 한다. 한편 부모-자녀 관계는 친밀하면서 동시에 갈등의 여지가 있다. 따라서 갈등을 당연한 것으로 받아들이고 적절하게 다루어야 한다. 이에 이 프로그램에서는 갈등을 다루는 방식도 구체적으로 제시하고 있다.

연습해 봅시다

다음 예를 참고하여 대화의 원리에 적합한 대화를 연습해 보시오.

1. 진솔한 마음 전하기

예) 슬기(초6): "엄마는 제 가방에 이상한 귀걸이가 있어서 실망하셨죠?"	
진솔한 마음 전하기	"사실은 조금 당황스러웠단다. 네가 귀걸이를 하고 외출하는 것은 아닌가 해서……."

연습1) 민석(초3): "엄마는 제가 형보다 공부도 못하고 운동도 못하니까 절 싫어하시죠?"	
진솔한 마음 전하기	
연습2) 정미(초4): "엄마는 제가 동생과 다투어서 화나셨죠?"	
진솔한 마음 전하기	

2. 자녀 모습 받아들이기

예) 미성(초3): "엄마, 시험을 잘 보고 싶어서 열심히 했는데 결과가 좋지 않아요."	
자녀 모습 받아들이기	"잘 보았으면 좋았겠지만 내가 보기에 넌 최선을 다하더구나."

연습 1) 연경(초1): "난 예쁘지도 않고 발표도 잘 못하니까 친구들이 날 좋아하지 않아요."	
자녀 모습 받아들이기	
연습 2) 미선(초4): "난 친구들보다 무엇이든 잘하고 싶은데 그렇게 못할 때는 화가 나고 심술이 나요."	
자녀 모습 받아들이기	

3. 자녀 마음에 들어가기

예) 은서(6세): "엄마는 동생만 예뻐하고 나는 미워하죠?"	
자녀의 마음에 들어가기	"엄마가 동생만 예뻐하는 것 같아서 속상하구나."

연습1) 경숙(7세): "엄마, 유치원에 가 있는 동안 난 엄마가 너무 보고 싶었어요."	
자녀의 마음에 들어가기	
연습2) 진화(초6): "친구들과 놀이동산에 가기로 했어요. 꼭 가고 싶은데 허락해 주실 거죠?"	
자녀의 마음에 들어가기	

4. 구체적으로 이해하기

예) 근성(중2): "요즘 같아서는 정말 살기가 싫어요."	
구체적으로 이해하기	"무슨 일이 있나 보구나?" "살기 싫을 정도로 힘들 때는 어떤 때니?"

연습1) 미호(초4): "난 잘하는 것이 하나도 없어요. 바보인가 봐요."	
구체적으로 이해하기	
연습2) 진미(초6): "엄마, 전화도 없이 늦어서 미안해요. 걱정하셨죠?"	
구체적으로 이해하기	

3. 바른 행동의 길 다지기

'바른 행동의 길 다지기' 는 자녀의 발달단계별로 바른 행동의 습관과 몸가짐을 키우는 방법을 제시하는 것으로, 이를 통하여 스스로 절제하며 책임질 줄 아는 자녀로 성장시키는 데 그 의의가 있다.

또한 자녀의 발달단계에 따라 조절되어야 함을 강조하면서 바른 행동의 길 다지기 3단계를 〈표 10-1〉에 제시한다.

〈표 10-1〉 바른 행동의 길 다지기 3단계

단계	내용
1단계 (취학 전)	아이를 바로잡아 주는 시기 • 부모의 권위에 도전하는 시기 • 설명이 아닌 단호한 행동 필요
2단계 (초등학교 시기)	함께 수고하는 시기 • 다양한 기술 필요 • 결과 경험시키기가 효과적 • 결과 경험시키기로 자기 행동에 대한 책임감 증진
3단계 (중 · 고등학교 시기)	물러서는 시기 • 책임감 있는 성인으로 자라도록 돕는 것 • 독립성은 이 시기의 중요한 발달과제 • 부모가 물러서는 시기로, 이는 자녀를 내버려 두는 것과는 다름 • 자발적인 동기를 만들기 위해서 좋은 관계가 필요

출처: 청소년대화의 광장(1996). 바른행동의 길 다지기.

바른 행동의 길 다지기는 바른 행동을 가르치기, 올곧은 자녀 행동 다지기, 어긋난 자녀 행동 바로잡기의 원리로 이루어진다(청소년대화의 광장, 1996).

첫째, '바른 행동을 가르치기' 에서는 훈육의 상황에서 단호하고 직접적인 대화법을 사용하기, 부모가 직접 본을 보여 주기 방법을 사용한다. 단호하고 직접적인 대화법이란 ① 자녀의 행동을 규제할 때, 즉 제한을 줄 때는 '바람' 의 형식으로 말하지 않기, ② 부모가 원하는 행동을 구체적으로 표현하기, ③ 수를 세면서 아이에게 위협을 주거나 강요하지 않고 단호하게 말하기, ④ 서로 약속이나 합의를 한 내용에 대해서는 회유적인 표현을 사용하지 말고 분명하고 단호하게 요구하기, ⑤ 애걸하지 말기, ⑥ 행동의 변화를 요구하는 말을 거듭 되풀이해서 말하지 말기, ⑦ 실행에 옮길 수 없는 내용으로 협박하지 말고 실제로 취할 수 있는 행동에 대해서만 말하기, ⑧ 진심으로 의도하지 않은 결과나 현실성이 없는 선택의 여지를 자녀에게 주지 않기 등이다. 다음으로 부모가 직접 본을 보여 주기는 부모가 솔선수범함으로써 아이가 마음으로 또는 느낌으로 가르침을 배우게 되는 방법이다. 이 프로그램에서 제시하는 본 보이기의 영역은 〈표 10-2〉와 같다.

〈표 10-2〉 본 보이기의 영역

영역 덕목	부모 및 어른과의 관계, 친구 및 대인관계	사회적 규범 (도덕성)	자기 자신 관리 자기 생활 관리
주요 덕목	효/경로 예절 우정 신의 시간 및 약속 지키기	정직 질서 책임감 공정 협동 봉사 준법	근면 절약 정리정돈 자기 물건 관리 시간 관리 인내 용모단정 및 청결, 위생

출처: 청소년대화의 광장(1996). 바른 행동의 길 다지기.

둘째, '올곧은 자녀 행동 다지기' 란 자녀의 바른 습관과 행동을 숙달시키고 굳히기 위해 적절한 보상과 격려를 하는 것이다. 보상에는 돈, 음식, 옷 등의 물건을 통한 물질적 보상과 칭찬이나 인정 등의 사회적 보상, 새로운 놀이를 할 기회나 TV를 볼 기회를 제공하는 등의 기회의 보상 방법이 있다. 보상을 사용할 때는 행동에 대해 구체적으로, 부모의 관심이나 일방적인 선택이 아닌 아이의 관심에 근거한 보상의 종류를 선택하고, 바른 행동의 직후에 보상을 주며, 일관성 있게 주고, 과제의 수준에 맞는 보상을 주며, 다양한 형태의 보상을 하는 것이 좋다. 그러나 보상의 부작용(예: 매사에 보상을 바라고 행동하게 되거나 보상이 없으면 아무것도 하지 않으려는 행동)도 고려해서 사용해야 한다. 한편 칭찬하기나 인정하기의 방법도 효과적이다(9장의 '3. 기를 꺾지 말고 격려하기'를 참고).

셋째, '어긋난 자녀 행동 바로잡기(예: 훔치거나, 욕설을 하거나, 폭력을 쓰거나, 거짓말을 하는 경우)'는 단호하고 분명한 부모의 지도와 결과 경험시키기를 통해 자녀의 어긋난 행동을 바로잡아 바른 행동으로 이끌어 주는 것이다. 구체적인 지도의 방법으로, 먼저 자녀의 어긋난 행동에 대해서는 감정적으로 반응하지 않으며, 자녀의 부정적 행동 뒤에 숨어 있는 자녀의 욕구를 알아주고 필요를 명료하게 밝혀 공감해 준다. 그리고 그 행동이 왜 어긋난 행동인지에 대해 설명하고 가르친다. 다음으로는 행동의 결과를 경험시키거나 벌칙 주기 등을 사용한다(행동의 결과를 경험시키기는 9장의 '5. 책임감을 발전시키기'를 참고).

연습해 봅시다

올바른 행동에 대해 보상하기

다음 예를 참고하여 행동에 대한 적절한 보상방법을 제시하시오.

예) 민수(7세)는 동생인 정수(5세)에게 자신의 동화책을 읽어 주면서 사이좋게 놀았다.	
사회적 보상	"야, 민수가 정수에게 책을 읽어 주면서 사이좋게 놀았구나, 참 잘했다." 라고 하면서 머리를 쓰다듬어 준다.
물질적 보상	민수가 평소에 갖고 싶었던 디지몬 사전을 사 준다.
기회의 보상	민수가 보고 싶어 했던 만화영화를 보러 간다.

연습 1) 성찬이(초2)는 매일 집에서 생기는 음식물 쓰레기를 아파트의 음식물 분리 수거통에 가져다 버린다.	
사회적 보상	
물질적 보상	
기회의 보상	
연습 2) 희영이(초5)는 등굣길에 몸이 불편한 반 친구의 가방을 들어 주었다.	
사회적 보상	
물질적 보상	
기회의 보상	

4. 생활의 기틀 세우기

'생활의 기틀 세우기'란 자녀가 어린 시절부터 건전한 사회 적응에 필요한 생활습관을 몸에 익히도록 해 주는 것이다. 즉, 기본적인 생활습관을 몸에 익혀 실천하도록 하는 것이다. 이는 자기 자신의 생활습관을 익히는 것에서 더 나아가 사회생활에 적응하고 궁극적으로는 자신과 타인 간의 공존을 도모하는 기초가 된다.

생활의 기틀을 세워야 하는 영역으로는 시간, 공간, 물질 사용, 건전한 정신의 틀로 구분할 수 있다(청소년대화의 광장, 1995c).

첫째, '시간의 틀 세우기'는 여러 상황에서 기본적으로 시간 약속을 지키는 습관을 형성하도록 지도하는 것이다. 이를 위해서 부모는 자녀의 시간의 틀을 살펴보고 자녀에게 적절한 생활 리듬을 제시해 주며, 자녀와 함께 이를 지켜 나가야 한다.

둘째, '공간의 틀 세우기'는 여러 장소에서 그 장소의 목적에 맞게 행동하고 남에게 피해를 주지 않게 지도하는 것이다. 부모는 특정한 상황이나 장소에 적절한 행동양식을 가르치고, 부모 스스로도 적절한 행동을 함으로써 본을 보이며, 남에게 피해를 주기 않기 위해서 남의 입장과 상황을 이해해야 함을 강조한다.

셋째, '물질 사용의 틀 세우기'는 물질이나 돈에 대한 건전한 가치관을 형성하고 규모 있고 절제하는 태도와 습관을 키워 주는 것이다. 따라서 부모는 자원의 귀중함, 분배상의 문제, 환경에 미치는 영향 등을 가르치고, 금전관리와 절제를 가르치며, 역시 부모 스스로가 자원을 아끼는 모습을 보여 주어야 한다.

넷째, '건전한 정신의 틀 세우기'는 올바른 도덕관과 가치관, 조화로운 삶의 영위 등을 가르치고 지도하는 것이다. 이를 위하여 먼저 부모 스스로의 긍정적인 가치관과 시각, 올바른 행동이 요구된다. 그리고 자녀가 갈등에 직면하였을 때 고민을 함께 나누고 해결책을 함께 논의하며, 충분히 공감해 줌으로써 자녀 스스로 올바른 도덕관을 기르도록 격려해야 한다.

이러한 생활의 기틀 세우기의 기본적인 지도방법은 가르치기, 본 보이기, 함께 행동하기, 결과 경험시키기, 보상이나 벌 주기다.

〈표 10-3〉 생활의 기틀 세우기의 영역별 분류

영역	상 황	행 동
시간의 틀	가정에서	잠자리에 들기, 일어나기, 귀가하기, 식사하기, 학업 설계 등
	학교에서	등하교 시간 지키기, 수업시간 지키기, 학업 설계 등
	놀이 상황에서	약속 시간 지키기, 적절한 시간에 친구와 헤어지기 등
공간의 틀	가정에서	정리 정돈, 청결 상태 유지, 안전한 도구 사용, 학습 태도 지키기
	학교에서	청소, 바닥에 오물 버리지 않기, 정숙하기, 안전규칙 지키기, 뒷정리하기 등
	놀이 상황에서	공공장소에서 정숙하기, 낙서하지 않기, 안전규칙 지키기, 뒷정리하기 등
물질 사용의 틀	가정에서	규모 있게 용돈 쓰기, 물자 아끼기, 가구-가전류 소중히 다루기 등
	학교에서	학용품 아껴 쓰기, 공공시설 소중히 다루기 등
	놀이 상황에서	놀이 비용 규모 있게 사용하기, 친구 물건 소중히 다루기, 뒷정리하기 등
건전한 정신의 틀	가정에서	자기 수용, 정직하기, 부모 권위 수용하기, 형제간 우애하기, 하루 생활 반성하기 등
	학교에서	자기 수용, 정직하기, 교사 권위 수용하기, 어른에게 공손하기, 친구 간에 우애하기, 하루 생활 반성하기 등
	놀이 상황에서	자기 수용, 정직하기, 상대방의 권리 존중하기, 어른에게 공손하기, 친구 간에 우애하기, 어린아이 보호하기 등

출처: 청소년대화의 광장(1995c). **생활의 기틀 세우기**.

연습해 봅시다

다음의 예를 참고하여 생활의 기틀 세우기를 연습해 보시오.

1. 시간의 틀

예) 하영이(7세)는 어머니가 저녁식사를 하라고 하자 TV를 다 보고 나서 먹겠다며 오지 않는다.	
지도 방법	• 저녁식사 시간을 정확히 정해서 알려 준다. • 정해진 식사시간에 식사를 마련한다. • 부모가 모두 식탁에 앉는다. • 결과를 경험하게 한다. 그 시간에 먹지 않으면 식사를 주지 않거나 스스로 차려 먹는 수고를 감수하게 한다. • 군것질거리를 주지 않는다.

연습 1) 은경이(5세)는 어머니가 정한 취침시간이 지났는데도 졸린 눈을 비비면서 계속 놀겠다고 떼를 쓴다.	
지도 방법	

연습 2) 수경이(초3)는 놀이터에 놀러 가면서 6시까지 오겠다고 약속했으나 7시에 집에 돌아왔다.	
지도 방법	

2. 공간의 틀

예) 영선이(초1)는 교실에서 떠들며 뛰어다녔다고 교사에게 꾸중을 들었다.	
지도 방법	• 학교(교실)에서 지켜야 할 행동 가르치기(뛰어다니지 않고 걸어다니기, 수업시간에 조용히 하고 교사에게 주목하기, 큰 소리로 떠들어서 다른 친구를 방해하지 않기 등) • 부모도 공공장소에서 떠들지 않고 정숙하기 • 자녀가 교실에서 떠들며 뛰어다녔을 때, 교사와 다른 친구들의 느낌이 어땠을지 이야기 나누기 • 대안행동을 제시하기(뛰어놀고 싶을 때는 적절한 장소–예를 들면, 운동장–에서 할 수 있음을 가르치기) • 장소에 부적절한 행동을 했을 때 그에 상응한 벌칙을 정하기

연습 1) 기섭이(6세)는 잠잘 시간이 되면 자기 이불을 끌고 부모님의 침실로 들어온다.	
지도 방법	

연습 2) 태진이(초5)는 놀이동산에서 기구를 탈 때 완전히 멈추지 않은 상태에서 올라타려고 하였다.	
지도 방법	

3. 물질 사용의 틀

예) 서현이(초2)는 자신의 크레파스를 쓰고 난 후 상자에 제대로 넣어 놓지 않더니 필요한 색의 크레파스가 없다면서 다시 사 달라고 조른다.	
지도 방법	• 자신의 물건을 아끼고 낭비하지 않는 방법을 가르친다. • 부모가 물건을 쓴 후 잘 정리하고, 꼭 필요한 것 외에는 구입하지 않는 모습을 보여 준다. • 자신의 물건을 잊어버린 후 다시 살 때 돈 낭비가 된다는 사실을 이야기한다. • 아껴 쓰는 행동이 습관화되도록 한다. • 계속 자신의 물건을 함부로 사용하면 그 물건에 대한 사용권을 통제한다.

연습) 용철이(초4)는 친구들과 비교해서 자신의 용돈이 적다며 더 많이 줄 것을 요구한다.	
지도 방법	

4. 건전한 정신의 틀

<table>
<tr><td colspan="2">예) 미영이(초3)는 부모 몰래 자신의 저금통에서 돈을 빼내어 사고 싶었던 인형을 구입하고 어머니에게는 친구에게서 선물받았다고 거짓말을 했다.</td></tr>
<tr><td>지도 방법</td><td>• 누구에게나 어떤 때나 정직은 생활의 중요한 가치임을 가르친다.
• 부모가 먼저 정직하고 거짓 없는 모습의 모범이 된다.
• 미영이가 원하는 것을 사고 싶었던 마음은 공감해 주지만, 꾸중이 두려워서 거짓말을 한 것에 대해서는 바르지 못한 행동이었음을 지적한다.
• 보상과 격려를 통해 누구에게나 정직할 수 있도록 도와준다.</td></tr>
</table>

<table>
<tr><td colspan="2">연습 1) 호상이(초6)는 같은 반 여자 친구인 희숙이의 작은 키를 놀려대면서 당황스럽게 만들었다. 그 이유를 묻자 희숙이를 좋아하기 때문이라고 말한다.</td></tr>
<tr><td>지도 방법</td><td></td></tr>
</table>

<table>
<tr><td colspan="2">연습 2) 의찬이(초1)는 자신의 잘못을 지적하고 꾸짖는 할아버지에게 "할아버지 바보."라고 소리치면서 달아났다.</td></tr>
<tr><td>지도 방법</td><td></td></tr>
</table>

5. 어울려 사는 지혜 기르기

어울려 산다는 것은 타인에 대한 존중을 기초로 다른 사람과의 관계에서 질서와 예절을 지키고, 갈등을 건설적으로 해결하며, 서로의 성장을 도모하는 것이다. 어울려 사는 삶의 원리로는 자신을 존중하기, 상대방을 배려하기, 함께 나누기가 있다(청소년대화의 광장, 1995d).

첫째, 타인과의 관계를 원만하게 유지하기 위해서는 기본적으로 '자신을 존중하기', 즉 자신의 감정과 생각을 인정하고 표현하며 자신의 능력을 신뢰하는 것이 전제가 되어야 한다. 이때 자녀가 스스로를 존중하게 하려면 부모의 역할이 중요하다. 부모는 자녀의 모습을 있는 그대로 이해하고, 그 가능성과 잠재력을 신뢰하고 발견하며 칭찬해야 한다. 부모는 자녀를 존중하는 태도와 행동을 나타내야 하는데, 예를 들면 자녀의 감정이나 생각, 선택, 의견을 존중하고 그것을 표현할 수 있도록 기회를 주는 것이다. 특히 부모는 자녀와의 약속을 잘 지킴으로써 부모와 자녀 사이에 신뢰감이 생기게 해야 한다.

둘째, '상대방을 배려하기'는 다른 사람의 생각과 감정을 이해하고 인정하며 소중히 여기는 것이다. 더 나아가 상대방의 행복과 성장을 위해 힘쓰는 것

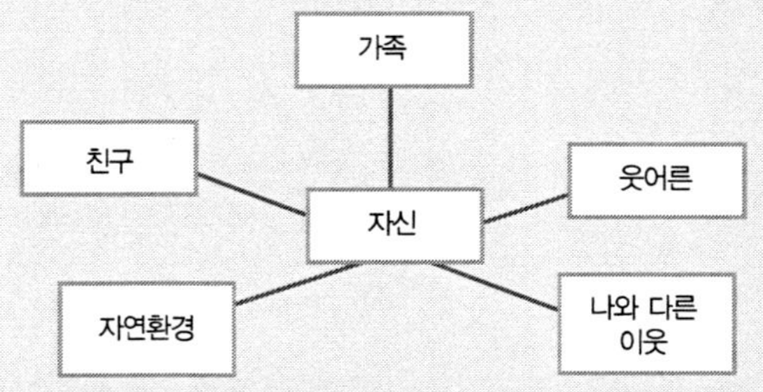

그림 10-2 여러 관계 속에서 조화롭게 어울려 사는 지혜

출처: 청소년대화의 광장(1995d). 어울려 사는 지혜 기르기.

이다. 자녀를 배려하기 위해서 부모는 자녀의 이야기에 끝까지 귀 기울여 주고, 자녀가 타인과의 관계에서 상대방의 생각과 감정을 이해할 수 있도록 '입장 바꿔 생각해 보기' 훈련을 시키는 것이 필요하다. 더불어 남에게 불편함이나 폐를 끼치지 않도록 가르치며 다른 사람을 존중하도록 가르쳐야 한다.

셋째, '함께 나누기'는 개인주의, 이기주의를 버리고 서로 어울려 기쁨과 슬픔을 같이하고 사랑을 주고받는 것이다. 상대방을 배려하고 함께 사랑을 주고받는 관계로는 가족, 친구, 웃어른, 나와 다른 이웃, 자연환경 등이 있다.

어울려 사는 지혜를 기르기 위한 부모의 역할은 구체적으로는 각 관계에 따라 다르지만 부모가 가르치기, 다지기, 바로잡기의 과정을 통해 가르칠 수 있다.

| 훈 | 련 | 중 | 심 | 부 | 모 | 교 | 육 | 제11장

문제 유형별 부모교육 프로그램의 실제

부모상담과 부모교육, 부모치료는 엄격히 구분하기 어려운 개념이지만, 부모상담 속에 부모교육과 부모치료를 포함하는 것으로 생각해 볼 수 있다. 즉, 넓은 의미에서 부모와의 초기면담이나 부모교육 또는 부모치료는 부모상담에 포함시킬 수 있다.

부모교육이 자녀에 대한 이해를 높임으로써 부모로서의 양육기술을 향상시키는 데 목적을 두고 개인이나 집단을 대상으로 이루어졌다면, 부모치료는 성인상담의 일종으로 주로 자녀양육과 관련된 부분에서 부모 개인 또는 부부를 대상으로 치료적 개입이 이루어진다고 하겠다. 그러나 이제까지의 부모상담은 부모교육이나 부모치료의 필요성을 인정한다 하더라도 아동상담 회기 안에서 10분 내외의 짧은 시간 동안 소극적인 형태에서 아동에 대한 정보 수집이나 간단한 조언을 하는 정도에 그치는 경우가 대부분이었다. 또 부모교육 회기를 별도로 갖는다 하더라도 부모 문제를 치료하는 보다 적극적인 의미에서 부모-자녀 관계를 개선하려는 노력은 빈약했다고 보겠다.

일반적으로 부모-자녀 관계를 개선하는 것은 부모교육을 통해서 가능한 것으로 알려져 있다. 그러나 부모교육은 부모가 심리적으로 안정되어 있으면서 자녀를 도우려는 의지가 확고한 반면 구체적인 양육의 원리와 기법들은 모르는 경우에 가장 효과적이다. 만일 부모에게 심리적인 문제가 있거나 정신적인 여유가 없어서 자녀를 도울 만한 준비가 되어 있지 않다면 부모교육은 충분한 효과를 기대하기 어렵다. 이 경우 부모가 양육기술을 배우기 위해 교육받고 훈련하는 것이 필요한지, 부모교육 이전에 부모치료를 받는 것이 우선되어야 하는지는 치료자의 판단으로 결정될 수 있다. 이렇듯 부모의 상태에 따라 부모 교육이나 치료를 받을 수 있다면, 아동 문제를 근본적으로 치료하는 데 도움을 줄 뿐 아니라 치료 기간을 단축하고 치료 결과를 지속하고 유지시키는 데 결정적인 효과를 기대할 수 있다.

따라서 이 장에서는 다양한 아동의 문제행동에 대한 개념, 원인, 특성, 진단 등에 관해 설명하고, 상담 장면에서 실제적으로 사용될 수 있는 부모교육 프로그램의 예를 소개하고자 한다.

1. ADHD 아동과 부모교육

1) ADHD

(1) ADHD의 개념

주의력결핍 과잉행동장애(Attention Deficit-Hyperactivity Disorder: ADHD)는 소아정신과 질환 중 가장 많이 연구된 질병이며 동시에 가장 논란이 많은 진단군으로, 학령 전기 또는 학령기에 흔히 관찰되는 주의산만, 과잉행동, 충동조절의 어려움 등을 나타내는 인지, 정서, 행동 면에서 결함을 동반하는 질환이다. 이 장애는 당면한 과제에 주의를 기울이거나 주의를 지속함에 있어서 제한된 능력을 보이는 '부주의(inattention)'와 어떠한 일을 심사숙고하여 조직적으로 처리하지 못하고 목적 없이 행동하는 '충동성(impulsivity)', 그리고 활동의 양이 같은 연령대의 또래에 비해 많은 '과잉행동(hyperactivity)'의 특징을 보인다. 그런데 이러한 세 가지 행동 특성 중 두 가지 이상에 해당하는 특성이 7세 이전에 나타나면서 적어도 6개월 이상 지속되는 것을 말한다.

최근 학령기 아동들에게서 가장 흔하게 관찰되는 ADHD는 학령기 아동의 8~20%에서 관찰되며 그 비율이 급속히 증가하고 있는데, 남자아이가 여자아이에 비해 6~9배 정도 높은 빈도를 나타내고 있다. 실제로는 태아기부터 성인기에 이르는 주의력 결핍 및 파괴적 행동을 보이는 장애로, 대부분의 경우 만 7세 이전에 발생하여 만 15~16세 이후에는 중추신경의 성장과 함께 호전된다. 그렇지 못한 경우는 다양한 공존 질환과 더불어 학업적, 정서적, 행동적, 사회적, 직업적 제반 영역에 걸쳐 심각한 합병증을 가져올 수 있다

(2) ADHD의 원인

ADHD의 원인은 매우 다양한데, 일반적으로 유전적 요인이나 미세한 뇌손상 등의 생물학적 원인, 부모의 성격이나 양육방식과 같은 심리사회적 요인 등의 복합적 작용으로 유발되는 것으로 여겨지고 있다.

첫째는 신경학적 요인으로, 뇌의 RAS(reticular activating system) 내에 주의력을 관장하는 도파민(dopamine) 및 노르에피네프린(norepinephrine) 등의 신경전달물질의 기능장애로서 노르에피네프린 부족 또는 과다분비 등의 이상으로 ADHD가 유발된다고 보는 견해다.

둘째는 유전적 요인으로, ADHD가 어떤 유전적 요인에 의해 영향을 받는지 밝혀진 바는 없지만 가족 연관성이 있다는 것이 인정되고 있다. 이에 대한 지지 근거로 일란성 쌍생아의 ADHD의 일치율(51%)이 이란성 쌍생아의 일치율(33%)보다 매우 높게 나타나며, 형제자매 중에 ADHD 아동이 있으면 다른 형제자매들의 ADHD 발병 가능성이 일반인보다 2배 정도 높게 나타난다.

셋째는 환경적 요인으로, 임신 시 태아의 상태가 관련이 있다는 보고가 있

다. 임신 시의 영양 부족, 흡연, 과도한 스트레스, 감염 등이 영향을 줄 수 있으며 조산이나 난산으로 인한 두부손상 등도 원인이 될 수 있다. 그러나 이러한 환경적 요인이 단독적으로 ADHD를 야기하는 것이 아니라 환경적 요인이 도파민 및 노르에피네프린, 세로토닌(serotonin) 등의 생성 부족이나 과다분비와 관련되어 ADHD를 유발시키는 것으로 본다.

넷째는 부모의 잘못된 양육방식이 아동의 과잉활동적인 기질과 결합되어 ADHD가 발생한다고 보는 견해다. 이러한 기질적 특성을 지닌 아동, 즉 과잉활동적이고 요구가 많으며 정서적 기복이 심한 아동은 부모로 하여금 자주 화나게 만들고 처벌을 가하게 할 뿐 아니라 더욱 부정적이고 거부적으로 반응하게 함으로써 부모-자녀 관계는 점차 악화되고 자녀는 스트레스를 받게 되어 과잉행동이 증가한다는 것이다.

다섯째는 해부학적 요인으로, 대부분의 학자들은 주의력 결핍이 선천적이며 신경·화학적 원인에 의해 생긴다고 보고 있다. 즉, 출생과정에서의 미세한 뇌손상이나 출생 후의 고열, 독성물질, 외상 등으로 인한 뇌손상에 의해 유발될 수 있다고 주장한다. 정상아의 경우 임신 중 그리고 생후 1년간 두뇌발달이 계속되며 발달과정 중에 신경세포들이 적절하게 형성되고 연결되지만 흡연, 음주, 약물복용 등의 요인은 정상적인 두뇌 형성과 발달을 방해하며, 평균적으로 ADHD 아동은 전두엽이 정상아에 비해 10% 작고 대뇌 전상부와 전하부의 용적도 10% 작다.

(3) ADHD 아동의 특성

① 발달적 특성

ADHD 아동의 어머니들은 태내기부터 움직임이 매우 달랐다고 보고하기도 한다. 또한 영아기 때부터 지나치게 활동적이고 행동을 예측할 수 없으며, 자극에 지나치게 민감하거나 혹은 지나치게 둔감하며 까다로운 기질을 가진 것으로 일관되게 보고하고 있다. 그러나 까다로운 기질을 가진 아동의 약

70~80%가 4세 이전에 과잉행동 아동으로 확인된다는 연구 보고도 있고 (Barkley, 1990), 까다로운 기질이 발달상의 어려움을 예측할 수 있는 요인이기는 하지만 그것이 반드시 ADHD의 문제라고 말할 수는 없다.

유아기에 접어들면서 ADHD의 특성은 눈에 띄게 나타나는데, 일반적으로 부정적인 기분을 가지며 생각 없이 행동하고 쉽게 지루해하고 일상의 반복적인 일에 부정적으로 반응한다. 이때 부모는 아동을 다루기 어려워지고 부모와의 관계는 부정적으로 고착되기가 쉽다.

학령기가 되면 아동들은 학교에서 지켜야 할 규칙과 행동을 요구받게 되므로 ADHD의 특성은 객관적으로 확인할 수 있을 정도로 뚜렷하게 나타난다. 즉, 학업 성적이 떨어지고 또래와의 상호작용에서 문제를 일으키며 교사가 요구하는 규칙 및 과제 수행에서 문제가 나타난다. 학교에서 성공적으로 적응하지 못하여 자아상이 낮고, 많은 아동이 주의를 끌기 위해 사용하는 부정적인 방법인 허풍 떨기, 거짓말, 도벽, 싸움 등이 고질적인 문제가 될 수도 있다. 유아기 때 극심했던 과잉행동-충동성의 특징은 어느 정도 감소되는 반면 부주의적 특성은 지속적으로 나타난다.

청소년기가 되면 과잉행동-충동성 특성은 괄목할 만큼 감소 현상을 보이지만(약 20%) 또래에 비해 여전히 높은 수준을 나타내며, 일반적으로 50~60%의 ADHD 아동이 청소년기에도 지속적으로 문제를 보이는 것으로 밝혀졌다. 그런데 부주의적 특성보다는 과잉행동-충동성 특성을 보였던 아동이 청소년기에 지속적으로 문제를 가질 확률이 크다고 한다. 청소년기의 반항적이고 논쟁을 좋아하며 심한 감정기복의 특성이 과잉행동 청소년에게는 증대되어 나타나고 심각한 반사회적 행동 양상과 약물 및 알코올 중독 등 품행장애의 발생 위험성이 높다.

② 행동적 특성

부주의와 충동성 ADHD 아동의 행동적 특성 중 두드러진 특성은 주의가 산만한 것이다. 이 아동들은 정상적인 아동의 경우와는 달리 어떤 것에 주의를 기울여야 할지 모르며, 다양한 주변 자극에 스스로를 억제할 수 없으며 적절한 자극에 선택적으로 주의집중을 하기가 힘들다.

또한 반응을 억제하기 어렵기 때문에 생각 없이 혹은 생각하기 전에 행동하는 경향이 있으며, 자기 억제 능력의 부족으로 자신이 원치 않는 말이나 행동이 튀어나오거나 급하게 행동하려는 욕구가 자기 억제 능력을 압도하여 충동적으로 행동하는 특성을 보인다.

ADHD 아동의 행동적 특성을 요약하면 다음과 같다.

- 과잉행동: ADHD 아동은 허락 없이 자리에서 이탈하거나 뛰어다니거나 팔과 다리를 끊임없이 움직이는 등 활동수준이 높고, 자신의 신체를 통제하는 데 있어서의 어려움과 분노, 좌절, 슬픔, 기쁨 등의 정서적인 반응도 일반 아동보다 더 빈번하고 강하게 표출한다.
- 공격성: 분노를 통제하지 못하고 부적절한 행동을 그대로 표출하는 경향이 있는데, 또래에 비해 3배나 공격적이고 10배나 부정적인 말을 잘하여 또래집단에서 자주 거부당하는 것으로 알려지고 있다. 자신의 행동이 타인을 방해하거나 대인관계에 영향을 미친다는 것을 의식하지 못한다.
- 또래관계의 어려움: 주의집중 결함이나 충동성 때문에 상호작용의 기회가 상실되고 이로 인해 사회성에 결함을 지니게 된다. 일반 아동의 부모는 자녀가 또래들과 놀 때 심각한 문제가 있다고 10% 정도가 보고한 반면, ADHD 아동의 부모는 80% 이상이 문제가 있다고 보고하고 있다. ADHD 아동 역시 또래와의 상호작용을 많이 하지만 문제는 그런 활동이 주로 싸우기, 못살게 굴기, 방해하기 등 부정적인 행동에 치우쳐 있고 이로 인해 따돌림을 많이 당하게 된다는 것이다.
- 기타 문제들: ADHD 아동들의 공통적인 문제점인 부주의, 충동성, 과잉행동 외에 낮은 자아존중감, 좌절에 대한 인내력 부족, 우울과 불안, 그 외 다른 정서적 문제들로 인해 사회, 인지, 학업, 정서, 신체 등 여러 발달 영역에서 여러 가지 문제점을 보이기도 한다.

③ ADHD와 공존 병리의 특성

거짓말, 도둑질, 감정 폭발, 논쟁 외에 적대적 반항장애나 품행장애의 행동 양상을 함께 보이는 경우가 ADHD 집단의 60% 정도에 이른다. 특히 적대적 반항장애아의 경우 부모가 더 많은 스트레스를 경험하게 되며 자녀 역시 부모와의 갈등 위험률이 더욱 높아지게 된다.

ADHD 아동의 약 1/3에서 우울증이 동반되는 것으로 보고되고 있다. 그들은 따지기를 좋아하고 집중력이 저하되며 기억장애, 활동 및 친구관계에 대한 관심의 상실, 자기비판의 증가, 수면 형태 및 체중의 변화, 생기 부족 등의 특징을 보인다. 또한 이들은 학교 상황에 적응하기 힘들고 자신의 잠재력에 비해 저조한 학업성취를 보인다. ADHD 아동의 20~30%가 읽기장애나 그 외 학습장애를 보이고 있다고 보고되고 있다. 틱장애나 수면장애의 병리적 특성이 함께 나타나기도 한다.

(4) ADHD의 진단

ADHD의 진단에 가장 일반적으로 쓰이는 진단기준으로는 미국 정신의학회에서 정한 DSM-IV(Diagnostic and Statistical Manual of Mental Disorder-4th Edition)로, 현재 알려진 가장 최선의 진단방법이다. 이에 따르면 ADHD의 증상은 크게 부주의와 관련된 증상군과 과잉행동-충동성과 관련된 증상군의 두 가지로 유형화되는데, 이 증상은 동시에 나타나기도 하고 특정 유형이 더 많이 나타나기도 한다. 지난 6개월 동안 어떤 증상이 더 우세하게 나타났느냐에 따라 주의력결핍 우세형, 과잉행동-충동성 우세형 그리고 두 증상군이 모두 나타나는 복합형으로 구분된다.

ADHD에 대한 DSM-IV의 진단기준은 다음과 같다.

ADHD에 대한 DSM-IV의 진단기준

A. (1)이거나 (2)

(1) 아래의 부주의 증상 가운데 6개(또는 그 이상)의 증상이 있고 발달수준에 맞지 않을 정도로 적어도 6개월 이상 지속된다.

부주의

a. 학업, 직업 또는 다른 활동에서 부주의로 인한 실수를 자주 하거나 세부적인 것에 대해 특별한 주의를 기울이지 못한다.
b. 과제나 놀이활동에 지속적으로 주의를 기울이지 못한다.
c. 직접 말을 해도 듣지 않는 것처럼 보인다.
d. 지시를 따르지 않거나 학교 공부, 힘든 일, 일터에서의 의무를 다하지 못한다(반항적 행동 때문이거나 지시를 이해하지 못해서가 아니라).
e. 종종 과제와 활동을 조직화하는 데 어려움이 있다.
f. 학교 공부나 숙제와 같이 지속적으로 정신적인 노력을 요하는 과제를 피하거나 싫어하고 주저한다.
g. 과제나 활동에 필요한 것들을 잃어버린다(예: 장난감, 학교 숙제, 연필, 책이나 도구들)
h. 불필요한 자극에 의해 쉽게 방해를 받는다.
i. 일상적인 활동을 잘 잊어버린다.

(2) 아래와 같은 과잉활동-충동성 증상 가운데 6개(또는 그 이상)의 증상이 있고 발달수준에 맞지 않을 정도로 적어도 6개월 이상 지속된다.

과잉활동

a. 손이나 발, 몸을 자주 만지작거리고 자리에서 꼼지락거린다.
b. 교실이나 앉아 있어야 하는 상황에서 앉아 있지를 못한다.
c. 과도하게 뛰어 돌아다니거나 기어오르면 안 되는 상황에서도 그렇게 한다.
d. 조용히 놀거나 여가활동을 하는 것이 어렵다.
e. 끊임없이 움직이고 모터를 단 것같이 행동한다.
f. 지나치게 말을 많이 한다.

충동성

g. 질문이 끝나기도 전에 불쑥 대답을 한다.
h. 순서를 기다리지 못한다.
i. 다른 사람을 방해하거나 간섭한다(예: 대화나 게임에 나선다).

B. 손상을 일으키는 일부 과잉활동-충동성 행동이나 부주의 증상이 7세 이전에 나타난다.

C. 이런 증상으로 인한 장애가 둘 또는 그 이상의 상황(예: 학교, 일터 그리고 집)에서 나타난다.
D. 사회적, 학업적 또는 직업적 기능에서 임상적으로 심각한 장애가 있다는 증거를 분명하게 보인다.
E. 이 증상들은 전반적인 발달장애, 정신분열증이나 다른 신경증적 장애의 과정에서 나타나는 것이 아니고 다른 정신장애(예: 기분장애, 불안장애, 해리장애 또는 성격장애)의 원인이 되어서는 안 된다.

2) ADHD 아동과 부모교육 프로그램

ADHD 아동을 위한 부모교육 프로그램을 구성하기 위해 먼저 구체적인 사례를 소개하면 다음과 같다.

(1) ADHD 아동 사례

- 대상: 초6 남아
- 발달사: 출생 시 4주 정도 조산으로 제왕절개수술을 통하여 출생하였으며, 약 2주간 인큐베이터에 있다가 퇴원하였음. 생리적 리듬은 규칙적이었으나 매우 활동적이었음. 두드러지는 특징은 어릴 때부터 고집이 세고 부모 말을 전혀 듣지 않고 제멋대로임. 타이르거나 혼을 내도 수그러들지 않고, "내가 왜 그래야 하는데?"라고 반항하는 모습을 보였음. 초6부터는 몰래 담배를 피우고 술을 마셨음.
- 현재 문제: 일상생활에서 자기 관리가 전혀 안 되고 무책임하며 게으름. 지각을 당연하게 여기고 숙제나 준비물 챙기는 일은 거의 안 하며 학습 의욕이 전혀 없음. 권위에 대해 인정하지 않으며 반항적이고 자기중심적임. 충동성이 매우 강하고 끈기가 없음. 틱이 매우 심함. 친하게 지내는 친구가 없으며 빈둥거리고 TV를 보거나 컴퓨터 게임을 하는 것에만 집착함.

교사가 수업 중에 껌을 씹는 것을 지적하고 뱉으라고 해도 뱉지 않고 있다가, 다시 지적하면 "아까 씹던 껌은 뱉었어요. 이건 새 껌이에요."라고 태연하게 말함. 청소시간에 바닥에 떨어진 쓰레기를 주우라고 하면 "내가 버린 거 아니에요."라고 말하고 다른 데로 가 버리는 등 담임교사가 지도에 어려움을 호소하여 상담을 받게 됨.

- 검사 결과: 아동의 동작성 지능은 75, 언어성 지능은 85로 지능이 낮은 편이고 ADS와 성격검사 결과 틱과 품행장애를 동반한 ADHD장애로 진단됨. 어머니의 양육 스트레스는 4.1로 매우 높았음. 일관성은 낮은 반면 권위주의적, 합리적 지도점수가 높게 나타나서, 자녀에게 잘못된 행동에 대한 이유를 논리적으로 설명하려 애쓰는 편이지만 자녀가 받아들이지 않으면 때리고 나서 곧 후회하고 양보하는 등 부적절하게 지도하는 경향이 있음. 상담 초기에 어머니는 아동에 대해 무력감과 좌절감을 심하게 느끼고 있었으며, 아동이 이대로 성장하면 어떻게 될지 위기감을 갖고 있는 상태였음.

(2) 부모교육 프로그램 구성

아동의 문제와 어머니의 양육태도 등을 고려하여 부모교육의 목표를 구체적으로 세우는 것이 우선적으로 필요하다고 보아 다음과 같이 선정하였다

- ADHD에 대한 이해
- 자녀 문제행동에 대한 지도방법 훈련
- 부모로서의 죄책감과 좌절감, 무력감 등의 해소, 우울 증상의 제거

이러한 목표를 달성하기 위한 부모교육의 내용은 다음과 같다.

〈표 11-1〉 ADHD 아동의 부모를 위한 부모교육 프로그램

회기	주제	목표	교육활동 내용 및 과제
1	상담의 구조화	• 아동 문제에 대한 이해 • 치료 계획에 대한 설명(1단계: 감정의 발산 및 자기 표현 증가, 2단계: 자기 이해 및 자신감 회복, 3단계: 사회성 증진 훈련, 4단계: 자기 관리 능력 형성, 5단계: 인지치료)	심리검사 결과 해석 및 진단 • 아동용 검사: WISC-Ⅲ, HTP, KFD, SCT, 자아개념검사, CBCL, ADS 등 • 어머니용 검사: 양육행동, 양육 스트레스 검사, HTP, SCT, PAI 등
2	ADHD에 대한 이해	ADHD의 원인과 특성 등에 관한 구체적인 교육을 통해 자녀 문제 행동의 이해를 돕는다.	아동을 양육하면서 어머니가 느꼈던 어려움들을 털어놓고 그 원인을 이해시킨다.
3	해결 중심적 관점 갖기	아동의 부정적인 문제행동들에 대한 비판적 관점을 버리고, 강점 위주의 해결 중심적 관점으로 변화될 것을 격려해 줌	• 부정적 사고의 예 찾기 • 과제: 장점 리스트 만들어 오기
4	의사소통의 걸림돌/반영적 경청 훈련하기	평소에 사용하는 대화습관 중 의사소통의 걸림돌에 해당되는 항목들을 지적해 주고, 반영적 경청을 훈련시킴	• 반영적 경청 훈련하기 • 과제: 의사소통의 걸림돌 찾아오기
5	부모 자신 이해하기	부모 자신의 성격에 대한 분석을 통해 자신의 문제가 자녀에게 투사되었거나 비현실적인 기대를 하는 부분들을 개선	• 부모의 자아 상태 분석 • 부모의 아동기 경험 분석
6	격려하기 훈련	자녀를 격려하는 방법을 구체적으로 훈련하고 부모의 죄책감과 좌절감 등을 해소	• 격려하기를 가정에서 실천해 보기 • 격려의 편지 쓰기
7	행동계약법 작성	행동계약서를 작성하여 아동의 문제행동들을 수정하고 긍정적 행동을 강화하도록 교육함	• 행동계약법 작성의 원리 및 유의점 교육 • 단계적 행동수정의 절차
8	생활태도 훈련하기	행동수정 기법의 적용을 통해 생활태도를 조금씩 훈련할 수 있도록 교육	행동수정 기법 연습
9~12	부모치료	자아의 성장	• 현상학적 상담을 통한 감정의 발산 • 자기 분석을 통한 자아의 성장

2. 반응성 애착장애 아동과 부모교육

1) 반응성 애착장애

(1) 반응성 애착장애의 개념

반응성 애착장애(reactive attachment disorder: RAD)는 5세 이전에 양육자로부터 적절한 보살핌을 받지 못해서 사회적 유대관계를 형성하는 능력이 결여된 장애다. 겉으로 보기에는 선천적인 자폐증과 매우 유사하나 선천적으로 타고난 장애라기보다는 잘못된 양육환경 속에서 후천적, 환경적으로 생겨나 악화된 증상으로 볼 수 있다. 따라서 아동의 환경이 적절하게 개선되면(적절한 영양 공급, 적절한 자극과 상호작용, 양육자와의 애착 재형성 등) 아동의 애착 문제는 해결될 가능성이 높다.

(2) 반응성 애착장애의 원인

RAD의 원인으로는 주로 부적절한 양육을 들고 있으며, 아동 자신의 미세한 기질적 문제나 주 양육자의 잦은 교체도 원인이 될 수 있다.

양육자의 부적절한 양육과 관련된 것으로는 아동의 기본적인 정서적 · 신체적 욕구를 무시한 양육방식, 즉 학대나 유기, 방치뿐 아니라 일관성 없는 양육태도나 민감성과 반응성이 부족한 양육행동 등을 들 수 있다. 더불어 어머니의 장기적인 입원이나 취업 등으로 인해 애착 형성의 결정적인 시기에 타인에게 맡겨지는 모성과의 분리, 어머니 자신의 불안정한 아동기 애착이나 정신질환, 터울이 지나치게 작거나 장애아 형제가 있어서 어머니의 관심과 보살핌을 충분히 받지 못한 경우 등에서 RAD가 발견되는 경우가 많다.

아동 자신의 문제로는 미숙아, 저체중아, 기질, 발달장애 등이 원인이 될 수 있다.

(3) 반응성 애착장애 아동의 특성

- RAD 아동의 주된 증상은 사회적 관계를 맺지 못하고 신체 성장의 실패를 보이는 것이다. 대개는 상당한 정도로 영양결핍이 동반된다. 키에 비해 체중이 적게 나가며 배가 불룩 튀어나와 있다. 환경이 바뀌면 급속히 신체 상태가 호전되며 체중도 정상적으로 회복된다.
- 외견상 활기가 없고 청결 상태가 불량하며, 멍하고 굳은 얼굴 표정을 하고 있으며, 주변 사람과 환경에 대해 무관심하고 장난감에도 흥미가 없다.
- 연령에 따라 적절한 사회적 상호작용에 참여하지 못한다.
- 불안정한 애착 형성으로 인해 주변 사람에게 과도하게 경계적이거나, 양가감정으로 사람에게 접근하면서 회피행동을 보이거나(억제형), 낯선 사람에게 극도로 친밀감을 보였다가도 분리 시 별다른 감정을 보이지 않기도 한다(탈억제형).

(4) 반응성 애착장애의 진단

환경적 요인에서 유발되는 반응성 애착장애와 전반적 발달장애를 감별진단하는 것은 무척 까다롭고 오랜 시간이 걸리는 작업이지만 매우 중요한 일이다.

전반적 발달장애가 선천적으로 타고난 어려움을 최선의 교육방법을 통해 극복해 나가는 과정이라면, 반응성 애착장애는 후천성으로서 환경적 요인을 가능한 한 빨리 제거하고 수정하여 이미 자폐아와 유사한 모습의 아동을 정상적인 아동으로 회복시키는 과정이다. 이 두 장애의 예후는 전혀 다르고 아동을 위한 교육환경이나 치료과정도 매우 다르므로 치료에 임하기 전에 충분하고 정확한 진단을 내리는 것이 필요하겠다. 심각한 환경적 요인에 의해 유발되는 반응성 애착장애는 조기에 감별진단을 정확히 하여 그 원인을 제거하거나 개선해 줌으로써 정상적인 기능을 되찾도록 해야 할 것이다.

RAD에 대한 DSM-IV의 진단기준은 다음과 같다.

RAD에 대한 DSM-IV의 진단기준

A. 대부분의 상황에서 심하게 손상되고 발달적으로 부적절한 사회적 관계 형성이 5세 이전에 시작되며 다음의 (1)이나 (2)와 같이 표현된다.

(1) 대부분의 사회적 관계를 시작하지 못하거나 발달적으로 적절한 방식으로 반응하지 못한다. 지나치게 억제적이고 경계적이며 심하게 양가적이고 상반된 반응을 나타낸다(예: 아동은 양육자에게 접근 또는 회피가 혼합된 태도로 반응하고, 안락함에 저항하거나 냉정하게 경계한다).
(2) 확산적인 애착이 무분별한 사교성, 적절한 선택적 애착능력의 결여로 드러난다(예: 낯선 사람에 대한 지나친 친근감, 애착 대상을 선택하지 못함).

B. 진단기준 A항에 속하는 장해가 단지 발달지연(정신지체에서와 같이)으로만 설명되지 않으며, 전반적 발달장애(PDD)의 기준에 부합되지 않는다.

C. 병적인 보살핌이 다음 항목 가운데 적어도 1개 항목에서 드러난다.

(1) 안락함, 자극, 애정 등 아동의 기본적인 감정적 욕구를 지속적으로 방치
(2) 아동의 기본적인 신체적 욕구를 지속적으로 방치
(3) 양육자가 반복적으로 바뀌어 안정적 애착 형성을 저해(예: 양육자의 빈번한 교체)

D. 진단기준 C항의 병적 보살핌이 진단기준 A항의 손상된 행동에 영향을 미쳤을 것이라고 추정된다(예: 진단기준 A항의 장해는 진단기준 C항의 병적 보살핌 이후에 시작됨).

반응성 애착장애(RAD)를 전반적 발달장애(PDD)와 감별진단 할 수 있는 주요 양상들은 다음과 같다.

- RAD 아동은 사회적 상호관계를 형성할 수 있는 정상적 능력을 가지고 태어났다.
- 정상적인 양육환경(적절한 반응, 지속적인 양육) 속에 있으면 상당한 정도로 회복이 가능하다. 따라서 RAD의 확진을 위해서는 3개월 정도의 치료 진행 후 아동의 상태를 재평가하여 초기 상태와 비교하는 것이 필요하다.
- 언어발달이 지연되는 것은 사실이지만 PDD처럼 이상한 의사소통 양상

을 나타내지는 않는다.

- 환경 변화에 따라 인지적으로 뒤처진 부분들이 눈에 띄게 달라진다.
- 행동, 흥미, 활동 영역에서 제한되고 반복적인 양상을 지속적으로 나타내지 않으며 치료적 환경 속에서 이런 양상이 차츰 변화를 나타낸다.

2) 반응성 애착장애 아동과 부모교육 프로그램

(1) 반응성 애착장애 아동 사례

- 대상: 만 3세 남아
- 발달사: 어려서부터 까다롭고 예민해서 잠자는 것과 먹는 것 등 모든 면에서 엄마를 힘들게 함. 쉽게 달래지지도 않고 왜 짜증을 내는지 이해하기가 어려움.
- 현재 문제: 토마스 기차에만 집착해서 토마스 기차 그림을 하루 종일 오려 달라고 요구함. 장난감도 오로지 토마스 기차만 사 달라고 함. 계속 징징거리고 하루 종일 엄마 치마꼬리를 잡고 매달리지만, 막상 엄마가 안아주려고 하면 밀어 버리고 안겨 있으려고 하지 않음. 낯선 장소나 낯선 사람을 아주 싫어해서 외출하기가 고통스러움. 토마스 기차를 오리는 것 외에는 영어 테이프만 반복해서 청취함.
- 아동검사 결과: 자폐증 검사 결과 경계선 정도로 나타남. 발달진단검사와 관찰평가 결과 생활연령보다 언어발달은 훨씬 높은 만 4세 수준이고 특히 숫자와 글자는 4세 6개월 수준임. 사회성이나 정서 발달은 만 2세 수준(지체)으로 보이나 눈맞춤이나 언어적 상호작용은 잘 됨.
- 어머니검사 결과: 아동에게 매우 권위주의적이고 신경질을 많이 내며 냉담한 것으로 나타남. 어머니는 아이보다 자신이 훨씬 중요하다고 느끼고 있으며, 한 번도 아이가 사랑스럽다고 느낀 적이 없었다고 고백함. 양육행동은 거부적이고 권위주의적인 성향이 높으면서 일관성이 없는 것으로 나타났음. 성격검사 결과 우울 성향이 있고 자기애적 인격장애가 있을 것

으로 진단됨.

(2) **부모교육 프로그램 구성**

부모교육 프로그램은 어머니 자신의 심리적 문제 해결을 위한 부모치료(20주)와 애착 증진을 위한 부모놀이치료(8주)로 크게 나누어 구성하였다. 구체적인 부모놀이치료의 내용은 〈표 11-2〉와 같다.

부모치료는 모래상자치료를 주로 사용하였고, 자신의 문제를 인식하고 원인을 이해함과 동시에 심리적 갈등을 해결하도록 지원하였다.

〈표 11-2〉 반응성 애착장애 아동의 부모를 위한 부모놀이치료 프로그램

회기	주제	목표	교육활동 내용 및 과제
1	상담의 구조화	• 아동 문제에 대한 이해 • 상담 목표의 선정(최종 목표 및 단계별 목표) • 치료계획에 대한 설명(1단계: 정서적 갈등으로 인한 분노감 표출과 부정적 감정의 해소, 2단계: 긍정적 정서의 함양, 3단계: 애착 형성, 4단계: 사회성 증진) • 치료방법 소개	심리검사 결과 해석 및 진단 • 아동용 검사: 관찰평가지, 발달진단검사, 자폐증검사 등 • 어머니용 검사: 양육행동, 양육 스트레스 검사, HTP, SCT, 성격진단검사 등
2	반응성 애착장애에 대한 이해	애착의 중요성과 반응성 애착장애의 원인과 특성 등에 관한 구체적인 교육을 통해 자녀 문제행동의 이해를 돕는다.	• 어머니의 애착 유형 분석 • 애착의 세대 전달적 기능에 대한 이해
3	애착관계의 형성	• 반영적 경청기법의 훈련 • 발달놀이치료 기법 훈련	• 교육활동: 목욕하기, 로션 마사지 등 • 과제: 놀이시간(special time) 갖기
4	반응성, 민감성의 향상을 통한 상호작용의 촉진	마음 읽어 주기, 행동 읽어 주기 훈련	• 1주간의 아동 행동 변화에 대한 평가와 피드백 주기 • 과제: 놀이시간에 하는 활동훈련
5	유아의 관심 확대해 주기	일부 활동에 대한 집착을 감소시키고 다양한 경험을 통해 관심을 확대해 주기	• 발달놀이치료 기법 훈련: 애기놀이, 김밥 말기 등 • 과제: 바깥활동 늘리기

6	죄책감 덜기/ 자기 돌보기	• 자기 돌보기의 중요성 인식 • 어머니의 우울감 개선 • 새로운 에너지 충전	과제: 자기 돌보기 활동의 실천
7	부모놀이치료 평가 및 피드백	아동과 어머니 간의 상호작용 동영상 촬영 및 평가, 피드백 주기	과제: 상호작용 기법 연습
8	부모놀이치료 평가 및 피드백	아동과 치료사 간의 상호작용 동영상을 보면서 양육기법 훈련하기	과제: 상호작용 기법 연습

3. 전반적 발달장애 아동과 부모교육

1) 전반적 발달장애

(1) 전반적 발달장애의 개념

전반적 발달장애(pervasive developmental disorder: PDD)는 언어발달, 대인관계, 일상적 행동을 비롯한 적응기능 전반에 현저한 발달지연과 결함을 나타내는 장애다. 이는 여러 가지 기본적인 심리기능의 발달이 이상하게 변형된 것을 의미하는데, 정신지체나 특수발달장애처럼 발달이 늦되어 단순히 양적으로 능력이 부족한 상태가 아니라 질적으로 다른 형태의 발달을 하게 되는 것이다.

소아 · 청소년 장애 중 가장 심각한 장애이며, 가장 대표적인 전반적 발달장애는 자폐성 장애이고 이 외에도 소아기 붕괴성 장애, 아스퍼거 장애, 레트 장애 등이 있다. 여기에서는 자폐성 장애를 중심으로 설명한다.

(2) 자폐성 장애의 원인

자폐성 장애의 원인에 대해 캐너(Kanner, 1943)는 유전을 들었고, 폴스테인과 러터(Folstein & Rutter, 1977)는 자폐성 장애를 보인 쌍생아를 조사한 결과

9쌍의 일란성 쌍생아 중 3쌍이 모두 자폐성 장애인 반면, 이란성 쌍생아는 10쌍 중 한 쌍도 자폐를 보이지 않았다고 보고하였다. 또한 자폐 아동의 형제 중 2~3%가 자폐성 장애인 것으로 보고되고 있다.

신경해부학적 관점에서 보면, 대뇌반구, 시상, 기저핵, 뇌간 등의 구조에서 일관된 이상을 발견할 수는 없으나 자폐성 장애 아동은 소뇌가 작다는 결과가 많이 보고되었으며, 정신지체가 심한 자폐성 장애 아동의 경우 뇌의 기능 손상에 대한 다양한 신경생리학적 증거가 확인되고 있다. 자폐성 장애 아동의 3분의 1 정도가 정상인보다 높은 세로토닌 수준을 나타낸다는 보고도 있으며, 외부 자극에 대해 극단적으로 예민하거나 둔감한 행동을 하는 것은 과도한 도파민 활동과 관련된다는 주장이 있다.

(3) 자폐성 장애 아동의 특성

전반적 발달장애에 속하는 여러 질환들의 공통적인 세 가지 특징은, 첫째 상호적인 사회관계에서 질적인 이상을 나타내며, 둘째 언어를 포함한 의사소통에서 독특한 형태를 보이고, 셋째 흥미와 활동 영역이 제한되어 있으며 같은 행동을 반복하는 양상을 띠는 것이다.

- 사회적 상호작용의 곤란: 눈맞춤, 얼굴 표정, 몸짓 등이 부적절하여 부모나 친구와 친밀한 관계 형성이 어렵다. 부모의 자극에 관심이나 웃음을 나타내지 않으며 부모가 안아 주려 해도 몸을 뒤로 뻗치며 거부하는 행동을 하고 혼자만의 놀이에 몰두한다.
- 의사소통의 곤란 및 괴상한 단어나 언어 행동: 적절한 어휘나 문장을 구사하는 언어능력이 현저하게 부족하고 타인의 말에 주의를 기울여 경청하지 못한다. 부적절하거나 괴상한 말을 사용하여 원활한 의사소통이 어렵다. 음성의 고저, 억양, 속도, 리듬, 강도가 비정상일 수 있으며, 문법구조가 미숙하고 독특하며 반복적 언어를 사용하거나 반향어를 나타내기도 한

다. 간단한 질문, 지시, 농담을 이해하지 못하는 등 언어 이해에 어려움이 있다. 따라서 다른 사람과 함께 하는 놀이나 게임을 하지 못한다.

- 반복적인 특정 패턴의 행동: 특이한 대상이나 일에 비정상적으로 고집스럽게 집착하는 행동을 하며, 이상한 자세를 취하거나 기이한 신체운동을 오래 반복하기도 한다. 사소한 변화에 저항하거나 신경질적 반응을 보인다.

(4) 자폐성 장애의 진단

자폐성 장애의 진단을 위한 DSM-IV의 기준은 다음과 같다.

자폐성 장애에 대한 DSM-IV의 진단기준

A. (1), (2), (3) 중에서 6개 이상이 해당되어야 하며, 그중 (1)에서 2개 이상, (2)와 (3)에서 각각 1개 이상 해당되어야 한다.

(1) 사회적 상호작용의 질적 손상이 다음 중 적어도 2개에 해당되어야 한다.
  a. 사회적 상호작용을 위한 눈맞춤, 얼굴 표정, 몸짓과 같은 다양한 비언어적인 행동에 손상이 있다.
  b. 발달수준에 적합한 또래관계를 형성하지 못한다.
  c. 자발적으로 다른 사람과 즐거움, 흥미, 성취 등을 공유하지 못한다(관심의 대상을 보여 주거나 가져오거나 지적하지 못함).
  d. 사회적 또는 정서적으로 상호교류가 결여되어 있다.

(2) 의사소통의 질적 손상이 다음 중 적어도 1개에 해당되어야 한다.
  a. 구어의 발달이 지연되거나 결핍되어 있다(몸짓, 흉내내기 등의 대안적 의사소통을 시도하지 않음).
  b. 말을 할 수 있는 경우라도 타인과 대화를 시작, 유지할 수 있는 능력이 손상되어 있다.
  c. 언어 또는 기괴한 언어를 상동적이거나 반복적으로 사용한다.
  d. 발달수준에 적합한 다양하고 자발적인 가상놀이나 사회적 모방놀이를 하지 못한다.

(3) 반복적이고 상동화된 행동, 관심 및 활동이 다음 중 적어도 1개에 해당되어야 한다.
  a. 강도나 초점에 있어서 비정상적인 상동화가 되거나 제한된 흥밋거리에 과도하게 집착한다.

b. 특정한, 비기능적이고 틀에 박힌 일이나 의례적인 행동에 고집스럽게 집착한다.
c. 상동적이고 반복적인 동작성 매너리즘(손, 손가락을 부딪치거나 복잡한 전신 움직임)을 보인다.
d. 사물의 한 부분에 지속적으로 집착한다.

B. 3세 이전에 발병한 지연 또는 비정상 기능이 다음 중 1개 이상에 해당되어야 한다.

(1) 사회적 상호작용
(2) 사회적 의사소통에 사용되는 언어
(3) 상징 또는 모방 놀이

C. 레트 장애나 소아기 붕괴성 장애로는 설명되기 힘든 경우다.

2) 전반적 발달장애 아동과 부모교육 프로그램

1943년 캐너에 의해 처음 보고된 자폐성 장애는 1970년대부터 그 중요성과 심각성이 대두되기 시작하였다. 1999년 장애인복지법에 발달장애로 명명되었던 전반적 발달장애는 2008년 3월 장애인복지법의 개정에 의해 자폐성 장애로 개정되었다. 자폐성 장애는 태어날 때부터 사람과 주변 환경에 대하여 관계 형성이 어렵고, 언어발달에 심각한 장애가 있으며, 여러 종류의 행동장애가 동반되는 증상으로 언어능력, 행동, 인지, 사회성 기능 등 전반적 영역에 걸쳐 결함을 보인다(한국보건사회연구원, 2001). 우리나라에서 자폐 아동을 포함한 발달장애로 진단받은 추정 장애인 수를 보면 장애 출현율은 4.59%로 전국적으로 18만 1,000명이며, 발달장애의 82.2%가 대부분 10세 이전에 장애 진단을 받은 것으로 나타났다(한국보건사회연구원, 2005) 점차 발달장애에 대한 인식이 확대되고 있음을 알 수 있다.

장애아동을 돌보는 부모들의 경우 일반 아동에 비해 시간적 · 체력적으로 훨씬 큰 노력을 하게 되는 경우가 대부분이며, 노력에 비해 아동의 행동 변화가 매우 더디고 힘들기 때문에 쉽게 지치고 좌절하는 경우가 많다. 따라서 자녀의 문제에 대한 이해와 지도방법, 다양한 정보 등과 더불어 부모 자신의 심리적 문제(좌절감, 죄책감, 우울, 분노 등)를 개선하도록 돕는 내용이 부모교육에 포함되는 것이 바람직하다.

(1) 전반적 발달장애 아동 사례

- 대상: 중증 자폐성 장애와 정신지체중복장애를 가진 만 3년 6개월 된 여아
- 발달사: 만 1년 반까지는 아주 순한 아이로만 생각했고, 특이한 부분은 없었던 것 같음. 어머니의 취업 때문에 조부모가 양육하였고, 말이나 대소변 훈련이 좀 늦은 정도로 생각했다고 함. 1년 반경에 아무 반응이 없고, 눈맞춤도 하지 않으며, 낯선 상황에 대한 적응이 전혀 되지 않는 것을 보고 문제를 의식하게 됨. 특히 1년 반 즈음에 동생이 태어난 후로 짜증과 울음이 많아졌고, 혼자 갑자기 깔깔거리고 웃다가 이유 없이 서럽게 울어대는 등 정서 표현에서도 문제가 심각하다고 생각되어 상담을 의뢰하게 됨. 동생은 현재 20개월인데 둘의 발달을 비교해 보면 동생보다 오히려 뒤처지는 모습을 보임. 가정에서는 상호작용이 거의 일어나지 않으며, 가족 구성원들 중 누구도 의식하지 않는 것 같다고 보고함.
- 검사 결과: 발달진단검사 결과 사회성, 표현언어, 언어 이해 등이 두드러지게 떨어져서 12개월 수준이었고, 다른 부분의 발달도 생활연령보다 1년가량 지체된 상태로 나타남. 자폐증검사 결과에서는 중증 자폐성 장애로 평가됨. 관찰평가에서도 치료자에 대한 반응이 거의 나타나지 않아서, 정신지체를 동반한 전반적 발달장애로 진단됨. 어머니는 애정과 일관성, 과보호 등의 점수가 높고, 권위주의적인 태도 점수가 낮았음. 이에 양육태도상의 문제를 개선하는 것보다는 아이의 문제를 이해하는 한편 아이에게 도움이 되는 양육기법을 훈련하는 것이 바람직하다고 평가됨.

(2) 부모교육 프로그램 구성

전반적 발달장애 아동의 부모를 위한 개별 부모교육 프로그램은 8주간의 부모놀이치료로 구성되었다. 개인 코칭을 통해 모-자녀 상호작용을 촉진시키는 부모놀이치료 프로그램 방법은 부모 양육행동의 변화를 가져오는 데 매우 효과적이다.

구체적인 부모교육의 내용은 다음과 같다.

〈표 11-3〉 전반적 발달장애 아동의 부모를 위한 개별 부모놀이치료 프로그램

회기	주제	목표	교육활동 내용 및 과제
1	상담의 구조화	• 아동 문제에 대한 이해 • 상담 목표의 선정(최종 목표 및 단계별 목표) • 치료계획에 대한 설명(1단계: 자기 인식과 타인 인식, 2단계: 사회적 상호작용 증진, 3단계: 애착 형성, 4단계: 또래관계 형성, 5단계: 인지치료) • 치료방법 소개	심리검사 결과 해석 및 진단 • 아동용 검사: 관찰평가지, 발달진단검사, 자폐증검사 • 어머니용 검사: 양육행동, 양육 스트레스 검사 등
2	전반적 발달장애에 대한 이해	전반적 발달장애의 원인과 특성 등에 관한 구체적인 교육을 통해 자녀 문제행동의 이해를 돕는다.	• 아동을 양육하면서 어머니가 느꼈던 어려움들을 털어놓고 그 원인을 이해시킨다. • 아동의 일상생활 재조정
3	애착관계의 형성	• 애착 형성의 원리 교육 • 발달놀이치료 기법의 훈련	• 교육활동: 목욕하기, 로션 마사지, 신문지 찢기 등 • 과제: 놀이시간(special time) 갖기
4	반응성, 민감성의 향상을 통한 상호작용의 촉진	• 마음 읽어 주기, 행동 읽어 주기 훈련 • 시선에 집중하기 • 언어적 상호작용 훈련(개념 형성)	• 교육활동: 풍선 불어 주기, 밀가루반죽 놀이 • 과제: 놀이시간에 하는 활동훈련
5	유아의 관심 확대해 주기	동일한 활동에 대한 집착을 감소시키고 다양한 경험을 통해 관심을 확대해 주기	• 교육훈련: 애기놀이, 거울놀이, 비누방울 놀이 • 과제: 바깥활동 늘리기
6	죄책감 덜기/자기 돌보기	• 자기 돌보기의 중요성 인식 • 어머니의 우울감 개선 • 새로운 에너지 충전	과제: 자기 돌보기 활동의 실천

7	부모놀이치료 평가 및 피드백	아동과 어머니 간의 상호작용 동영상 촬영 및 평가, 피드백 주기	과제: 놀이시간에 상호작용 증진 실천하기
8	부모놀이치료 평가 및 피드백	아동과 치료사 간의 상호작용 동영상을 보면서 양육기법 훈련하기	과제: 놀이시간에 상호작용 증진 실천하기

한편 전반적 발달장애아를 포함하여 정신지체 등 다양한 발달장애를 가진 아동을 둔 어머니는 개별 부모교육 이외에 집단 부모교육이 경제적 측면과 지지집단으로서의 기능을 포함하여 효과적일 수 있기 때문에 집단 부모교육 프로그램을 다음과 같이 소개한다.

〈표 11-4〉 발달장애 아동 어머니를 위한 집단 부모교육 프로그램

회기	주제	목표	교육활동 내용 및 과제
1	프로그램 소개	프로그램 소개를 통해 참여 동기를 부여하고 참여 어머니들 간에 친밀감을 형성한다.	• 표준화검사 실시(발달진행검사, 자폐증검사 등) • 프로그램 소개 및 진행 일정 • 비밀 보장 동의 및 시간 약속 지키기 • 별칭 짓기 • 서로 소개하기 • 어머니 간의 친밀감 형성을 위한 놀이활동 • 과제: 사전 비디오 촬영
2	양육 특성에 대한 이해	양육행동 특성의 인식을 통해 양육행동 패턴을 자각하고 자신을 통찰하도록 한다.	• 검사자료를 통한 어머니 각자의 양육 특성 분석 • 경험 나누기(평상시 아동과의 상호작용, 다른 형제의 역할, 소외감 등) • 인생곡선 그리기 • 내 짐을 날려 보내기 • 자녀가 잘하는 행동 찾기 • 과제: 자녀가 잘할 수 있는 또 다른 행동 찾기, 자녀에게 했던 언어적 지시사항 적어 오기
3	아동발달 및 문제에 대한 이해	아동발달 및 행동문제를 이해하고 자녀와의 관계에서 부족한 부분을 인식한다.	• 과제에 대해 이야기 나누기 • 검사 결과 자료를 통한 아동발달 및 행동문제 소개와 사전 비디오 촬영 시청을 통해 부모-자녀 상호작용에서 부족한 부분 인지하기 • 아동의 미소에 대해 이야기 나누기 • 과제: 표정 연습을 위한 손거울 가져오기, 아동의 행동 관찰해 오기

4	아동의 세계로 들어가기	놀이의 중요성과 신체 접촉의 중요성을 알고 연습한다.	• 과제에 대해 이야기 나누기 • 놀이 세션의 기본 원칙 알기 • 아이 눈으로 세상을 보기 위한 활동 • 아동 행동 모방하기 • 역할극 • 과제: 아동 행동 모방하기, 얼굴 표정 연습하기, 인정하고 격려하기
5	아동의 세계에 적응하기	아동의 발달수준에 맞는 상호작용 방법을 배운다.	• 과제에 대해 이야기 나누기 • 발달수준 이상의 반응 요구하지 않고 기다리기 • 행동과 언어 모방 • 행동에 대해 풍부한 소리로(의성어/의태어) 표현 • 과제: 반응 요구를 하지 않고 기다려 주기, 격려와 인정 및 칭찬거리 더 찾아 표현하기, 활동을 통한 상호작용 시도, 행동과 언어 모방 및 표현
6	아동의 세계에 순응하기	아동의 놀이 주도에 순응하는 방법을 익힌다.	• 과제에 대해 이야기 나누기 • 놀이의 첫 상황을 아동이 주도하도록 하고 따르기 • 비지시적 · 비언어적 상호작용 방법 연습 • 인정과 격려를 바탕으로 한 아동 행동의 언어적 표현 • 과제: 극적인 격려 연습, 활동을 통한 상호작용 시도와 행동에 대한 언어적 표현
7	상호작용 수준 높이기	상호작용 수준을 높이기 위한 언어적 · 비언어적 반응성을 증진시킨다.	• 과제에 대해 이야기 나누기 • 발달수준을 높이기 위한 언어적, 비언어적, 비지시적 활동 • 발달수준에 따라 아동의 행동이나 언어를 그대로 따라 해 주거나, 아동의 언어를 그대로 아동수준에 맞게 바르게 표현해 주기 • 과제: 활동을 통한 언어적, 비언어적, 비지시적 상호작용 시도와 발달수준에 따른 표현활동
8	개별 활동과 코칭	자연스러운 놀이 상황에서 개별화된 의사소통 전략을 연습한다.	• 놀이치료실에서 교육 • 아동발달 수준 및 요구에 맞는 개별지도 • 과제: 개별지도 연습하기
9	활동 분석	자신과 타인의 양육행동 특성을 비교 · 분석할 수 있다.	• 강의실 교육 • 비디오 분석을 통해 실제 어머니와 아동 간의 관계 형성 및 아동발달에서 필요한 전략과 부족한 전략을 확인 • 과제: 개별지도 연습하기

10	개별 활동과 코칭	개별화된 바람직한 의사소통 전략을 강화시킨다.	• 놀이치료실 교육 • 아동발달 수준을 촉진시킬 수 있는 강화된 개별지도 과제: 개별지도 연습하기
11	활동 분석	8회기에 비해 변화된 자신의 모습을 인식하고 아동발달을 촉진시킬 수 있는 강화 전략에 대해 알아본다.	• 강의실 교육 • 비디오 분석을 통해 아동발달을 촉진시킬 수 있는 전략 확인, 8회와 비교해 변화된 자신의 행동 모습을 확인 • 과제: 개별지도 연습하기
12	활동 다지기	프로그램 전반을 돌아보고 양육행동의 지속적인 변화를 위한 행동 다지기 계획을 한다.	• 프로그램 만족도 평가 • 내가 잘하는 의사소통 기법 • 행동 다지기를 위한 준비와 계획 • 종결행사

출처: 최인경(2008). 발달 장애아 어머니의 양육행동 변화를 위한 부모교육 프로그램 개발.

최인경(2008)은 이 연구에서 전반적 발달장애아 어머니를 대상으로 실제 상호작용하는 기법을 개인 코칭을 통해 훈육함으로써 어머니의 양육행동을 변화시키고자 하였으며, 가정에서 아동발달의 촉진자로서 능력을 발휘할 수 있도록 훈련시키는 어머니 중재 접근을 활용하였다.

이 외에도 아동의 문제와 배경에 따라 효과적인 개별 또는 집단 부모교육 프로그램을 다양하게 구성할 수 있다.

참고문헌

강문희, 장연집, 박혜원(1997). 아동문제 및 행동수정. 파주: 양서원.

경향신문(2008. 3. 6). 미혼직장인 맞벌이 찬성 91% 넘어. 경향신문.

곽덕영(1985). 부모교육의 이론과 실제. 서울: 백록출판사.

곽덕영 역(1995). 아버지의 어린이 양육. Ross D. Parke 저. 서울: 학문사.

곽선영(1985). 부모교육-이론과 실제. 서울: 백록출판사.

교육부(1994). 유아의 도덕성 함양을 위한 부모교육 프로그램.

구본용(1998). 부모교육 활성화 추진방향과 방안. 청소년대화의 광장 1998 전국 부모교육 활성화 추진대회, 98(20), 3-12.

권춘기(1994). 부모효율성훈련이 자녀지도 방법 및 자녀 안정성과 사회성에 미치는 영향. 서강대학교 대학원 석사학위청구논문.

김갑주, 문영주(1988). 취학 전 자녀교육을 위한 부모교육용 VTR프로그램 개발 기초연구. 서울: 한국교육개발원.

김광웅, 방은진(1996). 아동발달. 서울: 형설출판사.

김다율(2006). 조손가족 조모의 심리적 복지감과 관련요인에 관한 연구. 서울대학교 대학원 석사학위청구논문.

김덕순(1996). 부모교육의 이론과 실제. 서울: 정일.

김동일(1993). 한국부모의 가치관과 자녀양육태도. 21세기를 준비하는 부모교육. 한국지역사회중앙협의회 제11차 사회교육 심포지엄, 13-20.

김두연(2006). 빈곤과 핵가족 해체: 빈곤층 조손가족 사례연구. 동국대학교 대학원 석사학위청구논문.

김명희(1996). 현대사회의 부모교육. 서울: 학문사.

김미숙, 박해경, 박상헌, 홍석균, 조병은, 원영희(2000). 저소득 편부모가족의 생활실태와 정책과제. 서울: 한국보건사회연구원.

김미혜, 김혜선(2004). 저소득층조손가족 조부모의 생활만족도에 영향을 미치는 요인 연구. 한국노년학, 24(3), 153-170.

김서연(2006). 맞벌이 여부와 가족관계가 아동의 학교 적응에 미치는 영향. 가톨릭대학교 대학원 석사학위청구논문.

김수란(2001). 취업모와 비취업모 초등학생 자녀의 정의적 특성 비교 연구. 인하대학교 교육대학원 석사학위청구논문.

김수현(2001). 서울시 저소득 여성가구주를 위한 자활 지원 방안: 성동구 사례를 중심으로. 서울시정개발연구원.

김숙기(2001). 이혼 후 자녀양육에 관한 협력적 부모역할 연구. 성균관대학교 교육대학원 석사학위청구논문.

김숙자(1996). 부모참여교육론. 파주: 교육과학사.

김승권, 이태진, 김유경, 송수진(2001). 최근 가족해체의 실태와 정책 방안에 관한 연구. 서울: 한국보건사회연구원.

김시업(1999). 결혼과 가정. 서울: 학지사.

김시혜, 정순화(1998). 너 잘되라고 때리지 미워서 때리냐. 아동학회지, 19(1), 55-84.

김양호, 김태현(1998). 맞벌이 가족 남성의 역할갈등에 관한 연구. 한국가정관리학회지, 16(1), 81-94.

김연옥(1999). 재혼가정 내 모의 역할기능에 관한 연구. 한국가족복지학, 3, 41-62.

김연옥, 유채영, 이인정, 최해경(2005). 가족복지론. 파주: 나남출판.

김영철(1996). 한국의 장래와 부모교육의 역할. 서울: 청소년대화의 광장.

김영철, 이영선, 이호준, 김지은(1997). 1997 자녀지도를 위한 부모교육 종합보고서. 서울: 청소년대화의 광장.

김용관(1994). 취업모자녀의 학업성적과 인성특성에 관한 연구. 인하대학교 교육대학원 석사학위청구논문.

김유경(2005). 가족원특성에 따른 다양한 가족의 실태와 사회적 지원체계. 보건복지포럼, 103(5), 47-72. 한국보건사회연구원.

김은영(2002). 저소득층 한부모가정 가구주의 심리적 스트레스와 사회적 관계망에 관한 연구. 서강대학교 공공정책대학원 석사학위청구논문.

김인자 역(1992a). 부모역할, 배워지는 것인가. Thomas Gordon 저. 서울: 한국심리상담연구소.

김인자 역(1992b). 효과적인 부모역할훈련 워크북. Judith Gordon Sanda 저. 서울: 한국심리상담연구소.

김재은(1993). 한국적 부모교육의 탐색. 21세기를 준비하는 부모교육. 한국지역사회 교육중앙협의회 제11차 사회교육 심포지엄, 30-37.

김재은(1998). 부모교육의 추진방향과 방안. 자녀로부터 배우며 가르치는 부모. 청소년대화의 광장 1998 전국 부모교육 활성화 추진대회, 98(20), 1-14.

김정은(2002). 손자녀를 양육하는 빈곤지역 조부모의 심리, 정서적 안녕과 영향 미치는 요인. 충남대학교 대학원 석사학위청구논문.

김지선(2004). 한국가족복지 정책의 실태와 발전과제에 관한 연구. 이화여자대학교 대학원 석사학위청구논문.

김진숙(1998). 지역사회에서 자녀지도를 위한 부모교육사업 추진실태와 향후 방안. 부모교육 활성화 추진방향과 방안. 청소년대화의 광장 1998 전국 부모교육 활성화 추진대회, 98(19), 15-31.

김진숙, 연기회, 이인수 공역(1990). 바람직한 자녀와의 대화방법. Nancy Samarin 저. 서울: 학문사.

김진숙, 이영선, 이호준(1988). 부모교육 프로그램 연구-어울려 사는 지혜 기르기. 1998 청소년 상담연구. 서울: 청소년대화의 광장.

김충기(1988). 자녀지도와 부모교육. 서울: 성원사.

김향은(1995). "자녀의 힘을 북돋우는 부모" 프로그램이 어머니와 자녀에게 미치는 효과. 고려대학교 대학원 박사학위청구논문.

김현수 역(2000). 교류분석. 스기다 미네야스 저. 서울: 민지사.

김현주, 손은경, 신영혜(2001). 현장중심 부모교육-이론과 실제. 파주: 양서원.

김현지(2007). 부산시 저소득 한부모가족 지원방안에 관한 연구. 부산: (재)부산발전연구원 여성정책연구센터.

김형배(1984). 핵가족화에 따른 가족교육에 관한 연구. 성균관대학교 대학원 석사학위논문.

김형수(1998). 부자가정의 생활실태에 관한 조사연구-나주시를 중심으로. 원광대학교 행정대학원 석사학위청구논문.

김해란 역(2004). ADHD의 진단과 치료. 특수교육.

김혜선(2004). 조손가족 아동의 정서·행동에 영향을 미치는 요인 연구. 이화여자대학교 대학원 박사학위청구논문.

김혜신, 김경신(2003). 맞벌이 부부의 부모역할갈등과 심리적 복지. 한국가정관리학회지, 21(4), 117-131.

나송희(2008). 농촌지역 조손가족 아동의 부적응에 영향을 미치는 요인에 관한 연구. 충남대학교 행정대학원 석사학위청구논문.

노동부(2007). 2007년도 여성과 취업. 노동부.

노안영(2005). 상담심리학의 이론과 실제. 서울: 학지사.

박성수(1998). 자녀의 탁월성을 기르는 부모의 역할: 자녀의 수월성을 기르는 부모교육. 청소년대화의 광장 제6회 부모교육 학술세미나, 9-26.

박성연 역(1984). 부모교육-재능 있는 부모. D. Lewis 저. 서울: 동명사.

박성연, 도현심, 정승원(1996). 부모-자녀관계. 서울: 학지사.

박성연, 이숙(1990). 「어머니의 양육행동 척도」 표준화를 위한 예비연구. 대한가정학회지, 28(1), 141-156.

박성연, 이숙(1997). 아동지도. 서울: 중앙적성출판사.

박아청(1998). 과보호의 발달심리학적 의미에 대한 일 고찰. 인간발달연구, 5(1), 53-72. 한국인간발달학회.

박영선(1999). 어머니의 취업유무가 자녀의 학업성취도에 미치는 영향에 관한 연구: 제주시 지역을 중심으로. 제주대학교 교육대학원 석사학위청구논문.

박영애, 최목화, 양명숙, 나종혜, 김민정(2005). 현대인의 자녀양육. 서울: 학지사.

박옥임(2006). 농촌 조손가족의 손자녀 연구-3세대 가족과의 비교. 충남대학교 대학원 박사학위청구논문.

박정순(2006). 빈곤조손가족의 손자녀가 지각한 의사소통유형과 사회적 지지가 학교생활적응에 미치는 영향. 숭실대학교 대학원 석사학위청구논문.

박현경(2004). 어머니의 취업여부와 아동의 정서적 불안에 관한 연구. 숭실대학교 통일사회복지정책 대학원 석사학위청구논문.

배영, 이종한(1993). 자녀교육 무엇이 문제인가? 서울: 기독교문사.

변화순, 김혜영, 윤홍식, 한지숙(2006). 이혼 후 여성의 사회경제적 지위변화. 서울: 한국여성개발원.

변화순, 백경희, 김현주(2001). 한국가족의 변화와 여성의 역할 및 지위에 관한 연구. 서울: 한국여성개발원.

변화순, 송다영, 김영란(2002). 가족 유형에 따른 생활실태와 복지 욕구에 관한 연구. 서울: 한국여성개발원.

변화순, 원영애(2000). 최근 가족해체 실태 및 복지대책. 서울: 한국여성개발원.

변화순, 최윤정(2004). 가족정책방향 정립 및 통합적 시행방안연구. 서울: 한국여성개발원.

보건복지가족부(2008). 가족정책관련 통계자료. 보건복지가족부.

서강대학교 학생생활연구소 편(1990). 인간관계 이론과 훈련. 서울: 서강대학교 학생생활연구소.

서봉연, 이순형(1983). 발달심리학. 서울: 중앙적성출판사.

서울대교육연구소(1985). 교육학용어사전. 서울: 배영사.

성영혜(2002). 외현화 장애와 TP접근. 한국아동치료놀이교육연구소 고급 TP 워크숍 자료집.

성영혜, 윤석화, 이경화(1994). 부모교육. 서울: 문음사.

송나연(2007). 조손가족 조부모의 사회적 지지와 심리적 복지감. 성신여자대학교 대학원 석사학위청구논문.

송다영(2007). 한부모 가족-사회적 수용. 국회도서관보, 336, 51-60.

숙명여자대학교 아동연구센터(1996). 현대사회와 부모. 서울: 숙명여자대학교 출판부.

신혜영(1996). 예비부모교육 프로그램 개발에 관한 연구. 동아대학교 대학원 박사학위논문.

안진희(2005). 한부모가정 자녀양육 지원 정책에 관한 연구: 경상북도 구미시를 중심으로. 영남대학교 행정대학원 석사학위청구논문.

안혜연(1999). 계부모 가족상담을 위한 연구: 계부모 가족의 갈등을 중심으로. 총신대학교 대학원 석사학위청구논문.

양수경(2006). 조손가정 조부모의 생활만족도에 영향을 미치는 요인. 성공회대학교 대학원 석사학위청구논문.

양명기, 김경신, 김생곤, 이영숙(1995). 건강한 성 행복한 성. 광주: 조선대학교 출판부.

양영희(1987). STEP 부모교육 프로그램의 효과에 관한 연구. 이화여자대학교 대학원 석사학위청구논문.

양해경(2000). 한부모 가족의 사회복지지원대책에 관한 연구. 서강대학교 대학원 석사학위청구논문.

엄미선, 전동일(2006). 저소득 한부모가족의 양육부담과 사회적 지지. 사회복지리뷰, 11, 75-108.

여성부(2003). 가족관련기본법 제정을 위한 기초조사 및 평등가족기본법(안) 마련. 여성부.

여성부(2005). 2004년도 전국 보육 · 교육 실태조사. 여성부.

여성가족부(2007). 여성정책전략자료집-동향분석 · 정책연구 · 기초연구-. 여성가족부 여성정책본부 정책기획평가팀.

여성가족부(2008). 한부모가족지원사업 안내. 여성가족부.

여성한국사회연구회 편(1995). 한국 가족문화의 오늘과 내일. 사회문화연구소.

여지영(2003). 여성 가구주와 남성 가구주의 빈곤차이에 관한 연구-도시지역을 중심으로. 서울대학교 대학원 박사학위청구논문.

연미희(1997). 한국 부모에 대한 PET 부모교육의 적용성 평가. 경희대학교 대학원 박사학위청구논문.

오영희, 엄정애(1997). 부모와 자녀. 서울: 동현출판사.

옥선화, 성미애, 허정원(2001). 경제위기 이후의 빈곤여성가장의 생활실태조사. 대한가정학회지, 39(2), 1-13.

우재현(1996). 교류분석(TA) 입문. 서울: 정암서원.

유미자(2007). 취업모와 비취업모 아동의 동작성 가족화 비교. 단국대학교 대학원 석사학위청구논문.

유안진(1990). 한국 전통사회의 유아교육. 서울: 서울대학교 출판부.

유안진, 김연진(2000). 부모교육. 서울: 동문사.

유안진, 김연진(2003). 부모교육의 이론과 실제. 서울: 동문사.

유영주, 김경신, 김순옥(1996). 가족관계학. 서울: 교문사.

유효순, 정원식(1994). 부모교육. 서울: 한국방송통신대학교.

윤주애(2002). 재혼 가족 청소년 자녀의 스트레스와 대처에 관한 연구. 대구가톨릭대학교 대학원 석사학위청구논문.

이경우(1986). 부모교육 프로그램의 방법 및 전략 방향: 부모교육 프로그램 탐색. 부모교육 연구회 편. 서울: 창지사.

이경우 편역(1985). 당신도 유능한 부모가 될 수 있다(STEP). D. Dinkmayer & G. D. Mckay 공저. 서울: 창지사.

이경우, 이은화 역(1985). 부모교육입문. Jerry J. Bigner 저. 서울: 창지사.

이경화, 성영혜, 윤석희, 이신동(1999). 부모교육-사랑, 결혼, 부모-. 서울: 학문사.

이계학(1995). 한국인의 전통 가정교육 사상의 현대적 조명-효와 엄부자모를 중심으로-세계화를 위한 "효" 개념 정립과 자녀양육방향 모색. 제17차 한국아동학회춘계 워크숍, 3-44.

이근후 외 공역(1995). 정신장애의 진단 및 통계편람(제4판). American Psychiatric Association 저. 서울: 하나의학사.

이기숙(1983). 이스라엘 부모교육 프로그램(HIPPY): 유아교육 심포지엄 I. 한국어린이교육협회.

이동원 외(2001). 변화하는 사회 다양한 가족. 파주: 양서원

이병주(2006). 농촌조손가정의 손자녀 양육이 노인의 여가생활과 생활만족도에 미치는 영향. 대구대학교 사회복지대학원 석사학위청구논문.

이상수(1993). 21세기를 준비하는 부모교육. 한국지역사회 교육중앙협의회 제11차 사회교육 심포지엄, 3-12.

이상수(2003). 저소득 여성가구주의 취업요인에 관한 연구. 평택대학교 대학원 석사학위청구논문.

이성진(1988). 가정중심 부모교육 프로그램의 효과. 행동과학연구, 21(1).

이성진, 홍준표(1982a). 행동수정의 원리 I. 파주: 교육과학사.

이성진, 홍준표(1982b). 행동수정의 원리 II. 파주: 교육과학사.

이소희 외(1999). 현대가족복지론. 파주: 양서원.

이숙(1988). 자녀가 지각한 부모의 양육태도 및 이에 영향을 주는 요인. 이화여자대학교 대학원 박사학위논문.

이숙(2006). 부모개입을 통한 효율적인 아동상담 모델. 아동심리치료학회, 1(1).

이숙, 정미자, 최진아, 김미란, 유우영(2004). 아동상담. 파주: 양서원.

이순종(1996). 유아의 도덕성 함양을 위한 한별 부모교육 프로그램. 대구: 한별유치원.

이연섭, 강문희(1998). 부모교육. 서울: 정민사.

이영, 김미령(1993). 발달적 접근방법에 의한 종일제 영유아 교육프로그램. 파주: 양서원.

이영, 조연순 공역(1985). 영·유아발달. Diane E. Papalia & Sally Wendkos Olds 공저. 파주: 양서원.

이영, 조연순(1988). 아동의 세계. 파주: 양서원.

이영석, 김숙자, 이항재, 최민수(1999). 현대부모교육론. 서울: 형설출판사.

이영석(1998). 영아발달수준 확인연구: 어린이집 영아반 교사의 관찰 평정 중심으로.

미래유아교육학회지, 5(1), 263-302.

이영숙, 박경란, 전귀연(1999). 가족문제론. 서울: 학지사.

이원영(1983). 어머니의 자녀교육관 및 양육태도와 유아발달과의 관련성 연구. 이화여자대학교 대학원 박사학위논문.

이원영(1996). 부모교육론. 서울: 교문사.

이유갑, 박천식, 강종구, 장형석, 권남형 역(2002). 현대사회와 아동양육. Tommie J. Hammer & Pauline H. Turner 공저. 파주: 교육과학사

이유경 역(1984a). 부모와 자녀. H. G. Ginott 저. 서울: 범우사.

이유경 역(1984b). 부모와 청소년. H. G. Ginott 저. 서울: 범우사.

이은화, 김영옥(1999). 유아를 위한 부모교육. 서울: 동문사.

이은화 외(1999). 유아기 자녀를 위한 총체적 부모교육 프로그램. 서울: 창지사.

이은희(2001). 맞벌이 부부의 아이교육 뛰어넘기. 서울: 한울림.

이재연, 김경희(1989). 부모교육. 파주: 양서원.

이정림(2000). 이혼과 재혼에 대한 청소년의 지각. 계명대학교 대학원 석사학위청구논문.

이지선(2007). 양부모 아동과 한부모 아동의 스트레스에 영향을 미치는 요인에 관한 비교연구. 이화여자대학교 대학원 석사학위청구논문.

이한주 역(1987). 자녀교육-기초부터 완성까지. Z. Zigler 저. 부산: 선영사.

이형득 역(1987). 부모교육. Thomas Gordon 저. 서울: 형설출판사.

이형득 외 공역(1987). 자율적 자녀육성을 위한 부모교육. Thomas Gordon 저. 서울: 형설출판사.

임갑빈(1993). 인간관계론. 서울: 동문사.

장혜경, 민가영(2002). 이혼여성의 부모역할 및 자녀양육지원방안에 관한 연구. 서울: 한국여성개발원.

장휘숙(1995). 가족심리학-가족관계의 발달. 서울: 박영사.

전국보육교사연합(2000). 부모교육 및 상담. 파주: 양서원.

전춘애, 박성연(1998). 어머니의 자녀양육스트레스와 관련된 심리사회적 요인들. 한국가정관리학회지, 16(1), 95-105.

정갑순(1996). 부모교육론. 서울: 창지사.

정문자 역(1990). 부모교육 원리와 방법. David Harman 저. 파주: 교육과학사.

정명숙, 손영숙, 정현희 공역(2005). 아동기 행동장애. Rita Wicks-Nelson & Allen C.

Israel 공저. 서울: 시그마프레스.
정옥분(2008). 청년발달의 이해(개정판). 서울: 학지사.
정옥분, 정순화(2008). 부모교육. 서울: 학지사.
정옥분 역(1992). 인간발달의 이론. N. S. Salkind 저. 파주: 교육과학사.
정일선(2004). 농촌조손가정의 형성과 여성노인의 적응: 경상북도 농촌지역 조손가정을 중심으로. 경북대학교 대학원 박사학위청구논문.
정종미(2006). 저소득 모 · 부자가정의 빈곤실태와 지원정책연구: 서울시 서대문구 저소득 부 · 모가정을 중심으로. 명지대학교 사회복지대학원 석사학위청구논문.
정현옥(2004). 취업모와 비취업모 자녀의 학업성적 및 정의적 특성 비교 연구. 춘천교육대학교 교육대학원 석사학위청구논문.
조복희(1999). 아동발달. 파주: 교육과학사.
조복희, 정옥분, 유가효(1997). 인간발달. 서울: 교문사.
조옥라(1998). 전통사회에서의 부모의 역할 · 부모교육 프로그램 탐색. 서울: 창지사.
주소희(2002). 이혼가정 자녀의 부모이혼 후 심리사회적응을 위한 프로그램 개발 및 효과성 연구. 한국가족복지학, 9, 77-106. 한국가족사회복지학회.
중앙대학교 사범대학 부속유치원(1989). 활동중심 통합교육과정. 파주: 양서원.
진민주(2004). 이혼가정 유아에 대한 지도방안: 유아교육기관을 중심으로. 가야대학교 교육대학원 석사학위청구논문
채규만(1998). 이혼이 자녀에게 미치는 영향과 심리치료적 접근방법. 인간발달 연구, 5(1), 190-206.
채로, 이기영(2004). 맞벌이 부부의 가사노동시간과 생활만족도에 관한 연구. 한국가정관리학회지, 22(5), 265-281.
청소년대화의 광장(1995a). 자녀의 힘을 북돋우는 부모. 서울: 청소년대화의 광장.
청소년대화의 광장(1995b). 자녀의 힘을 북돋우는 대화. 서울: 청소년대화의 광장.
청소년대화의 광장(1995c). 생활의 기틀 세우기. 서울: 청소년대화의 광장.
청소년대화의 광장(1995d). 어울려 사는 지혜 기르기. 서울: 청소년대화의 광장.
청소년대화의 광장(1996). 바른 행동의 길 다지기. 서울: 청소년대화의 광장.
최영아(2002). 재혼자의 노년기 결혼만족도에 영향을 미치는 요인들. 동국대학교 대학원 박사학위청구논문.
최은희(2006). 노인가구의 손자녀 양육지원 방안 연구. 충청남도여성정책개발원.
최인경(2008). 발달장애아 어머니의 양육행동 변화를 위한 부모교육 프로그램 개발.

최정욱(2000). 부부의 맞벌이 여부가 자녀의 심리사회적 적응에 미치는 영향: 애착 안정성을 매개로. 연세대학교 대학원 석사학위청구논문.

최정현(2004). 취업모와 비취업모의 양육태도와 자녀의 심리적 특성. 성신여자대학교 대학원 석사학위청구논문.

최정혜(2005). 맞벌이 부부의 가족스트레스, 대처전략 및 직업만족도-맞벌이 부부 남편과 아내의 비교. 대한가정학회지, 43(10), 55-68.

통계청(2007a). 2007 통계로 보는 여성의 삶. 통계청.

통계청(2007b). 혼인통계결과, 2006. 통계청.

한국가정법률상담소(1996). 재혼 그 또 다른 시작. 창립40주년 기념 심포지엄 자료집. 서울: 한국가정법률상담소.

한국가족학연구회 편(1995). 맞벌이 가정의 가족문제. 서울: 하우.

한국교육개발원(1988). 부모교육 프로그램 모형 개발연구. 서울: 한국교육개발원.

한국교육학회 유아교육연구회 편(1983). 부모교육 프로그램 탐색. 서울: 창지사.

한국교육학회, 유아교육연구회, 한국아동학회(1989). 아동의 권리, 가정, 교육, 탁아. 공동학술 심포지엄.

한국방송통신대학(1983). 부모교육. 한국방송통신대학교 출판부.

한국보건사회연구원(2001). 2000년도 장애인 실태조사. 보건복지부.

한국보건사회연구원(2005). 2005년도 장애인 실태조사. 보건복지부.

한국부모교육학회 편(1998). 부모교육학. 파주: 교육과학사.

한국아동학회(1989). 부모교육의 이론과 적용. 서울: 국민서관.

한국어린이육영회(1993). 기관중심 부모교육 운영의 실제 I. 서울: 정민사.

한국여성개발원(1986). 여성의 취업실태 조사: 기혼여성을 중심으로. 서울: 한국여성개발원.

한국여성개발원(1988). 아동보육에 관한 연구. 서울: 한국여성개발원.

한국유아교육학회(1995). 유아교육백서. 서울: 하우.

한국청소년상담원 편(2004). 이혼을 넘어 좋은 부모되기. 서울: 한국청소년상담원.

한국청소년상담원 편(2005). 이혼가정 자녀를 위한 부모교육 프로그램 개발연구. 서울: 한국청소년상담원.

한국행동과학연구소 편(1983). 부모교육. 서울: 문교부.

한국행동과학연구소 편(1984). 부모교육. 서울: 행동과학연구소.

한국행동과학연구소 편(1986). 가정중심 부모교육 프로그램. 서울: 행동과학연구소.

한남제(1999). 현대가족의 이해. 서울: 일지사.

현영순(2008). 조선가족의 손자녀가 지각하는 조부모와의 관계와 자아존중감. 계명대학교 대학원 석사학위논문.

현은민(2003). 재혼가족의 아동-가족적, 사회적 측면에서 경험하는 문제와 대책 고안. 한국가족관계학회지, 8(2), 101-126.

현은자 역((1992). 어머니의 양육과 타인의 양육. Sandra Scarr 저. 파주: 양서원.

홍강의(1996). 청소년기의 성문제. 대한의사협회지, 39(12), 1514-1518.

홍경자 역(1991). 카운슬링사례집-현실요법의 사례. Naomi Glaner 저. 서울: 형설출판사.

홍경자 역(1995). 현대의 적극적 부모역할훈련. M. H. Popkin 저. 한국심리교육센터 출판부.

홍경자 역((1996). 십대의 적극적 부모역할훈련. M. H. Popkin 저. 한국심리교육센터 출판부.

홍경자, 노안영, 차영희, 최태산 역(2007). 부모코칭 프로그램: 적극적인 부모역할, Now!-부모용 지침서. M. H. Popkin 저. 서울: 학지사.

홍경자, 노안영, 차영희, 최태산 역(2007). 부모코칭 프로그램: 적극적인 부모역할, Now!-지도자용 지침서. M. H. Popkin 저. 서울: 학지사.

홍기형 외(1984). 부모교육프로그램 모형 개발 연구: 취학전 자녀의 부모 중심으로. 서울: 한국교육개발원.

홍영희(1992). 새 부모교육. 서울: 학문사.

황옥자(1987). 「STEP」 프로그램의 한국 적용 가능성 탐색 연구. 숙명여자대학교 대학원 석사학위논문.

황은숙(2007). 이혼가정 부모교육 프로그램 개발. 파주: 한국학술정보(주).

Adams, B. N. (1980). *The family-A sociological interpretation*, 109, 278-282. Rand Mcnally College Publishing Company.

Adams, G. R., & Gullotta, T. D. (1989). *Adolescent life experiences*. Pacific Grove, CA: Brooks/Cole.

Anderson, J. G., & White, G. D. (1986). An empirical investigation of interactive and relationship patterns in functional and dysfunctional nuclear families and stepfamilies. *Family Process, 25*, 407-422.

Atwater, E. (1996). *Adolescence* (4th ed.). New York: Prentice-Hall.

Baker, B. L., Brightman, A. S., Helfetz, L. J., & Murphy, M. D. (1973). *The READ*

Project Series. Cambrdge, Mass: Behavioral Education Projects.

Barkley, R. A. (1990). *Attention-deficit hyperactivity disorder: A handbook for diagnosis and treatment*. New York: Guilford Press.

Baumrind, O. (1967). Child care practice anteceding three patterns of preschool behavior. *Genetic Psychology Monograph,* 43-48.

Becken, W. (1971). Parents teacher, Research Press, 2612 North matila Ave. Champaign, III. 61820.

Belsky, J., Lerner, R. M., & Spianer, G. B. (1984). *The child in the family*. Reading, Mass.: Addison Wesley.

Berger, E. H. (1981). *Parents as partners in education: The School and home working together*. St. Louis: The C. V. Mosby Co.

Berk, L. E. (1996). *Infants, children, and adolescences* (2nd ed.). Needham Heights, MA: Allyn & Bacon.

Berne, E. (1961). *Transactional analysis in psychotherapy*. New York: Grove Press.

Berne, E. (1964). *Games people play*. New York: Grove Press.

Berndt, T. J. (1982). The features and effects of friendship in early adolescence. *Child Development, 53*, 1447-1460.

Bigner, J. J. (1989). *Parent-child relations-An introduction to parenting*. New York: Macmillan.

Block, J. H., Block, J., & Roverts, G. C. (1984). Continuity and change in parents, child raising practices, *Child Development, 55*, 586-597.

Bray, J. (1988). Joint Custody arrangements in the postdivorce family. *Journal of Divorce, 3*, 189-205.

Brazelton, T. B. C. (1974). *Toddlers and parents: Adedaration of independence*. New York: Dell.

Bronfenbrenner, U. (1979). *The Ecology of Human Development: Experiments by nature and design*. Cambridge, MA: Harvard University Press.

Brooks, J. B. (1991). *The process of parenting* (3rd ed.). CA: Mayfield Publishing Company.

Brown, L. B. (2003). Grandparents raising grandchildren: An in-depth phenomenological study. The New Mesxico State University Doctor of Philosophy.

Campos, J. J., Barette, K. C., Lamb, M. E., Goldsmith, H. H., & Steinberg, C. (1983). Socioemotional development. In P. H. Mussen (Ed.), *Handbook of child psychology* (Vol. 2). New York: Wiley.

Canter, L., & Canter, L. (1988). *Assertive discipling for parents.* New York: Harper & Row.

Chritenesen, O. C., & Thomas, C. R. (1984). Dreikurs and the search for eguality. In M. J. Fine (Ed.), *Handbook on Parent Education.* New York: Academic Press, Inc.

Coleman, M., & Ganong, L. (1987). The cultural stereotyping of stepfamilies. In K. Pasley & M. Ihinger–Tallman (Eds.). *Remarriage and stepparenting today: Current research and theory* (pp. 19–41). NY: Guilford.

Cooper (1976). Competent infant and their cargivers. In M. Cohen (Ed.), *Understanding and nurturing infant development.* Washington, DC: Association for Childhood Education International.

Crosbie-Burnett, M., & Giles-Sims, J. (1994). Adolescent adjustment and stepparenting styles. *Family relations, 43*, 395–399.

Dainton, M. (1993). The myths and misconceptions of the stepmother identity: Descriptions and prescription for identity management. *Family relations, 42*, 93–98.

Dangel, R. F., & Polster, R. A. (1984). *Parent training.* New York: The Guilford Press.

Dinkmeyer, D., & McKay, G. (1976). *Systematic training for effective parenting.* MN: American Guidance Service, Inc.

Dreikurs, R. (1958). *The challenge of parenthood* (3rd ed.). New York: Duell, Soln, & Pearce.

Dreikurs, R. (1972). *Coping with children's misbehavior.* New York: Howthorn Books, Inc.

Dreikurs, R., & Grey, L. (1968). *A new approach to discipline: Logical consequences.* New York: Howthorn Books, Inc.

Dreikurs, R., Corsini R., & Gould, S. (1974). *Family counsel.* Chicago: Henry Regnery Co.

Dreikurs, R., & Stoltz, V. (1964). *Children and challenge.* New York: Howthorn Books, Inc.

Dworetzky, J. P. (1990). *Introduction to child development* (4th ed.). MN: West Publishing.

Eathart, E. M. (1980). Parent Education. *Journal of Home Economics, 80.*

Eberly, M. B., Hascall, S. A., Andrew, H., & Marshall, P. M. (1997). *Contributions of attachment quality and adolescent prosocial behavior to perceptions of parental influence: A longitudinal study.*

Farrel, J., & Markman, H. (1986). Individual and interpersonal factors in the etiology of marital distress: The example of remarital couples. In R. Gilmour & S. Duck (Eds.) *The emerging field of personal relationships* (pp. 251–263). Hillsdale, NJ: Lawrence Erlbaum.

Fine, J. (1980). *Handbook on Parent Education.* New York: Academic Press.

Fine, M. J., & Henry, S. A. (1989). Professional issueal in parent education. In M. J. Fine (Ed.), *Handbook on Parent Education.* New York: Academic Press.

Fine, M. J., & Henry, S. A. (1989). Professional issueal in parent education. In M. J. Fine (Ed.), *Handbook in Parent Education* (pp. 3–20). Sandiego, CA: Academic Press.

Fine, M. T. (1980). The parent education moment: An introduction. In *Hand Book on Parent Education.* NY: Academic Press.

Fisher, D. (1990, March). *Effects of attachment on adolescents' friendships.* Paper presented at the meeting of the Society for Research on Adolescence, Atlanta.

Folstein, S., & Rutter, M. (1977). Infantile autism: A genetic study of 21 twin pairs. *Journal of Child Psychology and Psychiatry, 18,* 297–321.

Forehand, R., & McMahon, R. J. (1981). *Helping the noncompliant child: A clinician's guide to parent training.* New York: The Guilford Press.

Ganong, L., & Coleman, M. (1987). Stepchildren's Perceptions of their parents.

Journal of Genetic Psychology, 148, 5–17.

Ganong, L., & Coleman, M.(1994). *Remarried family relationships*. London: Sage publications.

Ginott, H. G. (1961). *Group psychotherapy with children*. New York: McGraw Hill.

Ginott, H. G. (1972). *Between parent and child*. NY: Macmillan.

Glasser, W. (1965). *Reality therapy: A new approach to psychiatry*. New York: Harper & Row.

Glasser, W. (1989). *Control theory in the practice of reality therapy*. New York: Harper & Row.

Gordon, I. J. (1970). *Baby learning through baby play*. New York: St. Martins press.

Gordon, I. J. (1971). *Parent involvement in compensatory education*. Urbana, Ⅲ: Univ. of Ⅲ. Press.

Gordon, I. J. (1976). Intervention in infant education. In M. Cohen (Ed.), *Understanding and nurturing infant development* (pp. 3–19). Washington, DC: Association for Childhood Education international.

Gordon, M. (1983). *The Gordon diagnostic system*. Boulder, CO: Clinical Diagnostic Systems.

Gordon, T. (1971). *Parent involvement in compensatory education*. Urbana, Ⅲ.

Gordon, T. (1975). *Parent effectiveness training: The tested way to raise responsible children* (3rd ed.). New York: Peter Wyden.

Gordon, T. (1988). *PET, Parent effectiveness training*. NY: Plume Books.

Gray, S. N. (1971). The child's first teacher. *Childhood Education*. Urbana, Ⅲ.

Hall, R. V. (1976). *Parent training: A preventive mental health program*. National Institute of Mental Health Grant, University of Kansas.

Hammer, T. J., & Turner, P. H. (1985). *Parenting in Contemporary Society*. NY: Prentice-Hall.

Hamner, T. J., & Turner, P. H.(2001). *Parentiong in contemporary society*. NY: Allyn & Bacon.

Hampdorf, K. (1979). *Practical education for parenting* (pp. 225–233). In N.

Stinnett et al. (Eds.).

Harris, T. (1969). *I'm OK-You're OK.* New York: Harper & Row.

Hess, R. D. (1969). Parental behavior and children's school achievement: Implications for Head Start. In E. Grotbett (Ed.), *Critical issues in research related 50 disadvantaged children.* Princeton, NJ: Educational Training Services.

Hetherington, E. M., & Parke, R. D. (1993). *Child psychology: A contemporary viewpoint* (4th ed.), New York: McGraw Hill.

Hetherington, E. W.(1993). An overview of the virginia longitudinal study of divorce and remarriage with a focus on early adolescence. Paper presented at th biennial meeting of the society for research in child development, New Orleans.

James, M., & Jangeward, D. (1971). *Born to win.* Reading, Mass.: Addison-Wesley.

Jersild, A., Telford, C., & Sawrey, J. (1975). *Child Psychology* (7th ed.). Englewood Clffs, NJ: Prentice-Hall.

Kanner, L. (1943). Autistic disturbances of affective contact. *Nervous Child, 2,* 217-250.

Keshet, H. F., & Ronsenthal, K. M. (1978). Fathers: A new study. *Child Today,* May-Jun, 13-17.

Klein, C. (1973). *The single parent experience.* New York: Avon Books.

Kornhaber, A., & Woodward, K. L. (1981). *Grand parents/Grand children: The vital connection.* New York: Anchor press/double day.

Lamb, M. E. (1975). *The role of the father in child development.* New York: Wiley.

Lamb, M. E. (1979). Paternal influences and the father's role: A personal perspective. *American Psychologist, 34,* 940-941.

Lamb, M. E. (1986). *The Father role-applied perspectives.* NJ: Lawrence Erlbaum Associate, Inc.

Lamb, M. E. (1987). *The Father role-cross cultural perspectives.* NJ: Lawrence Erlbaum Associate, Inc.

Levenstein, P. (1971). Learning through and from mothers: Symposium on parent-centered education. *Childhood Education, 48*(3), 130-134.

Levenstein, P. (1977). The mother-child home program (pp. 27-49). In M. C. Day & R. K. Parker (Eds.).

Lloyd, M. A. (1985). *Adolescence.* New York: Harper & Row.

Luster, T., Rhoades, K, & Hass, B. (1989). The relation between parental values and parenting behavior: A test of the Kohn hypothesis. *Journal of marriage and the Family, 51*, 139-147.

Lynn, D. B. (1974). *The Father: His role in child development.* Monterey: Broon.

Marcia, J. (1991). Identity and self-development. In R. M. Lerner, A. C. Petersen & H. Brooks-Gunn (Eds.), *Encyclopedia of adolescence* (Vol. 1). New York: Garland.

Marcia, J. (1996). Identity in adolescence. In J. Adelson (Ed.), *Handbook of adolescent psychology.* New York: Wiley.

McIntire, R. W. (1971). *For love of children: Behavioral psychology for parents.* Del Mar, Calif.: C. R. M. Books.

Medway, F. J. (1989). Measuring the effectiveness of parent education. In M. J. Fine (Ed.), *Handbook on parent education* (pp. 237-255). San Diego, CA: Academic Press.

Miller, D. F. (1990). *Positive child guidance.* Publisher Ins. Albang, New York: Wiley.

Minkler, M., Roe. K. M., & Price, M.(1992). The physical and emotional health of grandmothers raising grandchildren in the crack cocaion epidemic. *The gerontologist, 32*(6), 752-761.

Mussen, P. H., Conger, J. J., Kagan, H., & Huston, A. C. (1990). *Child development and personality* (7th ed.). New York: Harper & Row.

Nash, J. (1976). Historical and social changes in the perception of the role of the father. In M. Lamb (Ed.), *The Role of the Father in Child Development* (pp. 62-88). New York: Wiley.

National Institute of Education. (1980). *Parenthood in a Changing Society.* Unbana, Ⅲ: ERIC Clearing House in Elementary and Early Childhood

Education, University of Illinois.

Orgel, Arthur R. (1980). Haim Ginott' s approach to parent education. In Neavin the Fine (Ed.), *Handbook in Parent Education*. NY: Academic Press.

Papernow, P. L. (1993). *Becoming a stepfamily: Patterns of development in remarried families*. NY: Gardner.

Pasley, K. (1987). Family boundary ambiguity: Perceptions of adult remarried family members. In K. Pasley & M. Ihinger-Tallman (Eds.). *Remarriage and stepparenting: Current research and theory*. NY: Guilford.

Pasley, K., & Ihinger-Tallman, M. (1987). *Remarriage and stepparenting today: Current research and theory*. NY: Guilford.

Patterson, C. H. (1973). *Humanistic Education*. NJ: Prentice-Hall.

Perris, C. (1994). Linking the experience of dysfunctional parental rearing with manifest psychopathology: A theoretial framework. In C, Perris, W. A. Arrindell, & M. Eiwemann (Ed.), *Parenting and psychopathology*. New York: Wiley.

Pickards, E., & Fiargo, H. (1971). *Parent education: Toward parental competence*. New York: Appleton–Century–Crofts.

Pill, C. J. (1990). Stepfamilies: Redefining the family. *Family Relations, 39*, 186–193.

Popkin, M. H. (1989). Active Parenting: A Video–based Program. In M. J. Find (Ed.), *The second handbook on parent education* (pp. 77–98). San Diego, CA: Academic Press.

Rogers, C. R. (1959). A theory of therapy, personality, and interpersonal relationships, as developed in the client–centered framework. In Kochs (Ed.), *Psychology* (Vol. 3). New York: McGraw Hill.

Rossi, A. S. (1980). Aging and parenthood in the middle years. In P. B. Baltes, & O. G. Brim (Des.), *Life–span development and behavior* (Vol. 3). New York: Academic.

Schaefer, E. S., Bell, F., & Bayley, N. (1959). Development of maternal behavior: Research instrument. *Journal of Genetic Psychology, 95*, 83–104.

Sheifert, K. L., & Hoffnung, R. H. (1991). *Child and adolescent development* (2nd ed.). Boston: Houghton Miffin.

Simpson, R. L. (1980). Behavior modification and child management. In M. J. Find (Ed.), *Handbook on Parent Education*. New York: Academic press.

Skinner, B. F. (1948). *Walden Two*. NY: Macmillan.

Smilansky, S. (1992). *Children fo divorce: The roles of family and school*. Rockville, MD: BJE Press.

Smith, J. M., & Smith, E. P. (1966). *Child management: A program for parents*. Mich.: Ann Arbor Publishers.

Spitz, R. A. (1945). Hospitalism: An inquiry into the genesis of psychiatric conditions in early childhood. *Psychoanalytic Studies of the Child, 1*, 53-74.

Srouge, L. S. (1979). *Handbook of infant Development*. In Osofsky (Ed.). New York: Wiley.

Stevens, J. H. (1978). Parent education program—What determines effectiveness. *Young Children, 33*(4).

Thompson, R. A. (1998). Early sociopersonality development. In W. Damon & N. Eisenberh (Eds.), *Handbook of child psychology* (5th ed.). New York: John Wiley & Sons.

Vartuli, S., & Winter, M. (1989). Parents as first teachers. In M. J. Find (Ed), *The second handbook on parent education* (pp. 99–117). San Diego, CA: Academic Press.

Wallerstein, J. S., & Blakeslee, S.(1990). *Second chances: Men, woman and children a decade after divorce*. NY: Ticknor & fields.

Walsh, W. (1992). Twenty major issues in remarriage families. *Journal of Counseling and Development, 70*, 709–715.

Watson, J. B. (1925). *Behaviorism*. New York: People' s Publishing Co.

찾아보기

인 명

내 용

저/자/소/개

이 숙

이화여자대학교 및 동 대학원 졸업(문학박사)

미국 Virginia State University 객원교수

주전공: 아동상담, 부모교육 및 치료

현: 전남대학교 생활환경복지학과 교수

한국아동가족상담센터(주) 대표

우희정

전남대학교 및 동 대학원 졸업(아동학박사)

미국 Utah State University 객원교수

주전공: 아동복지, 부모교육 및 상담

현: 광주대학교 사회복지학부 교수

최진아

전남대학교 및 동 대학원 졸업(아동학박사)

주전공: 놀이치료, 부모교육 및 치료

현: 서울신학대학교 상담대학원 교수

한국아동가족상담센터(주) 부소장

이춘아

고려대학교 대학원 및 미국 Michigan State University 대학원 졸업(MA)

전남대학교 대학원 졸업(아동학박사)

주전공: 아동상담, 부모교육 및 치료

현: 전남대학교 강사

한국아동가족상담센터(주) 상담실장

-훈련중심- 부모교육 (2판)

2002년 3월 10일 1판 1쇄 발행
2008년 10월 20일 1판 7쇄 발행
2009년 3월 10일 2판 1쇄 발행
2019년 6월 20일 2판 5쇄 발행

지은이 • 이 숙 · 우희정 · 최진아 · 이춘아
펴낸이 • 김진환
펴낸곳 • (주) 학지사
04031 서울특별시 마포구 양화로 15길 20 마인드월드빌딩
대표전화 • 02-330-5114 팩스 • 02-324-2345
등록번호 • 제313-2006-000265호

홈페이지 • http://www.hakjisa.co.kr
페이스북 • https://www.facebook.com/hakjisa

ISBN 978-89-6330-010-8 93370

정가 15,000원

저자와의 협약으로 인지는 생략합니다.
파본은 구입처에서 교환해 드립니다.